权威·前沿·原创

皮书系列为
"十二五""十三五""十四五"时期国家重点出版物出版专项规划项目

BLUE BOOK

智库成果出版与传播平台

苏州蓝皮书
BLUE BOOK OF SUZHOU

苏州经济社会发展报告
（2024）

ANNUAL REPORT ON ECONOMIC AND SOCIAL
DEVELOPMENT OF SUZHOU (2024)

苏州市社会科学院

主　编／王　俊
副主编／陆雪梅

社会科学文献出版社
SOCIAL SCIENCES ACADEMIC PRESS (CHINA)

图书在版编目(CIP)数据

苏州经济社会发展报告.2024 / 王俊主编；陆雪梅副主编. — 北京：社会科学文献出版社，2023.12
（苏州蓝皮书）
ISBN 978-7-5228-2934-0

Ⅰ.①苏… Ⅱ.①王… ②陆… Ⅲ.①区域经济发展-研究报告-苏州-2024 ②社会发展-研究报告-苏州-2024 Ⅳ.①F127.533

中国国家版本馆CIP数据核字（2023）第236222号

苏州蓝皮书
苏州经济社会发展报告（2024）

主　　编 / 王　俊
副 主 编 / 陆雪梅

出 版 人 / 冀祥德
组稿编辑 / 吴　敏
责任编辑 / 张　媛
责任印制 / 王京美

出　　版 / 社会科学文献出版社·皮书出版分社（010）59367127
　　　　　　地址：北京市北三环中路甲29号院华龙大厦　邮编：100029
　　　　　　网址：www.ssap.com.cn
发　　行 / 社会科学文献出版社（010）59367028
印　　装 / 天津千鹤文化传播有限公司

规　　格 / 开　本：787mm×1092mm　1/16
　　　　　　印　张：21.25　字　数：319千字
版　　次 / 2023年12月第1版　2023年12月第1次印刷
书　　号 / ISBN 978-7-5228-2934-0
定　　价 / 158.00元

读者服务电话：4008918866

版权所有 翻印必究

《苏州经济社会发展报告（2024）》编委会

主　编　王　俊

副主编　陆雪梅

委　员（以文章顺序排列）

李　湛	平怡洁	葛宇昊	李　兵	何　兵
邱　峰	颜雅杰	孙俊芳	王要要	朱　琳
屠　鹃	黄庆华	楼佳骊	张　婧	王世文
刘峻峰	郑作龙	刘晓朦	沈明星	黄菊鑫
曾文杰	苏澄菲	王宝强	张艺宣	陈　琦
吴新星	刘　铭	辛　军	王海鹏	周永博
周　进	王宇环	伍　萱	王宇轩	朱光磊
吕　晨	魏雅宁	曹春华	陈　璇	

主编简介

王　俊　苏州市社会科学院院长，教授，法学博士，哲学博士后，苏州大学商学院博士研究生导师，江苏省"青蓝工程"优秀青年骨干教师，江苏省"青蓝工程"中青年学术带头人，海峡两岸关系研究中心特聘研究员、江苏省台湾研究中心特聘研究员、江苏省海峡两岸关系研究会理事，江苏省世界经济学会常务理事，苏州大学自由贸易区综合研究院院长。曾在核心期刊发表论文数十篇，出版著作3本，主持并完成国家自然科学基金项目1项，省部级课题10余项，苏州市重大社科课题多项，研究成果曾获省部级、市厅级奖项多项。主要研究方向为WTO与中国对外贸易、自贸区研究。

前　言

苏州是习近平总书记在现代化建设上寄予厚望的地方，早在2009年就提出"像昆山这样的地方，包括苏州，现代化应该是一个可以去勾画的目标"，2012年又明确要求苏州"为中国特色社会主义道路创造一些经验"，2014年视察江苏时再次强调"苏州要勾画现代化目标"，2023年3月，总书记参加全国人代会江苏代表团审议，在听取苏州代表发言后，对苏州推动长三角一体化、加强海外人才引进、抓好外资外贸等十分关注，两次提到太湖生态保护。时隔4个月，总书记深入江苏考察，首站来到苏州，指出"苏州在传统与现代的结合上做得很好，不仅有历史文化传承，而且有高科技创新和高质量发展，代表未来的发展方向"。这充分体现了总书记和党中央对江苏、苏州的高度重视、巨大关怀，为苏州推进现代化建设指明了方向，提供了根本遵循。

进入新时代以来，苏州一直走在改革开放最前沿，从建设"强富美高"新苏州，到"争当表率、争做示范、走在前列"，再到"在高质量发展上继续走在前列"，在服务全省、全国发展的大局中，奋力书写新时代高质量发展的优异答卷。中国式现代化的重要特征在苏州有着更加显著、更为典型的体现，其样本意义和示范作用越来越显著。以蓝皮书的形式记载苏州探索中国式现代化道路的历程和足迹，对未来发展进行展望思考，是苏州市社会科学院的责任和使命担当。我们期冀通过编撰出版"苏州蓝皮书"让更多人关注苏州、了解苏州、研究苏州、热爱苏州。

本项目的实施得到了苏州市委宣传部、市社科联的大力支持，相关领导

及处室给予了有力的协调指导,在此表示衷心感谢!同时,要感谢苏州市委研究室、市政府研究室、市人大研究室、市政协研究室给予的大力支持,感谢市中级法院、市检察院、市委政法委、市发改委、市科技局、市工信局、市司法局、市自然资源和规划局、市生态环境局、市农业农村局、市商务局、市文广旅局、市统计局、市金融监管局等相关部门以及市委党校、江苏苏州干部学院、在苏各大高校对整个"苏州蓝皮书"编撰过程中给予的无私帮助!王世文、王明国、方伟、沈明星、陈一、段进军(以姓氏笔画为序)等专家全程参与蓝皮书的编撰工作,对各篇章研究报告的初稿修改以及定稿完成都付出了很多心血,作为主编,我向他们表示衷心的感谢!同时,也要感谢各篇章作者和幕后工作人员的辛勤付出!

王 俊

苏州市社会科学院院长

2023年10月31日

摘　要

《苏州经济社会发展报告（2024）》的编撰出版是苏州市社会科学院加强决策咨询服务的一项重要的制度化工作。全书共分为六部分，总报告分析讨论了2023年苏州经济社会发展的总体状况和未来形势；经济篇比较全面地分析了2023年苏州的工业、农业、服务业、开放型经济和数字经济等领域的形势和问题；科技篇考察了现阶段苏州在科技创新和产业集群方面的发展成效和提升路径；农村篇阐述了苏州立足自身资源优势和产业基础，积极推动农村新产业新业态快速发展的现状及前景展望；社会篇以翔实的调查数据，分析了苏州在生态治理、基层治理、法治建设和党的建设等领域的发展状况及变化趋势；文化篇聚焦文化产业发展、"江南文化"传承和大运河文化带建设，围绕苏州深厚的文化底蕴和城市文化品牌建设现状展开分析。本书采取理论研究和数据分析相结合的方式，对苏州各领域发展现状进行高度概括，对发展中存在的不足和未来可能面临的挑战展开深入分析，并提出相应的解决思路，内容全面、视角多元、数据翔实，为相关部门科学决策提供重要参考。

总的来说，2023年以来，面对复杂的国际国内形势，苏州坚持稳中求进工作总基调，积极应对内外部挑战，全面落实各项稳增长政策，推动经济运行持续整体好转，各领域总体呈现稳定恢复态势。2024年，建议从提升创新体系效能、加快构建现代化产业体系、建设双向开放的枢纽城市、加强文化传承和创新发展、融入长三角城市群建设、强化民生保障服务等方面有序推动苏州经济社会全方位"量质提升",探索形成具有"苏州特色"的高质量发展路径。

关键词: 苏州　经济运行　社会治理　文化产业　高质量发展

目 录

Ⅰ 总报告

B.1 2023~2024年苏州经济社会发展形势与展望
　　……………………………… 苏州市发展规划研究院课题组 / 001

Ⅱ 经济篇

B.2 苏州工业发展形势与展望………………… 苏州智库联盟课题组 / 019
B.3 苏州农业发展形势与展望………………… 何　兵　邱　峰　颜雅杰 / 034
B.4 苏州服务业发展形势与展望……………………… 孙俊芳　王要要 / 054
B.5 苏州开放型经济发展形势与展望………………… 朱　琳　屠　鹃 / 074
B.6 苏州数字经济发展形势与展望……… 黄庆华　楼佳骊　张　婧 / 089

Ⅲ 科技篇

B.7 苏州科技创新分析与展望………………………… 王世文　刘峻峰 / 104
B.8 苏州产业集群高质量发展分析与展望………… 郑作龙　王世文 / 125

Ⅳ 农村篇

B.9　苏州农村新产业新业态分析与展望
　　………… 刘晓朦　沈明星　黄菊鑫　曾文杰　苏澄菲 / 141

Ⅴ 社会篇

B.10　苏州生态治理分析与展望 ………… 王宝强　张艺宣　陈　琦 / 163
B.11　苏州基层治理分析与展望 ………………………………… 吴新星 / 186
B.12　苏州法治建设分析与展望 ………………………… 刘　铭　辛　军 / 205
B.13　苏州党的建设分析与展望 ………………………………… 王海鹏 / 225

Ⅵ 文化篇

B.14　苏州文化产业发展状况分析与展望
　　………… 周永博　周　进　王宇环　伍　萱　王宇轩 / 243
B.15　苏州"江南文化"传承分析与展望
　　………………… 朱光磊　吕　晨　魏雅宁　曹春华 / 262
B.16　大运河苏州段文化带建设状况分析与展望 …………… 陈　璇 / 280

Abstract ……………………………………………………………… / 304
Contents ……………………………………………………………… / 306

总报告

B.1
2023~2024年苏州经济社会发展形势与展望

苏州市发展规划研究院课题组*

摘　要： 2023年，面对国际国内环境发生的深刻复杂变化，苏州有效实施稳经济一揽子政策措施，经济运行呈现持续恢复向好态势。2024年，建议抓好以下重点工作：提升创新体系效能，全力服务高水平科技自立自强；加快构建现代化产业体系，推进产业链强链补链延链；建设双向开放的枢纽城市，服务构建新发展格局；加强文化传承和创新发展，打响"江南文化"品牌；融入长三角城市群建设，服务区域协调发展；强化民生保障，进一步提升城市现代化治理能力。

关键词： 经济运行　创新生态　文化建设　民生建设　苏州

---

* 课题组成员：李湛、平怡洁、葛宇昊，苏州市发展规划研究院，主要研究方向为宏观经济运行。

2023年是全面贯彻落实党的二十大精神的开局之年，也是实施"十四五"规划承上启下的关键之年。在中国式现代化建设苏州新实践进程中，面对近年来复杂多变的国际环境以及经济运行中的困难挑战，苏州认真贯彻落实中央、省决策部署，坚持稳中求进工作总基调，精准有力落实各项经济政策，多措并举扩大内需、提振信心、防范风险，不断推动经济运行持续好转，为江苏乃至全国经济社会高质量发展作出贡献。

一 2023年经济社会发展形势分析

（一）经济发展总体企稳回升

1.经济形势总体向好

2023年以来，苏州全面贯彻落实国家、省稳定经济运行一揽子政策的接续政策措施，相继出台《关于推动经济运行率先整体好转的若干政策措施》《关于推动外贸稳规模优结构的若干措施》《关于促进全市经济持续回升向好的若干政策措施》《关于进一步促进产业投资助推实体经济高质量发展的若干政策措施》等。2023年前三季度，实现地区生产总值17655亿元，位列全国第6，同比增长4.2%，较上年同期（1.3%）提升2.9个百分点，经济总体回升向好发展（见图1）。

2.工业经济运行平稳

苏州规上工业总产值由2013年的3.03万亿元上升至2022年的4.36万亿元，位居全国第2（见图2）。2023年前三季度，规上工业增加值同比增长2.7%。从主导产业来看，苏州2022年共有11个行业产值超千亿元，六大主导行业产值2.82万亿元，占苏州总量的64.7%。2023年以来，装备制造业拉动效应明显，作为万亿级产业，1~9月规上装备制造业产值10554.57亿元，同比增长3.5%。在"金秋购车季"等促消费活动推动下，新能源汽车销量增势明显，带动汽车零部件等中上游企业生产情况向好，前三季度汽车制造、专用设备、电气机械行业规上工业产值分别增长8.6%、6.6%和6.0%。

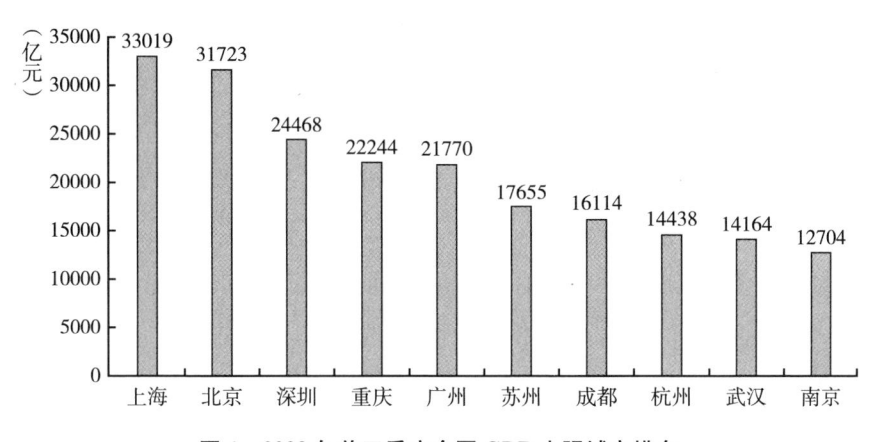

2023~2024年苏州经济社会发展形势与展望

图1 2023年前三季度全国GDP十强城市排名

资料来源：各地统计局。

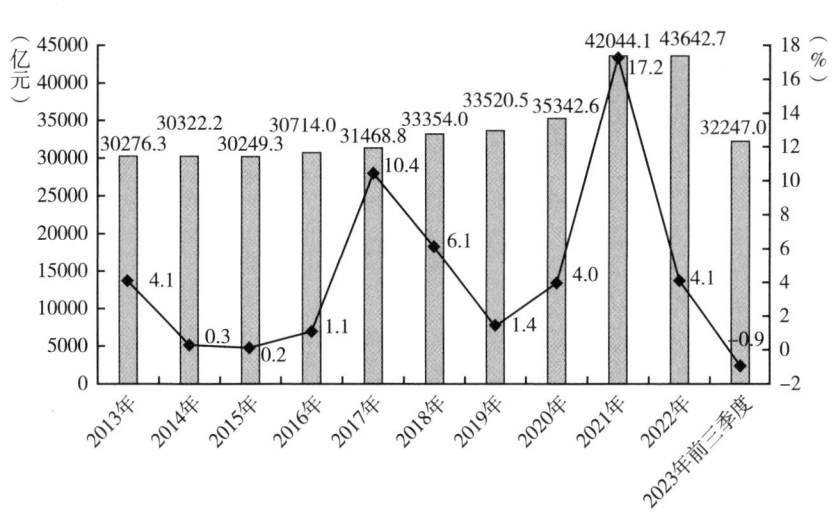

图2 2013年至2023年前三季度苏州规上工业总产值及增速

资料来源：《苏州市情市力2023》、Wind数据库。

3. 服务行业加快复苏

近年来，苏州服务业增加值稳步增长，2020年首次突破万亿大关，2022

年占GDP比重达51.1%，总量位列全国第8（见图3）。2023年以来，苏州成功举办全国先进技术成果交易大会、全国"两业融合"工作现场交流会等一批国家级重要会议活动，出台楼宇经济推进方案、现代物流三年行动计划、服务业数字化转型实施方案（试行）等系列举措，推动服务业加快发展。前三季度，苏州规上服务业实现营业收入3779.24亿元，同比增长13.1%。租赁和商务服务业增长明显，前三季度，租赁和商务服务业实现营业收入1077.47亿元，同比增长31.9%。高技术服务业运行稳健，前三季度，信息传输、软件和信息技术服务业，科学研究和技术服务业分别增长8.9%和9.8%。

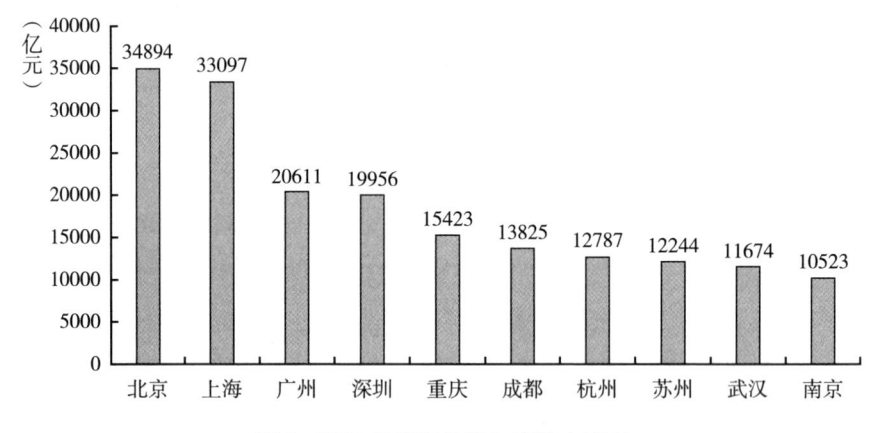

图3　2022年服务业增加值前十城市

资料来源：Wind数据库。

4. 消费需求持续回暖

苏州把恢复和扩大消费摆在优先位置，以更优的消费环境激发更大的消费动能，随着一系列扩内需促消费政策落地显效，消费市场呈现恢复增长态势。前三季度苏州实现社会消费品零售总额7064.8亿元，同比增长7.1%，较上年同期（-1.0%）提升8.1个百分点（见图4）。接触性服务业增长明显，前三季度苏州住宿餐饮业实现零售总额560.9亿元，同比增长19.6%。旅游市场回升向好，前三季度全市接待游客超1.3亿人次，旅游收入超2300亿元，均超过2019年同期水平。全市持续深入开展"2023秋季购物节"系列促消费活动，积极营造浓厚消费氛围，胥江天街、仁恒仓街等商圈载体相继开业，各类消费活动精彩纷呈，消费市场人气旺盛、活跃繁荣。

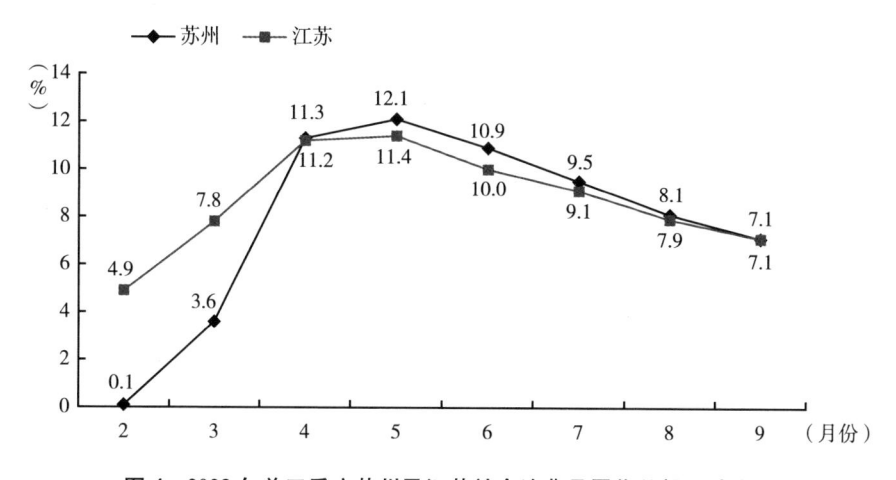

图4　2023年前三季度苏州及江苏社会消费品零售总额累计增速

资料来源：Wind资讯、苏州统计月报。

5.固定资产投资稳健增长

固定资产投资持续发挥高质量发展"压舱石"作用，2023年以来，一批百亿级重大项目纷纷落地，项目建设超序时进度。前三季度，苏州完成固定资产投资额4685亿元，同比增长5.5%（见图5）。加快推进既有项目，持续招引重大项目，前三季度苏州亿元以上项目（含商业地产）完成投资2360.1亿元，占固定资产投资比重达50.4%，同比提高6.8个百分点；亿元以上项目投资额同比增长22.0%，拉动固定资产投资增长9.6个百分点。工业投资拉动作用较强，前三季度完成工业投资1434亿元，同比增长13.1%，较上年同期（5.4%）提升7.7个百分点。新兴产业投资颇具亮点，前三季度新兴产业投资完成1455.19亿元，同比增长14.9%。其中新能源、高端装备制造、生物技术和新医药分别增长42.4%、28.5%、16.9%，增速大幅高于固定资产投资总体增速。房地产开发投资持续低迷，房地产开发投资完成2121.1亿元，同比下降7.4%。

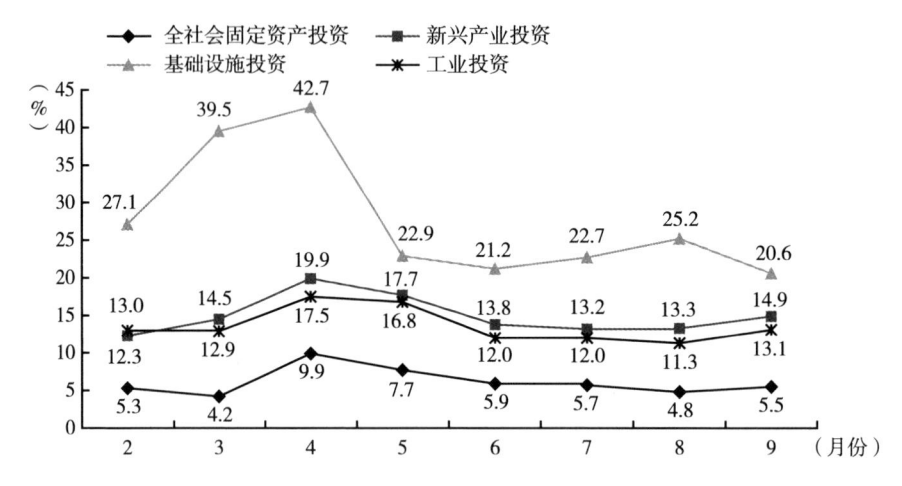

图 5　2023 年前三季度苏州固定资产投资累计增速

资料来源：Wind 资讯、苏州统计月报。

6. 外贸外资持续优化

受国际需求收缩、地缘政治等影响，叠加 2022 年同期高基数，苏州外贸持续承压，前三季度苏州实现进出口总额 2538.3 亿美元，同比下降 15.4%，但连续 5 个月实现单月环比正增长（见图 6）。外贸结构进一步优化，前三季度苏州一般贸易占比 44%，加工贸易占比 40.8%。对东盟、欧盟和美国三大贸易市场份额更趋均衡，出口额占比分别达到 13.98%、18.28%、20.34%。外资持续看好苏州，2023 年以来，西门子、空客、耐克、微软、博世新能源汽车、康宁药物、阿迪达斯、星巴克、太古可口可乐等跨国公司纷纷加大在苏州的投资，"生产+总部""生产+研发"等新型投资相继落地，前三季度实际使用外资 65.56 亿美元，同比增长 5.2%，增速高于全省、全国水平。

（二）创新生态不断完善

1. 全力提升科技创新水平

近年来，苏州坚持科技创新引领，在制度和政策保障方面出台一揽子支持科技创新的政策，着力营造一流科技创新生态，集聚创新资源，厚植创新

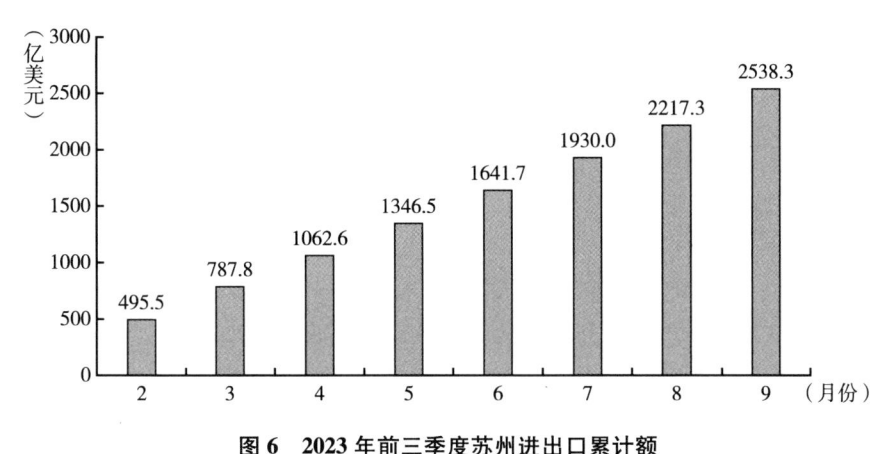

图 6 2023 年前三季度苏州进出口累计额

资料来源：Wind 资讯、苏州统计月报。

动能。研究制定苏州打造具有全球影响力的产业科技创新主承载区行动方案，苏州首部科技创新综合性地方法规《苏州市科技创新促进条例》于2023 年 7 月落地实施。2023 年前三季度，苏州高技术制造业实现产值11737.3 亿元，占规模以上工业总产值比重达 36.4%，同比提高 0.6 个百分点。高技术产品产量持续增长，传感器、光伏电池、智能手机等产品产量增速均超 30%。2023 年 9 月末，苏州有效发明专利量 11.97 万件，比 2022 年底增长 14.5%，万人发明专利拥有量 92.69 件，比 2022 年底增加 11.75 件。创新主体不断壮大，2023 年 9 月末苏州科创板上市公司达 53 家，居全国第3 位。

2. 持续打造最优营商环境

全方位打造最优营商环境，以"同样条件成本最低、同样成本服务最好、同样服务市场机会最多"为理念，打造面向所有人、为了所有人、成就所有人的人民城市，让越来越多的企业和人才，因为这座城市的美好而选择苏州、留在苏州，切实感受到"你永远可以相信苏州"。召开优化营商环境暨民营经济高质量发展大会，出台促进民间投资等系列政策举措。全面实施《苏州市优化营商环境条例》，出台《苏州市优化营商环境创新行动 2023》，围绕优化提升市场环境、创新生态、政务体系、法治诚信、人文底色 5 个维度，推出 126 条举措、

239项具体事项，全力打造办事效率最高、投资环境最优、企业获得感最强的投资目的地，为企业家提供有求必应、无事不扰的"店小二"服务。

（三）人民生活水平日益提升

1. 居民收入稳步增长

近年来，苏州居民人均可支配收入逐年上升，人民生活水平稳步提升（见图7）。2023年前三季度，苏州全体居民人均可支配收入56592元，同比增长4.5%。按收入种类分，工资性收入是主要收入来源，占比超六成。2023年前三季度，苏州居民工资性收入35569元，增长4.8%；经营净收入5476元，增长4.2%；财产净收入7523元，增长3%；转移净收入8024元，增长5.0%（见图8）。2023年前三季度，苏州居民人均生活消费支出35181元，同比增长7.8%。其中，城镇居民人均生活消费支出38828元，同比增长7.1%；农村居民人均生活消费支出23873元，同比增长10.8%，增幅高于城镇居民3.7个百分点。

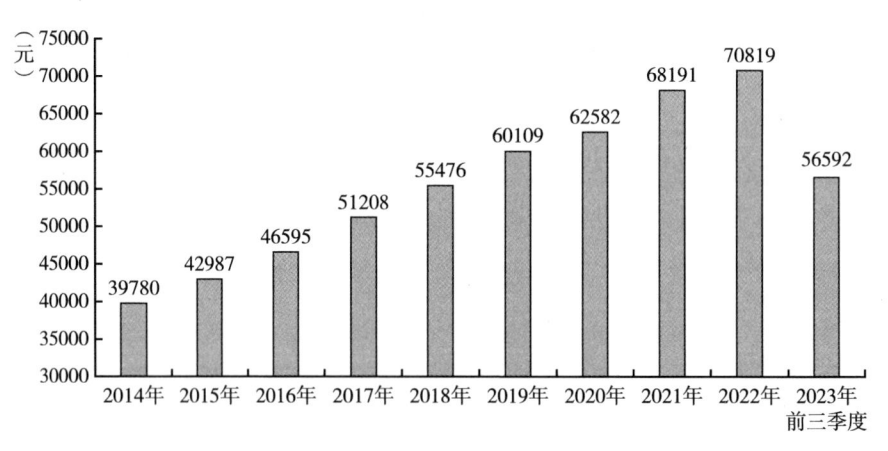

图7 2014年至2023年前三季度苏州居民人均可支配收入

资料来源：Wind数据库。

2. 有效推进扩大就业

苏州全面强化就业优先政策，通过激发市场活力扩大就业容量、扩大"苏岗贷"合作金融机构范围、支持创新创业带动就业等系列措施，进一

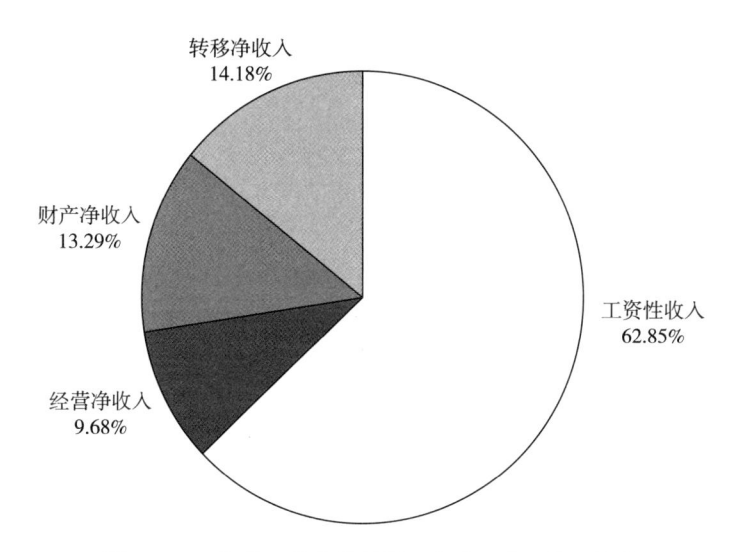

图 8　2023 年前三季度苏州居民人均可支配收入结构

资料来源：国家统计局苏州调查队。

步稳定和扩大就业。2023 年前三季度，苏州市城镇新增就业人数 18.07 万人，占全省的 17.5%。截至 2023 年 9 月底，全市企业用工备案人数 546.53 万人，占江苏用工规模的 1/4。举办"苏州市人力资源校企合作融合发展大会"，邀请 100 余所全国职业院校与苏州 1000 家以上重点企业对接合作。支持高校毕业生等青年就业创业，加大访企拓岗、招聘服务、就业指导力度，全面提升青年就业创业整体水平和质量。加快"家门口"就业服务站建设，依托服务站为常住人口提供均等化、无差别的公共就业服务，推进就业服务端口前置、重心下沉。推动"云端送岗"直播带岗品牌建设，发布《苏州市"云端送岗"直播（线上）招聘工作指引》，实现岗位供需高效匹配。

（四）全力营造生态宜居环境

1. 创新绿色发展体制机制

聚焦"一山一策"，加强对山体资源的合理开发、科学利用，大力推进山地森林步道等配套设施建设，着力提升可达性，让人民群众更加便捷走进绿水青山。作为"百湖之城",聚焦"一湖一策",印发实施《重点湖泊综合治理工作方案》,通过建立一湖一档、补足防洪排涝短板、高效利用水资源、加强滨湖带建设等系列措施,进一步强化市域湖泊系统性综合保护和治理。聚焦"一岛一策",深入推进吴中西山"生态岛"试验区建设,"太湖生态岛农文旅绿色低碳融合发展示范项目"入选国家第二批EOD模式试点。聚焦"公园城市"建设,印发《2023年苏州市"公园城市"建设实施计划》,进一步提升城市吸引力和魅力值。聚焦生物多样性保护,印发《苏州市关于进一步加强生物多样性保护的实施方案》,全力构建生物多样性监测网络和相对稳定的生物多样性保护空间格局。

2. 生态环境质量持续改善

苏州积极打造生态宜居城市,生态环境建设取得成效。着眼千年"四角山水"城市空间历史格局,推进"长江太湖—四角山水—古城—园林"绿道形态成网。空气质量持续改善,2023年上半年,PM2.5浓度为31.9微克/米^3,同比下降3.0%。优良天数比例为79.6%,同比上升2.3个百分点。臭氧浓度为175微克/米^3,同比下降0.6%。PM2.5浓度排名全省第5位,优良天数比例排名全省第3位。水生态环境质量持续改善,苏州国考、省考断面水质优Ⅲ比例分别达到93.3%和95%,优Ⅱ比例分别为70%和77.5%。全市土壤、噪声、辐射环境质量总体保持稳定。

(五)文化建设迈上新的台阶

1. 推动公共文化服务共享

苏州始终坚持"用文化点亮生活"的宗旨与理念,让人民群众享受更加充实、更为丰富、更高质量的美好生活。持续打造"城乡10分钟文化圈",积极落实《苏州市文化设施布局规划(2017—2035)》要求,打造"城乡10分钟文化圈"2.0版,苏州博物馆西馆等一批重点文化设施和2.5级片区型综合文化服务中心建成投用。不断完善体育公共服务体系,大力实施全民健身"六边"工程,市区和各县级市均高标准建成了体育中心、全民健身中心等综合性体育场馆,已经建成的高新区文体中心、奥体中心是国际一流、国内领先的公共体育服务综合体。大力推进健身步道等休闲体育设施建设，通过充分挖掘苏州山水自然资源优势，建成金鸡湖水岸慢行绿道、环虞山生态步道和"太湖蓝"步行、慢跑和骑行绿道系统等一批精品工程。

2. 持续推进文化品牌建设

推动《关于推动苏州"博物馆之城"建设的意见》《关于鼓励和促进苏州非国有博物馆发展的实施办法》等政策文件落地实施，制定民办博物馆扶持实施细则，为实现"百馆之城"向"博物馆之城"的迭代升级注入强大动力，与此同时基于数字技术的"孪生博物馆"建设亦逐步完善。作为历史文化名城，苏州持续打响"四季苏州·最是江南"旅游品牌。全市拥有5A级景区6家、4A级景区36家，乡村休闲旅游农业精品村57个、乡村旅游精品线路70条、乡村旅游精品民宿80家。2022年末，全国重点文物保护单位61处、省级文物保护单位128处。"苏州古典园林文化遗产旅游案例"获评全国优秀案例。中国数字文化集团、央广传媒集团等全国头部、平台型文化企业先后在苏州落地建设区域总部、运营平台等项目。

（六）社会民生建设成效明显

1. 社会治理现代化取得新成效

苏州全力推进市域社会治理现代化试点城市创建，经过三年的努力，2023年被确定为"全国市域社会治理现代化试点合格城市"。打造"八心工程"最强引擎，苏州创新设立党建引领凝心、风险防范安心、矛盾化解顺心、公共服务舒心、网格治理聚心、心理健康暖心、社会参与同心、科技赋能慧心"八心工程"，三年累计实施项目87个，形成了全域同频、示范引领，滚动实施、接续推进的奋进格局。锻造"法治保障"最硬内核，苏州成功获评首批全国法治政府建设示范市，出台全国普通地级市首部平安建设专门立法《苏州市平安建设条例》，先后设立苏州知识产权法庭、苏州破产法庭、苏州国际商事法庭、苏州劳动法庭、苏州互联网法庭五个国字号法庭。塑造"苏城善治"最亮名片，苏州创新挖掘本土"和合文化"内涵底蕴，确定"苏城善治"为苏州市市域社会治理现代化建设品牌。

2.公共服务不断完善

近年来，苏州积极推进基本公共服务均等化，民生保障水平不断提升。教育发展更加优质均衡，基本实现义务教育阶段学校集团化办学全覆盖，全力推动名城名校融合发展，C9高校全部在苏州实现重大布局。促进医疗资源提质扩容，市属医院均为三甲医院，各县级市（区）实现三级医院全覆盖。出台《苏州市"一老一小"整体解决方案》，构建多元化、多样化、多层次的婴幼儿照护服务体系，推动建设覆盖城乡、分布均衡、功能完善、结构合理、融合健康、高效利用、惠及全民的养老服务体系。围绕"健全现代公共文化服务体系""创新实施文化惠民工程"目标要求，提高全市文旅公共服务整体水平。全力完善救助体系，兜牢基本民生保障底线，构建应对相对贫困长效机制，建立完善以基本生活救助、专项救助、急难救助为主体，社会力量参与为补充的分层分类的社会救助体系。

二 苏州经济社会发展展望

（一）国际形势分析

1.国际发展环境日趋复杂

世界经济复苏动力不足，主要经济体货币政策收紧，金融市场脆弱性上升，经济全球化遭遇逆流。俄乌冲突、巴以冲突等带来地缘政治风险，贸易摩擦与产业竞争带来产业链供应链风险，"黑天鹅""灰犀牛"隐患需要高度重视。全球经济持续恢复基础仍需巩固，国际货币基金组织（IMF）预计2023年全球经济增速为3.0%，2024年为2.9%，均明显低于2022年增速。2023年10月全球制造业PMI为47.8%，美国制造业PMI为47.2%，欧洲制造业PMI为44.6%，均处在荣枯线以下。世界贸易组织预测2023年全球货物贸易量仅增长0.8%，作为出口导向型经济体的韩国、越南出口额大幅下降。

2.全球通胀有所缓解但仍处高位

本轮全球通胀给国际大宗商品价格运行带来显著影响。IMF预计全球总体通胀将从2022年的8.7%下降至2023年的6.9%和2024年的5.8%，核心通胀的回落过程将更加缓慢。世界银行《大宗商品市场展望》报告预计全球大宗商品价格将以疫情暴发以来最快速度下跌，对依赖大宗商品出口的近2/3的发展中经济体造成负面影响，预计2023年大宗商品价格下降21%，但仍远高于2015~2019年平均水平，能源和煤炭价格将在疫情前均价以上。

3. 产业链供应链正在加快重塑

全球产业链供应链正在加快重塑重组，美日欧等发达地区大力推动产业回流，强化产业链供应链的自主性和可控性。部分跨国企业加强产业链供应链全球布局调整，产业链供应链的短化、区域化和集群化正在成为新的特点。美国实施《芯片和科学法案》，日本出台《外汇及外国贸易法》，欧盟碳边境调节机制（CBAM）2023年10月进入过渡期，欧美系列法案增强了贸易壁垒，提升了贸易成本，对全球产业链供应链重塑影响深远。

4. "一带一路"建设行稳致远

2023年是共建"一带一路"倡议提出十周年，十年来在各方的共同努力下，共建"一带一路"从中国倡议走向国际实践，成为深受欢迎的国际公共产品和国际合作平台。第三届"一带一路"国际合作高峰论坛发布了中国支持高质量共建"一带一路"的八项行动，未来将加快推进中欧班列高质量发展，创建"丝路电商"合作先行区，统筹推进标志性工程和"小而美"民生项目，并持续深化绿色基建、绿色能源、绿色交通等领域合作，为世界经济增长注入新动能，为全球发展开辟新空间，为国际经济合作打造新平台。

（二）国内形势分析

1. 国民经济持续好转

2023年前三季度按不变价格计算，我国GDP同比增长5.2%，生产形势稳步恢复、国内需求稳步扩大、创新动能不断增强，经济运行持续恢复向好。我国加快构建以国内大循环为主体、国内国际双循环相互促进的新发展格局，积极扩大国内需求，把实施扩大内需战略同深化供给侧结构性改革有机结合起来，发挥消费拉动经济增长的基础性作用，积极制定出台促进民间投资的政策措施，前三季度最终消费支出拉动经济增长 4.4 个百分点，资本形成总额拉动经济增长 1.6 个百分点。我国以国内大循环为主体、国内国际双循环相互促进的新发展格局特征更加显著。

2. 营商环境更趋优化

我国高度重视营商环境优化工作，出台《关于进一步优化外商投资环境加大吸引外商投资力度的意见》等一系列文件，通过推进高水平对外开放、构建开放型经济新体制，营造市场化、法治化、国际化一流营商环境，充分发挥我国超大规模市场优势，更大力度、更加有效吸引和利用外商投资。高质量融入 RCEP，全部 15 个签署国均完成生效程序，并相互实施关税减让。推动中国—东盟自贸区 3.0 版第二、第三轮谈判。创新贸易自由化便利化制度，对外贸易经营者备案登记全面取消。此外，积极实施增加便利、增强活力、增进服务、降低成本等"三增一降"措施，帮助企业降成本、稳订单、拓市场。

3. 市场信心正在恢复

前三季度，全国固定资产投资（不含农户）同比增长 3.1%；扣除价格因素影响，同比增长 6.0%。分领域看，基础设施投资同比增长 6.2%，制造业投资增长 6.2%。前三季度，社会消费品零售总额同比增长 6.8%。9月，制造业采购经理指数为 50.2%，比上月上升 0.5 个百分点，企业生产经营活动预期指数为 55.5%，市场信心逐步恢复。同时，我们也要看到，经济向好、信心恢复、市场好转是波浪式发展、曲折式前进的过程，不可避免地仍然有较多反复，虽然经济有所复苏，但修复程度仍不充分，总需求相对不足问题较为明显，恢复和扩大消费的基础还需进一步巩固。

（三）苏州当前及未来发展应关注的重点

一是关注扩大消费需求。要把恢复和扩大消费摆在优先位置，在生产端扩大多元化、个性化、品质化商品和服务供给，充分激发人民消费愿望；在消费端关注如何多渠道增加城乡居民收入，以及在住房改善、家居消费、新能源汽车、"一老一小"等领域培育新的消费增长点；在政策端通过新能源汽车消费补贴等形式提供支持。

二是关注产业科技创新。面对国际科技和产业形势的变化，苏州应积极关注新一轮科技革命和技术突破的方向性问题，全力推进产业科技创新。产业科技创新以市场为导向、以企业技术创新为基础、以提高产业竞争力为目标，需要科学把握产业技术创新的新趋势，认真研究产业技术所面临的机遇和挑战，全力打造具有全球影响力的产业科技创新中心主承载区、具有国际竞争力的先进制造业基地。

三是关注产业项目投资。今天的项目投资力度是明天的经济发展速度，今天的产业投资结构是明天的经济发展结构。经过改革开放以来的快速发展，在用地等资源环境承载力约束以及产业招商竞争激烈影响之下，需要更加关注苏州产业项目投资。要加强产业项目招商体制机制改革，突出产业发展新赛道新领域研究，为好的产业项目落地提供支撑。

四是关注扩大对外开放。2024年是苏州工业园区开发建设30周年，作为中国和新加坡两国政府间的重要合作项目，未来应以中新合作为引领，推动苏州工业园区进一步提升国际化水平和创新能级，实现从中国领先的工业园区到世界一流的创新园区的转变。此外，苏州作为外向型经济大市，应在合作顶层设计谋划、数字经济、服务贸易、科技创新等方面持续扩大开放创新，更好服务双循环新发展格局。

五是关注城市社会治理。苏州全市常住人口突破1300万人，服务人口超过1600万人，推动人口规模较大的城市实现中国式现代化，是苏州需要关注的重大问题。当前和未来，苏州应科学把握发展和安全、城市和乡村、经济和社会等重大关系，进一步加强城市规划、城市治理、城市公共政策、体制机制创新等方面的研究。

三　2024年苏州经济社会高质量发展的对策建议

（一）提升创新体系效能，全力服务高水平科技自立自强

以产业科技创新中心主承载区建设为引领，提升产业与科技的结合度，

加快关键技术突破。依托苏州实验室、苏州纳米技术与纳米仿生研究所、苏州生物医学工程技术研究所等重大科技创新平台，面向世界科技最前沿，在信息技术、生物技术、新材料、先进制造等领域，加强基础科学问题研究和交叉研究。加快苏州实验室总部基地等重大科技创新平台建设，加快苏州工业园区桑田科学岛科学实验组团与大科学装置区、行政会议组团、生活配套组团等设施建设，推动国家生物药技术创新中心、国家第三代半导体技术创新中心、苏州国家新一代人工智能创新发展试验区"一区两中心"实现高质量发展。强化企业创新主体地位，积极推动企业主导的产学研深度融合，强化关键核心技术和前沿技术供给能力，培育一批高质量创新型领军企业。

（二）加快构建现代化产业体系，推进产业链强链补链延链

重点聚焦电子信息、装备制造、生物医药、先进材料等主导产业和新兴服务业等优势领域持续布局，推动光子、集成电路、智能车联网等细分领域深入发展，抢抓产业风口，进一步锻造产业链长板。在工业软件、工业母机、芯片制造等方面大力实施产业强链，利用机器人、物联网、人工智能等技术改造升级制造业，补齐产业链短板。抓住苏州工业园区建设开放创新世界一流高科技园区的重大契机，加快布局集成电路产业重大项目，做大做强苏州生物医药国家战略性新兴产业集群、生物医药及高端医疗器械国家先进制造业集群、纳米新材料国家先进制造业集群、人工智能产业创新集群等。积极布局未来产业，加快国家新一代人工智能创新发展试验区建设，进一步聚力发展第三代半导体产业，前瞻布局基因技术、生物制造、量子信息、智能材料、非硅基新材料、未来网络、氢能源、类脑智能、区块链、元宇宙等未来产业。坚持先进制造业和现代服务业深度融合、双向赋能，扎实推进国家级服务型制造示范城市和国家级"两业融合"试点建设，围绕信息技术、科技研发、工业设计、检验检测、知识产权等重点领域，大力发展生产性服务业。

（三）建设双向开放的枢纽城市，服务构建新发展格局

进一步推进外贸稳规模优结构，千方百计稳住外贸基本盘，持续深化

"外企服务月"活动,把抢订单摆上更加重要的位置,对苹果系等龙头外贸和工业企业,持续做好日常对接,抢抓关键窗口期,全力以赴帮助企业争订单、抢市场。进一步深化金融保险等惠企举措及贸易便利化措施,帮助企业用好用足RCEP等自贸协定关税优惠,引导外贸企业积极拓展RCEP市场,鼓励扩大优势产品出口。强化重点项目跟踪服务,"一企一策"帮助"走出去"企业解决实际问题,切实提升企业开展国际化经营能力。加强外贸新业态新模式培育和发展,推动外贸数字化转型和绿色化发展。培育壮大国际合作园区,加快中新、中日、中德、中荷、海峡两岸等开放平台建设。不断拓展国际合作新空间,推动更高水平对外开放,努力建设双向开放的枢纽城市,为江苏"建设具有世界聚合力的双向开放枢纽"作出苏州贡献。

(四)加强文化传承和创新发展,打响"江南文化"品牌

围绕提升文化创新创造力,着力构筑思想文化引领高地、道德风尚建设高地、文艺精品创作高地。积极打响"江南文化"品牌,在文脉传承、文化服务、文艺创作、文创产业等方面持续加力,打造独具特色的江南文化品牌,塑造江南文化在苏州传统文化中的核心地位,使苏州"最江南"的文化特质更加凸显。繁荣发展文化事业和文化产业,加快健全现代文化产业体系和市场体系,积极推进"书香社会"建设。推动苏州文化产业倍增发展,健全以数字文化产业为核心的现代文化产业体系,打造具有区域影响力、科技含量高、创新能力强的文化产业集群。擦亮古城保护的苏州名片,加强园林、古镇等文物保护与活化利用,传承好苏绣、昆曲等非物质文化遗产,擦亮古运河、阳澄湖等水文化名片。着力提升精神生活品质,大力促进人的全面发展和社会全面进步,促进人民精神生活共同富裕。

(五)融入长三角城市群建设,服务区域协调发展

积极主动服务长三角一体化发展,充分利用区位优势,主动承接上海溢出效应,高水平共建长三角生态绿色一体化发展示范区、虹桥国际开放枢纽北向拓展带、G60科创走廊、沿沪宁产业创新带等重点共建区和廊道。科学

规划实施苏州高铁北站扩容升级，与上海虹桥站合力打造"大虹桥"复合型国际综合交通枢纽。深入推进苏锡常都市圈建设，持续实施一批苏锡协同发展合作项目。深化跨江融合发展，与南通等城市共建优势互补的产业集群。协力推进苏宿、苏滁、苏盐等合作园区高质量发展，推动共建园区迈上新台阶。围绕规划共统、设施共建、要素共通、优势共享等重要领域，持续完善市域一体化制度体系和多中心、多组团的都市网络体系，形成先进制造、科技创新、金融服务、公共服务等多个区域性分中心协同发展格局。

（六）强化民生保障，进一步提升城市现代化治理能力

实施更加积极的就业创业和更加有效的富民增收政策，推动城乡居民持续增收，形成与经济发展相协调的收入增长机制。提高公共就业服务水平，打响"就在苏州"就业创业公共服务品牌，扎实做好高校毕业生、农民工、退役军人等重点群体就业工作。加快建立健全多层次社会保障体系，聚焦"急难盼愁"，突出"一老一幼"，重点解决社会保障覆盖面、兜底性和可持续问题。着力深化教育领域综合改革，推进优质教育资源扩容提升。健全覆盖城乡、优质高效的医疗卫生服务体系，建设高水平健康苏州。提升社会治理现代化水平，积极探索千万人口城市社会治理新路径，依托"数字苏州驾驶舱"建设，加快实现"一屏总览全局、一网统筹全域"城市数字化治理新模式。强化县级市（区）、镇（街）、村（社区）三级矛盾纠纷调处化解中心建设，健全城乡基层治理体系和乡村治理协同推进机制，持续打响"苏城善治"品牌。

经 济 篇

B.2 苏州工业发展形势与展望

苏州智库联盟课题组*

摘　要： 面对宏观经济形势变化、产业科技创新突破以及工业变革进入新时代新阶段，苏州发挥工业基础好、门类全、韧性强优势，强化工业领域的促创新、补短板、锻长板、强基础、优生态，2023年以来，工业走势总体平稳，项目投资积蓄动能，产业创新引领转型，绿色集约成效明显，多个领域保持在全省乃至全国领先地位。但在国际经济形势持续低迷等因素影响下，苏州工业转型升级和攻坚克难也面临诸多挑战。面对全球制造业发展格局的重大调整，苏州要科学把握工业发展的战略机遇，积极应对各项风险挑战，加快推进工业向数字化、协同化、融合化、服务化、绿色化转型。苏州需要通过抢抓数字时代机遇，加快推进工业转型升级；立足国内国际双循环，促进生产消费有机融合；加大优质工业项目招引力度，优化产业园区建设；谋划未来产业发展，积极培育新增长极。苏州要积极探索具有苏州特色

---

* 执笔人：李兵，苏州智库联盟，课题组成员主要研究方向为产业经济、技术创新。

的新型工业化道路，全力打造具有国际竞争力的先进制造业基地，推动工业经济实现高质量发展。

关键词： 工业运行　工业结构　工业投资　苏州

党的二十大报告提出，"建设现代化产业体系""坚持把发展经济的着力点放在实体经济上，推进新型工业化，加快建设制造强国"。2023年以来，苏州强化工业领域的促创新、补短板、锻长板、强基础、优生态，工业新旧动能接续加快，工业投资稳步扩大，工业结构持续优化，绿色转型成效明显，生产质效有效提升，各项工作取得较好成绩，工业发展显示出较强韧性。同时，苏州作为工业大市，在全球经济形势持续低迷影响下，工业转型升级也面临着诸多新的挑战。进入新发展阶段，苏州需要进一步稳定畅通产业链供应链，加快推进工业向数字化、协同化、融合化、服务化、绿色化转型，积极探索具有苏州特色的新型工业化道路，全力打造具有国际竞争力的先进制造业基地，推动工业经济实现高质量发展。

一　苏州工业发展现状分析

（一）行业走势总体平稳

1. 工业结构稳步改善

在落实国家和省各项延续优化政策、强化地方政策配套的背景下，苏州工业经济显示出发展韧性，1~10月，全市规上工业增加值同比增长2.8%，增速较前三季度提高0.1个百分点。1~10月，全市实现规上工业总产值36146.32亿元，受全球经济低迷、内需恢复不及预期以及上年同期高基数的影响，同比回落0.7%；大型企业运行良好，1~10月全市工业百强企业实现产值12431亿元，同比增长5.7%，增速比前三季度提升1.1个百分点，拉动规上工业总产值增长1.8个百分点，比前三季度提高0.3个百分点。先进制造业发展提速，1~10月高技术制造业规上工业产值同比增长2.5%，占规上工业总产值比重达36.9%，同比提高1.0个百分点；1~10月，高新技术产业实现规上工业产值19094.08亿元，占全市规上工业总产值比重达52.8%，同比提高0.5个百分点。

2. 重点行业平稳发展

从苏州11个规上工业总产值达到千亿元以上的重点行业来看（见表1），大部分行业增速仍在合理区间。1~10月，装备制造业稳步增长，规上工业产值同比增长2.1%，其中汽车制造业、专用设备制造业、电气机械和器材制造业1~10月规上工业产值分别同比增长6.7%、4.9%、4.7%。受头部企业新产品上市带动影响，下半年电子信息行业迎来通信电子生产旺季，苏州计算机、通信和其他电子设备制造业由负转正，1~10月规上工业产值同比增长1.9%。黑色金属冶炼和压延加工业、橡胶和塑料制品业、纺织业等传统行业仍未走出下降通道，但部分行业有降幅收窄的迹象。

表1 苏州重点行业规上工业产值和同比增速

单位：亿元，%

行业名称	2022年 1~12月产值	2022年 1~12月增速	2023年 1~10月产值	2023年 1~10月增速
规上工业总产值	43642.70	4.1	36146.32	-0.7
1. 计算机、通信和其他电子设备制造业	12819.74	6.2	10768.33	1.9
2. 电气机械和器材制造业	3738.13	10.8	3251.77	4.7
3. 通用设备制造业	3643.65	1.2	2930.89	-3.7
4. 汽车制造业	2848.19	15.2	2469.42	6.7
5. 黑色金属冶炼和压延加工业	2883.23	-6.8	2092.04	-15.0
6. 专用设备制造业	2249.22	4.9	1994.85	4.9
7. 化学原料和化学制品制造业	2174.71	5.4	1558.65	-14.8
8. 橡胶和塑料制品业	1652.49	-4.3	1348.83	-2.6
9. 金属制品业	1552.56	-0.3	1311.29	-0.1
10. 纺织业	1298.31	-1.1	1065.14	-5.0
11. 有色金属冶炼和压延加工业	1139.41	10.5	1016.36	6.2

数据来源：《苏州统计月报》。

3.关联指标趋势向好

苏州制造业产需两端逐步改善。受整县（市、区）屋顶分布式光伏开发试点等"光伏新政"和以锂电池、电动载人汽车、太阳能电池为代表的"新三样"出口带动，前三季度苏州光伏产品产量同比提升40%；受头部企业新产品发布影响，苏州智能手机产量同比提升31.9%。1~10月，全市工业用电1021.36亿度，同比增长1.1%，累计增速连续三个月为正（见图1）。企业生产经营负担减轻，1~10月，规上工业企业营业成本同比下降1.0%。1~10月，规上工业利润增速较前三季度回升0.9个百分点。全市35个行业大类中，19个行业利润实现同比正增长，行业利润增长面为54.4%，其中12个行业利润增速达两位数以上，医药制造和汽车制造行业利润分别同比增长170.2%、25.4%；钢铁、化工、电子等行业利润跌幅较上半年分别收窄24.9个、12.2个、11.2个百分点。

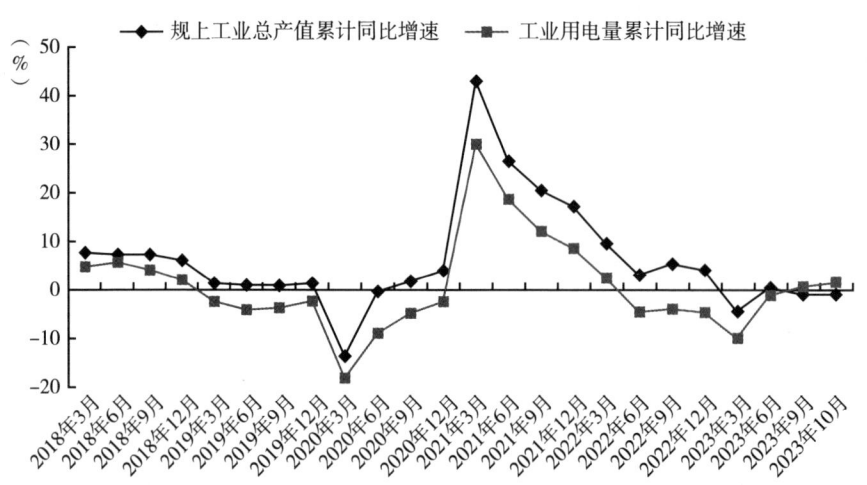

图1 2018年至2023年10月苏州规上工业总产值与工业用电量累计同比增速

数据来源：《苏州统计月报》。

（二）项目投资积蓄动能

1.工业投资持续增长

在扩大产业投资指导、完善重大项目联动服务机制、鼓励民间投资参与等支持下，苏州工业投资持续稳定增长（见图2），2023年以来始终保持两位数增长，1~10月全市完成工业投资1597.71亿元，同比增长10.4%，工业投资占固定投资比重达30.8%，同比提升1.5个百分点。亿元以上工业项目投资同比增长19.1%。制造业投资中，电气机械和器材制造业、通用设备制造业完成投资均超百亿元，计算机、通信和其他电子设备制造业完成投资接近400亿元。1~10月，代表新动能的高新技术产业投资达到769.69亿元，同比增长10.4%；高技术制造业投资达到681.98亿元，同比增长9.1%，占工业投资比重为42.7%；新兴产业投资达到1627.81亿元，同比增长10.0%，其中新能源、新材料、生物技术和新医药、节能环保、高端装备制造、软件和集成电路分别同比增长34.7%、7.0%、9.5%、8.7%、22.2%、12.0%。

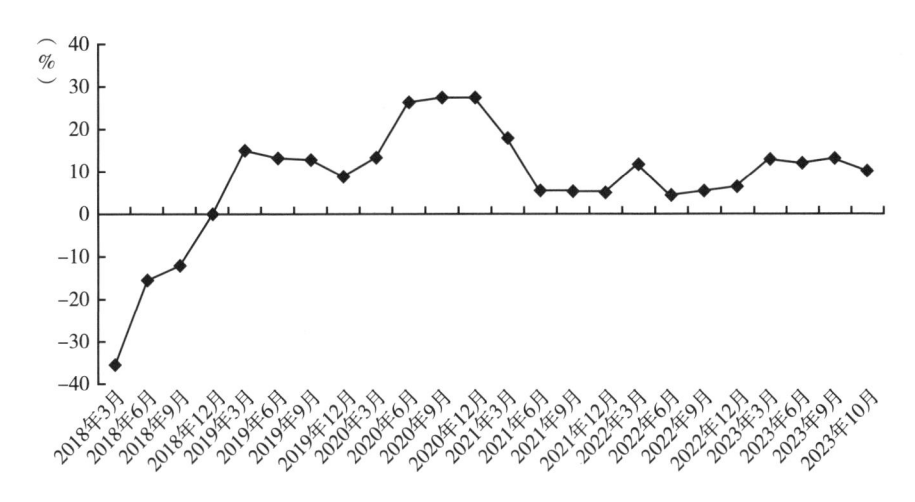

图2　2018年至2023年10月苏州工业投资累计同比增速

数据来源：《苏州统计月报》。

2. 技术改造占比攀升

苏州在全市大力实施"千企技改"，近年来每年滚动推进1000家重点企业实施技术改造。在2022年《关于推进全市工业企业技术改造的若干措施》以及2023年《江苏省高耗能行业重点领域企业技术改造实施方案》等各级产业政策支持和引导下，在苏制造业企业以高端化、智能化、绿色化、服务化改造为重点方向积极开展技术改造活动，1~10月全市工业技术改造投资累计达到761.34亿元，占工业投资的比重达到47.7%，比前三季度提高1.5个百分点。

3. 重大项目加快推进

围绕项目招引签约、开工建设、投产投用的全流程、各环节，全力优化"拿地即开工"、容缺预审、并联审批、告知承诺、交地即发证、帮办代办等服务保障，帮助企业早谋划、早布局，助力项目早开工、早建设、早投产。2023年，全市省重点、市重点工业项目开工建设进展顺利，多个先进制造业项目签约滚动落地。友达光电、矽品科技、通富超威、大族激光、立臻科技、盛虹储能等百亿级产业项目开工建设，空中客车、克诺尔、西门子、霍尼韦尔等总部型研发型外资项目密集落地，德信芯片苏州工业园区高端功率器件晶圆研发生产基地、可口可乐太仓基地、利洁时太仓工厂滴露项目、伟创电气吴中智能制造工厂、江苏迈信林航空科技零部件吴中研发生产总部、芯谷半导体研发智造等一批"生产+总部""生产+研发""生产+测试"项目开工或建成投产。

（三）产业创新引领转型

1. 打造现代化产业体系

全面提升产业基础高级化和产业链现代化水平，加快构建现代化产业体系。紧跟新一轮科技革命和产业变革方向，推动战略性新兴产业集群融合发展，打造新一代信息技术、人工智能、生物技术、新能源、新材料、高端装备、航空航天等领域新的增长引擎。实施产业基础再造工程和重大技术装备攻关工程，支持链主企业、专精特新企业发展。强化生产性服务业体系建设，推动现代服务业同先进制造业深度融合，积极打造具有国际竞争力的数字产业集群。优化基础设施布局、结构、功能和系统集成，构建现代化基础设施体系。以苏州工业园区获评首批国家级碳达峰试点园区为契机，积极践行"双碳"发展理念，通过创新驱动和政策引领，不断探索产业低碳发展路径。

2. 着力培育专精特新

2023年9月25日，由中央广播电视总台财经节目中心与省委宣传部、省工信厅合作举办"专精特新·制造强国"发展大会苏州专场活动，在《苏州市促进专精特新中小企业高质量发展的实施意见》等文件支持下，苏州加快完善优质中小企业梯度培育体系，鼓励企业争当"隐形冠军"、争做"小巨人"，支持引导更多中小企业走"专精特新"发展之路，全面提升苏州制造业高质量发展核心竞争力。截至2023年9月底，苏州有230家企业入围第五批国家级专精特新"小巨人"企业公示名单，累计培育国家级专精特新"小巨人"企业401家（含公示企业），排名跃升至全国第四；省级专精特新中小企业达到1415家，位居全省第一，占全省比重达到25.3%。

3. 深入推进智改数转

出台《苏州市制造业智能化改造数字化转型2023年实施方案》，2023年实施智能化改造数字化转型项目3000个以上，覆盖规上企业2500家，推动12000家中小企业开展数字化能力评估。智能制造示范工厂具有智能化数字化程度高、科技水平领先、产业发展引领带动作用强等特点，根据《江苏省制造业智能化改造和数字化转型三年行动计划（2022—2024年）》，苏州绿控传动科技股份有限公司新能源汽车动力耦合系统智能制造工厂、太极半导体（苏州）有限公司高端存储器芯片制造智能工厂、张家港中美超薄带科技有限公司铸轧薄带智能制造示范工厂等16个工厂入选2023年江苏省智能制造示范工厂，入选数量居全省第一。2023年度江苏省工业互联网示范工程（标杆工厂类）拟认定名单中苏州33家上榜，占比达到27%，数量居全省第一。

（四）绿色集约成效明显

1. 推进工业节能降碳

强化项目能耗约束性指标管控，严控新增高耗能项目，引导企业通过绿电获取、供应链管控、技术和工艺改善等举措，更好适应能耗"双控"向碳排放"双控"转变的要求，加快构建清洁低碳安全高效的能源体系。加强生态环境准入管理，用好产业用地政策，严格环评审批把关，对不符合法律法规政策和生态环境保护要求的项目坚决不批，坚决遏制"两高一低"项目发展。按照国家发展改革委等部门《关于严格能效约束推动重点领域节能降碳的若干意见》以及《工业重点领域能效标杆水平和基准水平（2023年版）》，全面推动制造业绿色发展。

2. 实施绿色低碳转型

作为用能大市和钢铁产业大市，苏州积极贯彻落实国家、省任务部署，着力突破钢铁行业高排放、高污染瓶颈，以绿色低碳转型助推钢铁行业高质量发展。苏州拥有沙钢集团、永钢集团、龙腾特钢3家长流程钢铁企业和浦项不锈钢1家短流程钢铁企业。为推动全流程超低排放改造，4家钢铁企业自主累计投资超百亿元，获得国家级、省级生态环保专项补助资金超亿元。继永钢集团和龙腾特钢完成全流程超低排放改造之后，2023年浦项不锈钢和沙钢集团也完成全流程超低排放改造并通过评估监测由中钢协公示。2023年，苏州成为全省首个钢铁行业全部完成超低排放改造的城市。

3. 优化工业固废利用

针对工业固体废物，苏州通过建设冶炼渣磨粉、干化污泥焚烧发电等固废资源化利用项目，以及推进清洁生产和园区循环化改造等工作，保障一般工业固体废物综合利用率达到95%以上，为"无废城市"建设打下基础。常熟经济技术开发区通过国家发展改革委、财政部园区循环化改造示范试点验收；伟创力电子技术（苏州）有限公司工厂节能减排项目、和舰芯片制造（苏州）股份有限公司含氨废水提标工程、明基材料有限公司空压机余热回收项目、卡特彼勒（苏州）有限公司工厂可持续发展实践、博世汽车部件（苏州）有限公司节能环保改造项目等10个案例入选2023年苏州工业园区"绿色WE来"减污降碳典型案例。

4. 试点推进"工业上楼"

出台《苏州市鼓励"工业上楼"工作试点方案》，构建工作体制机制，鼓励有条件试点、分批次推进、多层次探索，力争通过3年时间，建设一批

"工业上楼"示范园区、楼宇。在相城区，2023年汇集了黄桥未来工场等18个"工业上楼"项目，其中已建项目6个，在建项目9个，拟建项目3个，累计地块面积1075.1亩，建筑面积207.4万平方米，计划投资总额超百亿元，如从事光纤激光器及其核心器件研发、生产及销售的国家级高新技术企业苏州创鑫激光科技有限公司扩建项目容积率达到4.4，进一步集约了土地资源，有效提升了土地产出效益。

二 苏州工业发展形势展望

（一）面临的发展环境

从国际环境来看，美欧连续大幅度加息带来潜在金融风险，俄乌冲突、巴以冲突等带来地缘政治风险，贸易摩擦与产业竞争带来产业链供应链风险，新兴市场和发展中经济体债务压力加重，不确定因素增多。世界经济面临多重下行风险，增长依然疲弱，2023年10月，国际货币基金组织（IMF）在《世界经济展望》报告中，预计2023年全球总体通胀率将从2022年的8.7%降至6.9%，并在2024年进一步降至5.8%；预计2023年全球经济增速为3.0%，2024年为2.9%，而2022年为3.5%。全球经济持续承压，消费者保持谨慎，消费端持续疲软，从消费端传导至生产端，将给工业生产带来较大影响。

从国内环境来看，我国加快构建以国内大循环为主体、国内国际双循环相互促进的新发展格局。长三角、粤港澳、京津冀、成渝等都市圈作为经济增长极正在崛起壮大，人民日益增长的美好生活需要正在成为工业发展的新动力。我国面对新一轮工业革命和数字经济时代，着力补齐短板、拉长长板、锻造新板，坚持推动传统产业改造升级和培育壮大战略性新兴产业两手抓，加快发展先进制造业，协同推进数字产业化和产业数字化，工业结构正在转变，工业发展质量、效益和国际竞争力正在稳步提升。

（二）面临的机遇挑战

1.发展面临的机遇

从需求端来看，经过改革开放40多年的发展，人民对美好生活的向往总体上已经从"有没有"转向"好不好"，呈现多样化、多层次、多方面的特点。立足超大规模市场优势，实施扩大内需战略更高效率地促进经济循环，通过增加高质量产品和服务供给，既能以自身的稳定发展有效应对外部风险挑战，又能解决人民日益增长的美好生活需要和不平衡不充分的发展之间的矛盾。在此背景下，2022年12月，中共中央、国务院印发《扩大内需战略规划纲要（2022—2035年）》，并研究出台系列配套政策，这也为苏州工业生产带来新的发展机遇，需要加快谋划，通过增加高质量产品打响"苏州制造"品牌实现生产和消费的有效对接。

从生产端来看，党的二十大报告提出到2035年基本实现新型工业化，强调坚持把发展经济的着力点放在实体经济上，推进新型工业化，加快建设制造强国。2021年，国家发展改革委等13部门联合印发《关于加快推动制造服务业高质量发展的意见》，加快提升面向制造业的专业化、社会化、综合性服务能力。2023年9月，财政部、税务总局出台《关于先进制造业企业增值税加计抵减政策的公告》，允许先进制造业企业按照当期可抵扣进项税额加计5%抵减应纳增值税税额，以政策推动我国新技术、新能源、新材料等高端产业加速发展。我国从政策层面多层次聚焦重点、难点、痛点，加快促进工业"战略性再造"，加速引导各类优质资源要素向制造业集聚，为苏州从工业大市迈向工业强市提供了机遇。

2.发展面临的挑战

从需求端来看，全球消费需求持续低迷，尤其是消费电子领域存在一定的产能过剩，给苏州笔记本电脑、集成电路、小家电、电动工具等的生产制造带来较大影响。苏州外贸依存度较高，2022年达到107%，在不少国家制造业回流带动订单回流以及产业链短化影响下，苏州订单拉动型生产受到一定冲击，1~10月，苏州加工贸易占比虽有回落，仍达到42.0%。2023年出口较好的"新三样"（锂电池、电动载人汽车、太阳能电池）苏州占比还较小，与深圳、上海、常州等城市相比还有较大差距，需进一步提升产能、开拓市场。从国内来看，受多方面影响，我国经济持续恢复基础仍需进一步稳固，10月全国制造业采购经理指数为49.5%，连升4个月后出现回落，降至收缩区间；价格指数、生产指数、新订单指数均有所回落，需求不足矛盾仍然突出。房地产等行业尚未恢复，上游相关的钢铁等、下游相关的家电等行业亦未恢复。

从生产端来看，虽然苏州规上工业总产值在全国长期位列前三，是举足轻重的工业大市，但产业链供应链受跨国公司影响较大，生产关键领域还存在诸多"卡脖子"问题，如高端芯片、精密轴承、工业软件、工业母机、精密仪器等。欧盟于2020年12月提出《新电池法案》，2023年10月欧盟成为世界上第一个征收碳关税的经济体。碳关税不只是针对终端产品，而是追溯到产品的上游、追溯到产品全生命周期中所有环节。欧盟是苏州重要出口地区，碳关税对苏州出口欧盟的产品生产产生较大影响，给产业链整体低碳转型带来挑战。苏州正在步入工业化后期并向后工业社会转型，土地成本、劳动力成本逐步上升，面对国内外其他地区产业竞争，如何激发数据、知识等新型要素作用，扩大高新技术市场份额，是面临的新挑战。

（三）未来的发展展望

展望未来，全球新一轮科技革命和产业变革正在持续深化，科技创新成为国际博弈的主要战场。苏州经济由高速增长阶段转向高质量发展阶段。在产业结构调整的大背景下，苏州工业生产总体将保持平稳发展，但发展模式将加速迈向数字化、协同化、融合化、服务化、绿色化。

1. 赋能数字化

制造业数字化已进入窗口期，加速推进数字赋能是苏州工业当前和未来发展的重要方向。要充分认识到实体经济是苏州高质量发展的看家本领，数字经济是工业转型发展的关键增量，数实融合是时代赋予的最宝贵机会，数

字赋能推动发展是构建新发展格局和推动高质量发展的重要途径。要提升数字赋能的紧迫感和使命感，以工业互联网做优做强和创新发展、智能化改造和数字化转型等为重要抓手，促进数据、人才、技术等生产要素在传统产业汇聚，推动生产方式向柔性、智能、精细化转变。

2. 创新协同化

工业是技术创新的主战场，是创新活动最活跃、创新成果最丰富、创新应用最集中、创新溢出效应最强的领域。苏州拥有超16万家工业企业，以企业为主体的协同创新体系中，企业将是技术创新决策、研发投入、科研组织、成果转化的主体。创新协同化既体现为"链主企业"发挥牵头引领作用，带领产业链上下游企业共同建立跨区域产业协同创新体，共同打通创新链产业链痛点堵点；亦体现为以企业为依托，加快构建产学研用创新联合体，落地各类重点实验室、产业基础技术研究院、制造业创新中心等重大创新平台，在提升原始创新能力的同时，开展符合苏州产业发展方向的创新研究。

3. 产业融合化

产业发展正在向融合化迈进，产业之间的界限愈发模糊，产业之间的相互渗透加速演进，主要体现为信息化与工业化的融合、一二三产业的融合以及产业链内部的融合。苏州作为产业大市，要加强产业发展体系综合性研究，充分了解现代产业发展趋势，加强融合型基础设施建设，以构建现代化产业体系为抓手，积极培育并引进复合型人才，推进先进制造业和现代服务业融合发展，推进产业链内以及产业链之间融合发展。对工业而言，苏州既要注重传统产业从"灰度思维"出发突破产业边界，也要注重工业设计、产品研发、物流仓储等"边界产业"在融合发展中的作用。

4. 生产服务化

面对消费升级需求和消费结构变化，生产端要积极增强高端产品供给能力，传统制造业要积极向服务化转型，不断提升供给体系对国内外多样化需求的适配性。互联网的快速普及赋予需求者更多的话语权、选择权以及个性化主张，消费者以及买方客户在产品端正在提出个性化、定制化、时效性相关要求，"多样化、小规模、周期可控"的柔性制造系统正在成为企业制胜的重要命题。苏州传统领域企业较多，但也具备加工、配套、物流、信息优势，从产品转向服务、从"以制造为中心"转向"以客户个性化定制"为中心，是应对同质化竞争的重要方式。

5. 转型绿色化

工业是能源消费和碳排放的重要领域之一，苏州是工业大市也是用能大市，工业绿色转型是破解资源环境瓶颈约束的重要手段。经过近年来的持续推进，苏州工业的绿色化转型成效显著，下一阶段，要通过进一步推进产业结构高端化、能源消费低碳化、资源利用循环化、生产过程清洁化、产品供给绿色化、制造流程数字化，优化节能降耗方式、工业生产流程和工艺，大力发展绿色工业园区、无废工厂、绿色工厂、绿色车间、绿色供应链管理企业，持续推进工业领域绿色转型，将工业绿色发展作为新型工业化的重点，打造绿色发展的新动能。

三 苏州工业发展对策建议

（一）抢抓数字时代机遇，加快推进工业转型升级

一是发挥工业互联网对产业数字化的支撑作用。以工业互联网创新应用为着力点，持续实施工业互联网创新发展工程，依托各行业龙头企业或专业平台服务型企业，推进工业互联网在工业重点行业的赋能、赋值、赋智。聚焦设备互联互通、数据创新应用、设备平台安全等关键领域加快培育具有一定行业和区域影响力的特色平台以及跨行业跨领域工业互联网平台，引导软件企业对接工业企业开发行业终端应用程序。

二是推动智能化改造数字化转型实现新突破。持续引导企业革新制造模式，突出评估诊断，强化需求导向，持续提升工业企业的数字化水平。保持规上工业企业动态智改数转全覆盖，大力推进智能制造示范工厂（5G工厂）、智能制造示范车间建设，高标准完成国家中小企业数字化转型试点城

市建设；全面开展智能制造示范区创建工作，高水平建成国家级互联网骨干直联点，打造工业数据交易流通先行区。

（二）立足国内国际双循环，促进生产消费有机融合

一是积极打造"苏州制造"精品品牌。改革开放以来，苏州工业经济外向度较高，自有品牌较少，缺乏具有国际竞争力和知名度的工业产品品牌。在国内国际双循环大背景下，苏州应立足长三角世界级城市群建设和国内人口规模巨大的市场优势，利用工业基础雄厚、门类齐全、工程师优势突出的特点，学习借鉴上海塑造打造"上海制造""上海购物"等品牌的经验，推动在苏企业在生产端和消费端实现有机衔接，锻造自主品牌，提升品牌价值。

二是积极培育创造产品消费需求。全力落实工信部等部门《数字化助力消费品工业"三品"行动方案（2022—2025年）》，发扬工匠精神，依托苏州完备的工业生产体系，推动消费品工业增品种、提品质、创品牌，在纺织服装、食品医药、家用电器、消费电子等行业培育形成一批面向多元消费者的新品、名品、精品；同时，根据苏州城市特色营造良好氛围积极打造消费体验场景，更好满足和创造消费需求，增强消费的拉动作用，促进消费品工业加快迈上中高端。

（三）谋划未来产业发展，积极培育新增长极

一是积极贯彻落实科技自立自强要求。立足资源禀赋抢抓"新赛道"发展机遇，在出台《关于加快培育未来产业的工作意见》基础上，依托光子、集成电路、人工智能、新能源、创新药物、纳米新材料等战略性新兴产业的发展优势，重点发展前沿新材料、光子芯片与光器件、元宇宙、氢能、数字金融、细胞和基因诊疗、空天开发、量子技术等未来产业，全力引进创新人才，加强核心技术攻关，推动区域产业协同，推进产业建链强链补链延链，加快抢占未来产业发展的制高点。

二是持续培育引进专精特新"小巨人"企业。专精特新"小巨人"企业是专注于细分市场、创新能力强、市场占有率高、掌握关键核心技术、质

量效益优的"排头兵"企业，是工业经济创新发展的动力源泉。苏州要持续加大专精特新"小巨人"企业和制造业单项冠军企业引育力度。苏州制造业单项冠军企业数量尚不如宁波、深圳、上海、杭州等城市，应鼓励企业抢抓数字时代机遇打造创新型企业，推动形成一批在技术、市场、产品、管理等方面具有国际先进水平的专精特新中小企业和单项冠军企业，以创新型企业集群建设培育形成新的增长极。

（四）加大优质工业项目招引力度，优化产业园区建设

一是加强现代化产业园区建设。开发区是工业经济的主要载体，苏州拥有20个省级以上开发区，推动开发区从形态上、功能上焕新，是工业经济高质量发展的基础。一方面，要以城市更新为契机，以《关于进一步推进工业用地提质增效的实施意见（试行）》为指导，加快低效工业用地腾退更新，推进工业用地提质增效，全力提高工业用地节约集约利用水平和产出效益。全力推进"标准地+双信地+定制地""弹性用地""先租后让""工业上楼"等供地模式，为优质工业项目落地投产提供良好的空间。另一方面，要以《苏州市工业厂房品质提升指引（试行）》等为导向，推动全市工业厂房从建筑形态、创意设计、厂房环境、光伏应用、建筑节能和智能建造等方面提升品质，为工业转型提供优良载体。

二是持续优化工业投资营商环境。持续加大"放管服"和体制机制改革力度，全力构建集科研、行政、民生、交通、医疗、教育、文化、法治等于一体的最优营商环境，强化复合型、专业型招商人才培育，创新产业招商体制机制，以战略性新兴产业、未来产业等新质生产力为导向，多渠道开展优质工业项目招商引资。要把优质工业项目招引作为"生命线"，加强产业链上下游各环节研究分析，以产业建链强链补链延链为目标，既围绕龙头企业、链主企业打造产业链条，也以创新型企业为目标加强项目招引，推动重大工业项目形成谋划一批、储备一批、开工一批的良性循环，促进工业投资项目早签约、早开工、早投产、早见效。

B.3
苏州农业发展形势与展望

何兵　邱峰　颜雅杰*

摘　要： 苏州粮食和重要农产品生产平稳，农业生产态势良好；科技创新应用不断增强、物质装备水平稳步提升，农业科技支撑有力；农业园区加快转型升级、新型农业经营主体创新发展、农业社会化服务体系逐步健全，农业经营体系完善。面对日益复杂多变的国内外环境，苏州要着力把握实施农业强国战略、产业和消费双升级、乡村振兴片区协同发展等机遇，积极应对粮食和重要农产品稳产保供压力大，谋篇布局"土特产"发展瓶颈多，科技、人文、改革赋能农业动力弱等诸多挑战。展望未来，苏州应大力开展高标准农田建设、统筹市内域外粮食"产储销"布局、加快推进现代种业创新创优发展，夯实粮食安全根基；聚焦特色农产品培育，做足、做活、做精彩"土特产"文章，因地制宜发展都市农业；依托超大市场需求，向科技要发展、向人文要价值、向改革要动力，破解农业发展的空间约束；大力推动农业领域的"智改数转"，全力探索数字赋能、智慧引领的农业强市建设新路径；培育多元新型农业经营主体，有效化解新时代农业经营方式面临的新挑战，更好释放现代农业发展活力。

关键词： 农业现代化　农业强市　都市农业　苏州

---

* 何兵，江苏苏州干部学院党的理论与党性教育教研室主任、副教授，主要研究方向为农业经济管理；邱峰，苏州市农业农村局宣传与信息化处处长，主要研究方向为农业经济管理；颜雅杰，江苏苏州干部学院助教，主要研究方向为农业经济管理。

高质量发展是全面建设社会主义现代化国家的首要任务。农业强国是社会主义现代化强国的根基，推进农业现代化是实现高质量发展的必然要求。在全面贯彻党的二十大精神开局之年，苏州坚决贯彻落实习近平总书记关于"三农"工作的重要论述，按照中央和省委部署要求，立足苏州农业发展实际，坚持农业农村一体推进，在供给保障强、科技装备强、经营体系强、产业韧性强、竞争能力强等方面精准发力，为农业强国、农业强省建设作出积极贡献，为新征程上在推进中国式现代化中走在前做示范谱写"强富美高"新苏州现代化建设新篇章提供了坚实支撑。

一 苏州农业发展现状

（一）总体概述

苏州大力发展都市生态农业，有效发挥农业供给、生态、文化、富民"四大功能"，做优农业产业体系；以科技创新和制度创新为动力，推进现代种业创新创优发展、促进农业生态绿色高质量发展、加强科技创新应用、提升物质装备水平、推动农业数字化转型，完善农业生产体系；深入推进农业园区转型升级、引导新型农业经营主体创新发展、建立健全农业社会化服务体系，做强农业经营体系。2023年前三季度，苏州第一产业增加值97.2亿元，增长3.4%；农林牧渔业总产值194.4亿元，按可比价计算，同比增长3.2%。近5年来，农业经济运行总体平稳，2018~2022年农林牧渔业总产值分别为381.5亿元、356.6亿元、357.0亿元、346.4亿元、351.1亿元，其中农业、林业产值小幅增长，分别由2018年的161.8亿元、17.2亿元增长至2022年的178.3亿元、20.3亿元，5年来分别增长10.2%、18.0%；牧业产值由2018年的17.9亿元逐年下降，2022年略有回升至12.2亿元；渔业产值由2018年的134.7亿元持续下降至2022年的89.5亿元，下滑趋势有所企稳；农林牧渔服务业产值近年来基本稳定在50亿元左右（见表1）。

表1　2018年至2023年前三季度苏州农林牧渔业产值

单位：亿元

时间	农林牧渔业总产值	农业产值	林业产值	牧业产值	渔业产值	农林牧渔服务业产值
2018年	381.5	161.8	17.2	17.9	134.7	49.9
2019年	356.6	161.1	19.7	15.7	110.9	49.2
2020年	357.0	172.1	19.8	12.3	102.0	50.8
2021年	346.4	172.4	19.7	11.5	91.2	51.6
2022年	351.1	178.3	20.3	12.2	89.5	50.8
2023年前三季度	194.4	89.8	14.6	8.6	48.1	33.3

资料来源：根据苏州市统计局网站相关数据资料整理。

（二）粮食和重要农产品生产平稳

1. 粮食生产小幅增长

苏州重视粮食生产，为增加粮食耕种面积不断腾挪空间，实现粮食产量小幅增长。2023年苏州夏粮生产呈现面积增、总产增、单产增、品种优"三增一优"形势。小麦实种面积100.53万亩，同比增加7.5%；夏粮总产量达7亿斤，较上年增长了11.2%；夏粮亩均产量696斤，同比增加3.4%；创建小麦高产攻关竞赛方20个，昆山市陆家镇的小麦高产典型田块亩产641.1公斤，创江南麦区高产新纪录；高产优质专用品种覆盖率达到90%。2023年苏州秋粮生产形势较好。全市水稻栽插面积114.38万亩，同比增加2.18万亩，为近8年最高水平；据农情调度统计，预计单产624公斤/亩，总产14.27亿斤，较上年增加0.38亿斤，增幅为2.7%；南粳46、南粳3908、宁香粳9号等优良食味水稻品种占比达90%，同比增加2个百分点。

2. 蔬菜生产基本平稳

苏州全域开展"菜篮子"市长负责制评价，确保蔬菜供给平稳有序。2023年全市常年菜地保有量约31万亩，前三季度蔬菜产量154.28万吨，增长2.4%。苏州积极探索蔬菜保供阵地全域推进模式。全市已基本形成"沿江""环湖""城郊"三个蔬菜生产优势区的总体产业布局，构建了张家港、常熟和太仓以绿叶菜为主，昆山市以绿叶菜和珍稀食用菌为主，吴江区、吴中区、相城区以绿叶菜和水生蔬菜为主的生产格局。苏州全力推进保供基地产业阵地建设。全市累计建成高标准蔬菜生产示范基地58个，新改扩建市辖区设施蔬菜基地38个，创建部级蔬菜标准园10个、省级59个，基地数量和面积位居全省前列。

3. 畜牧业产能得到恢复

猪牛羊禽肉产能同比回升。9月末地产生猪存栏21.5万头，同比增长2.7%，前三季度地产生猪出栏19.2万头，增长32.9%。猪牛羊禽肉产量1.71万吨，同比增长28.2%，其中猪肉产量1.54万吨，增长36.9%。猪肉作为稳产保供的重要农产品之一，苏州科学优化畜禽养殖区域布局，近两年来先后新建12个万头规模猪场，至此苏州已有34个规模猪场。高度重视区域合作联保联供。苏州已有5个县级市（区）与宿迁、盐城等城市签订域外生猪保供合同，同步完成1.68万头域外能繁母猪存栏指标划转工作。

4. 渔业生产态势基本企稳

水产养殖面积、水产品产量实现双企稳。2023年前三季度，全市水产品产量9.37万吨，增长1.3%。苏州全力推进高标准池塘改造任务，已实现高标准池塘改造动态全覆盖，覆盖率居全省第一。全市现有水产养殖面积50.69万亩，其中养殖池塘30.41万亩。长江、太湖等重点水域禁捕退捕带来的水产养殖面积不断缩小、水产品产量持续下滑的趋势得到扭转。

（三）农业生产体系不断完善

1. 种质资源保护和种业振兴进展有序

苏州大力推动种业振兴，将种质资源优势转化为品种优势、产业发展优势。加强种质资源保护与可持续利用。2022年以来共确定23家单位为苏州市农业种质资源保护单位，新增2家单位申报国家级第二批种质资源保护单位；2023年支持市级农业种质资源保护项目14个，奖励国家级、省级种质资源保护、创新成果利用获证单位18个，分别补助（奖励）资金470万

元、130万元。全力推进现代种业产业发展。2023年，苏州全市新增省级特色优势种苗中心14家，累计数量达到43家，提前完成种业创新创优发展实施方案中2025年达到40家的目标任务。加快培育本地优质新品种。苏州市农科院、常熟市农科所育成的苏粳1180、常优粳13号等5个新品种通过省级审定，苏香粳3429、常优312等11个水稻和玉米品种获国家植物新品种授权。

2. 农业绿色低碳发展加快推进

苏州坚持农业绿色生态发展，完善生态保护补偿制度，加强农资配送和农膜回收，实施化肥农药减量增效，不断提升耕地质量等级和产出能力。完善生态补偿资金投入工作。全市累计投入生态补偿资金120亿元，并建立对生态保护重点镇村财政转移支付的稳定机制。推行生态循环种养。推广畜禽生态健康养殖技术，提升规模养殖场粪污资源化利用水平，全市农作物秸秆、畜禽粪污的综合利用率超过98%。推动化肥农药减量增效。稳慎推进化肥农药"两制"试点，起草完成《关于积极探索化肥农药实名制购买定额制使用持续推进化肥农药减量增效的实施意见》。强化科学用药指导，公布《苏州市2023年主要农作物病虫害绿色防控产品主推目录》，深入开展科学用药进万家和百千万技术指导行动，农药门店植保信息张贴覆盖率达95%以上。

3. 农业物质装备水平逐年提高

苏州农业机械化迈入了持续、快速、健康发展的快车道。2023年，苏州共20家单位入选第二批省农业生产全程机械化智能化示范基地（园区），其中粮食生产"无人化农场"3家、畜禽养殖全程机械化示范场3家、蔬菜生产全程机械化示范园区4家、水产养殖全程机械化示范基地5家、果茶桑生产全程机械化示范园区5家，总数居全省第一。政策支持不松劲。连续多年出台市级农机奖补政策，将特色农机装备纳入补贴目录，涵盖叶菜收割机、蔬菜移栽机、精密播种机、藤蔓粉碎机等一批急需特色农机装备，着力补齐特色农机化发展短板。科技装备护航粮食生产有保障。苏州全市主要粮食作物耕种收综合机械化率达97.6%，比江苏省平均水平高出近15个百分点，粮食生产全程机械化水平在江苏省走在前列。全市建有粮食产地烘干中心230个，积极推广绿色清洁粮食烘干装备与技术，有序推动粮食烘干设备节能环保升级改造和清洁热源替代。

4. 数字赋能农业取得积极进展

加快构建苏州数字农业农村大脑，完成市级农业农村应用系统整合，将现有应用系统纳入云平台统一治理，搭建云智农、云治理、云惠农、云办公等应用，制定涵盖苏州特色产业的农业农村数据资源标准1562条，汇聚全市农业农村数据资源5800余万条，加快推动"三农"数据资源整合和开放共享。深入推进智慧农业国家级试点，农业现代化指数连续多年位居全省第一，农业信息化覆盖率达72.83%。拓展数字支撑应用场景，在全国率先制定"智慧农业示范基地建设与评价"系列标准，苏州累计培育认定智慧农业示范生产场景41个、智慧农村102个、智慧农业品牌30个（见表2），2023年新建数字化创新引领的智慧园区4个。

表2 苏州智慧农业示范生产场景、智慧农村、智慧农业品牌建设情况

单位：个

类型	数量	认定名单
智慧农业示范生产场景	41	张家港市常阴沙现代农业示范园区管理委员会、昆山市巴城镇农地股份专业合作联社、苏州太湖现代农业发展有限公司、苏州漕湖生态农业发展有限公司、苏州三港农副产品配送有限公司、江苏善港生态农业科技有限公司、昆山鼎丰农业科技发展有限公司等
智慧农村	102	张家港市乐余镇永利村、常熟市海虞镇七峰村、吴江区横扇街道沧洲村、昆山市巴城镇华社村、张家港经济技术开发区（杨舍镇）李巷村、吴江区平望镇庙头村、张家港市常阴沙现代农业示范园区常东社区、吴中区越溪街道旺山村等
智慧农业品牌	30	江苏常熟国家农业科技园区智慧农业应用示范、太仓市现代农业园区智慧农业展示中心、江南味稻、"四化合一"智慧永联天天鲜、太湖雪电子商务串起传统产业智慧化转型升级、食行生鲜智慧电子商务平台、常熟"智慧三农"平台等

资料来源：根据苏州市农业农村局网站相关数据资料整理。

（四）农业经营体系不断增强

1. 现代农业园区建设势头良好

苏州充分发挥农业园区集聚效应，推动现代农业园区体制机制创新，增强现代农业园区发展活力，初步形成以优质稻米、高效园艺、特色渔业、生态林地为主体的现代农业布局。全市市级及以上农业园区共75家（见表3），其中国家级农业园区6家、省级农（渔）业园区9家、市级农（渔）业园区60家，市级及以上农业园区面积150万亩，省级及以上现代农业园区数量居全省领先水平。全市建有农业产业园6家，分别为：吴江国家现代农业产业园，张家港、吴江、昆山、常熟省级现代农业产业示范园和太仓省级现代农业产业高质量发展示范园。苏州努力做强农业园区载体，实施"千企入园"工程，招引入园涉农企业1186家，为现代农业高质量发展注入源头活水。

表3　苏州市农（渔）业园区建设基本情况

单位：家

类型	数量	农（渔）业园区信息
国家级农业园区	6	江苏常熟国家农业科技园区、江苏省昆山市国家现代农业示范区、江苏省太仓市国家现代农业示范区、江苏省苏州市吴江区国家现代农业示范区、苏州西山国家现代农业示范园区、江苏省苏州市相城区国家现代农业示范区
省级农（渔）业园区	9	江苏省张家港现代农业产业园区、江苏省常熟现代渔业产业园区、江苏省常熟现代农业产业园区、江苏省太仓现代农业产业园区、江苏省昆山现代农业产业园区、江苏省吴江现代农业产业园区、江苏省吴中现代农业产业园区、江苏省吴中现代渔业产业园区、江苏省相城现代农业产业园区
市级农（渔）业园区	60	张家港市凤凰水蜜桃产业园区、常熟市碧溪新区现代设施农业科示范园区、太仓市现代水稻产业园区、昆山市吴淞江现代农业产业园、苏州市震泽现代农业示范园、苏州市黄埭循环农业示范区、苏州高新区通安现代农业园等

资料来源：根据苏州市农业农村局网站相关数据资料整理。

2. 新型农业经营主体蓬勃发展

新型农业经营主体是农业现代化的基本组织载体和规模农业发展的关键推动力量，其中家庭农场在现代农业经营体系中居于基础与核心地位。2023年成功申报省级示范家庭农场7家、省级家庭农场典型案例2个，认定市级示范家庭农场100家，完成"十佳"家庭农场评定并在农民丰收节颁奖。完成10家国家级示范社监测工作，对85家省级示范社开展监测，农民合作社财务电算化覆盖率超90%，截至2023年9月底，苏州共有国家级示范合作社21家、省级示范合作社129家、市级示范合作社267家，农民参加合作社比重超92%，示范率居全省前列。推荐安佑生物科技集团股份有限公司等3家企业申报第八批农业产业化国家重点龙头企业，完成62家省级龙头企业监测工作。

3. 农业社会化服务水平显著提高

加强农资网络体系建设。推广张家港市农药"零差率"集中配送的经验做法，指导各地依托供销社农资供应网络，健全以配供企业为龙头、区域中心为纽带、销售网点为基础的农资配供体系，实施主要农业生产资料的统一采购、集中配送，实现全市农资集中配送工作全覆盖。提升信息化建设水平。支持构建农资"三位一体"综合服务数字化管理服务平台，链接供销系统相关数据模块，实现农资销售、配送、回收等全流程信息数据互通共融、量化表达，增强实时监测、系统管理，促进农业社会化服务提质增效。积极培育农业产业化联合体，促进龙头企业联农带农发展，实现小农户和现代农业发展有机衔接。截至2023年9月底，全市农业产业化联合体累计达到105家。

4. 人才培养扶持力度不断加大

人才振兴是农业振兴的基础。苏州持续推动乡村振兴人才队伍建设，加强基层干部队伍建设和基层带头人典型选树培育，深入实施基层先进典型"241"培育计划，大力培育农村党组织青年带头人、青年先进典型、青年后备力量和青年乡土人才。加强姑苏乡土人才培育集聚，统筹抓好农业专业、能工巧匠、文化传承、乡村治理四支队伍，激励和吸引了一批懂

农业、爱农村、爱农民的人才队伍服务乡村、治理乡村、成就乡村，为苏州乡村人才振兴奠定了一定基础。2023年，姑苏乡土人才工作继续紧扣数量质量"双提升"目标，改进申报流程、优化指标权重、完善评审机制，立体宣传发动，参与申报人数明显增加，品牌影响力显著增强，持续壮大紧跟时代发展、切实发挥"三带两助"作用的乡土人才队伍。实施高素质农民培育计划，拓展培训内容、优化培训方式，2023年前三季度全市开展高素质农民培训6251人次，认定高素质农民200名。加大农业农村人才定向委培力度，提供学费补助、就业分配服务，实现涉农地区定向委培工作全市覆盖。

二 苏州农业发展形势与展望

（一）苏州农业发展面临的机遇与挑战

2023年以来，国内外宏观形势多变，苏州农业高质量发展面临诸多挑战，但也有很多积极的因素不断涌现。苏州要立足自身实际，因地制宜，全力打好农业发展攻坚战，稳步推进农业农村现代化。

1. 发展机遇

一是国家实施农业强国战略发展机遇。党的二十大报告部署了"加快建设农业强国"的目标任务，习近平总书记参加十四届全国人大一次会议江苏代表团审议时强调，"农业强国是社会主义现代化强国的根基，推进农业现代化是实现高质量发展的必然要求"。习近平总书记指示精神、中央部署要求，为苏州"高水平建设农业强市"指明了方向，为苏州农业发展奠定了政策基石。二是产业、消费双升级发展机遇。长三角区域一体化发展、长江经济带发展等国家战略与共建"一带一路"叠加，推动城市资源要素导入农业、科技优势更加凸显，给苏州农业转型升级注入强劲动力。以国内大循环为主体、国内国际双循环相互促进的新发展格局有力放大苏州农业巨大消费市场潜力、消费容量和市场优势，有效促进农业供给侧结构性改革。三是乡村振兴片区协同发展机遇。乡村振兴片区化建设旨在通过高水平成片推动乡村建设，更大力度推动基础设施和公共服务城乡并轨发展，促进农村有机更新、全面进步、全域优美、特色发展。乡村振兴片区协同发展可以有力推动农业农村机械化和现代化建设、激发特色优质乡村产业集群涌现、促进农业生态绿色发展、助力农业文化遗产保护和活化。

2. 发展挑战

一是粮食和重要农产品供给面临多重压力，主要表现在人口持续增长、土地资源受限、技术贡献存在不确定性。苏州实际服务人口逐年攀升，城市人口持续增长态势还将延续，稳产保供压力长期存在。根据《苏州市全面推进乡村振兴探索高水平率先基本实现农业农村现代化行动方案（2023—2025年）》实施意见，苏州农业发展空间资源约束明显，到2025年努力把粮食播种面积稳定在190万亩左右；2023年全市常年菜地保有量31万亩，到2025年确保全市常年菜地保有量稳定在30万亩左右；2023年全市水产养殖面积49.88万亩，到2025年水产养殖面积稳定在50万亩左右。技术进步对农业发展作出了巨大贡献，但贡献并非线性，短期来看存在一定的不确定性。二是做好"土特产"三篇文章存在诸多约束。"土"的潜力发掘空间窄。苏州特色农产品如碧螺春、水八仙等普遍规模不大，很难形成强势品牌影响力，同时品牌优势转化为市场效益的空间相对较小。"特"的优势拓展难度大。有特色、有认可度、有竞争力的农业发展优势存在市场认可度下降风险，部分特色农产品如黄金小玉米、筒管玉丝瓜等面临品种退化问题，特色农产品在品牌和品质持续提升上面临挑战。"产"的融合经营主体活力激发难。苏州一二三产业融合发展、集群发展态势良好，但进一步更好激发、释放新型农业经营主体活力方法不够多、举措不够实。三是科技、人文和改革赋能农业发展动力不足。科技在生产、流通、销售等全产业链融合发展中的要素贡献存在较大提升空间，农耕文化产业化、农业产品人文化等还有待大力推动，不同单项改革的集成、协同等效应发挥亟须改善加强。

（二）苏州农业发展预测与展望

苏州正紧紧围绕实施乡村振兴战略总部署和实现农业农村现代化总目标，按照《苏州市全面推进乡村振兴探索高水平率先基本实现农业农村现代化行动方案（2023—2025年）》《苏州市高水平建设农业强市行动方案》等文件精神，加快建设农业强市。2024年，苏州农业经济运行情况在一定程度上会好于2023年。

1. 粮食总产单产稳中有升

预计2024年，苏州粮食生产将实现面积、单产、总产"三增"。苏州紧盯"稳面积""稳产量"两个目标，把保障粮食安全作为"三农"工作的首要任务。一方面，苏州通过退渔还耕、化零为整，近年来耕地总面积持续小幅增加。2023年小麦实种面积100.53万亩，据农情调度统计，2023年全市落实秋粮种植面积120.41万亩，均为近年来最高水平，2024年有望保持小幅增长态势。另一方面，随着苏州种业振兴的深入推进，高标准农田建设的力度不断加大、覆盖率不断攀升，单产有望稳中有升。同时，苏州落实强农惠农富农政策，切实保障农民种粮收益，调动农民种粮积极性，也为2024年粮食产量稳中有升奠定了坚实基础。

2. 重要农产品保供能力稳定可控

预计2024年，苏州蔬菜、肉类和水产品等重要农产品的产量基本保持稳定。苏州常年菜地保有量在30万亩左右，全年蔬菜播种面积100万亩左右，蔬菜总产量200万吨左右，整体基本稳定。2024年随着新建规模猪场不断投入使用，猪牛羊禽肉产量预计稳定在1.8万吨左右。2021年以来，水产品产量每年在14.3万吨左右，2024年预计水产品产量将继续维持在14万吨以上。随着水产种业振兴工程深化实施，特色水产养殖占比不断攀升，水产品品质不断优化，渔业主要发展空间不在于水产品产量的增长，更多在于价值链的跃升。

3. 农业数字化转型加速前行

预计2024年，苏州农业数字化转型加速前行。苏州是全国首个国家级智慧农业试点城市，在《关于"十四五"深入推进农业数字化建设的行动方案》《苏州市"十四五"农业农村现代化发展规划》《苏州市全面推进乡村振兴探索高水平率先基本实现农业农村现代化行动方案（2023—2025年）》《苏州市高水平建设农业强市行动方案》等文件中都明确了农业数字化转型的目标和要求。2023年苏州计划培育智慧农场5个、智慧农村40个，数字农业农村发展水平将达到73%。随着涵盖智慧农场、智慧渔场、智慧牧场、智慧蔬菜、智慧园艺的全产业链智慧农业示范生产场景不断打造，智慧农村不断培育，数字农业农村发展水平不断提升，农业数字化的规模效应、成本优势将逐步显现，可以更好赋能现代农业发展。

4. 人文对农业发展的贡献不断攀升

预计2024年，人文对苏州农业增长的贡献率将不断攀升。习近平总书记给苏州布置了人文经济学的命题作文，人文作为要素成为支撑发展的重要动力，是农业发展新的发力点和增长极。如优质稻米、阳澄湖和太湖大闸蟹、太湖青虾、太湖白鱼、苏太猪、太湖鹅、湖羊、水八仙、碧螺春茶、枇杷、杨梅等"苏"字特色农产品中的人文价值、人文品质让很多消费者情有独钟。人文让"农业"发展的有限空间变成无限可能，为乡村产业"强链补链延链"增添了活跃变量，人文还在三产融合中发挥重要功能和作用，有助于深化农业供给侧结构性改革，因地制宜打造文创、科创载体，培育发展农村新产业新业态。

三 苏州农业高质量发展对策与建议

习近平总书记强调，"我们要建设的农业强国、实现的农业现代化，既有国外一般现代化农业强国的共同特征，更有基于自己国情的中国特色"。苏州必须立足自身优势和农业强市发展目标，着重在粮食稳产保供、特色农产品培育、农业发展动力、数字科技赋能、经营体系建强等方面发力，高水平推进农业现代化，为新征程上全面推进中国式现代化苏州新实践作出新的更大贡献。

（一）夯实粮食安全根基，扛牢稳产保供责任

习近平总书记强调，保障粮食和重要农产品稳定安全供给始终是建设农业强国的头等大事。苏州作为典型的粮食主销区，要贯彻党中央关于粮食安全的部署，对照保障特大城市安全运转的要求，自觉树立饭碗一起端、责任一起扛的大局意识。

1. 大力开展高标准农田建设

苏州耕地总量不大，腾挪空间较小，必须"量""质"协同发力，把可以长期稳定利用的耕地全部优化建设成为高标准农田。一要充分挖掘高标准农田建设后备资源。果树苗木尽量上山上坡，蔬菜园艺加快设施化、工厂化。把土地整理与农村的空间整治工作有机结合起来，让小田变大田、大田变良田、良田变高标准农田。二要坚持改造提升与新建并重。既要追求高标准农田建设覆盖率，更要关注高标准农田建设水平，提高农田土壤有机质含量，完善耕地质量监测网络布局，科学评估耕地质量变化趋势，不断提升耕地质量等级。三要统筹推进高标准农田向"数字农田"转变。高标准农田建设过程中农田的规划和改造要为农业数字化转型做铺垫。在田块形状、高度、土地平整度等方面进一步优化、细化、量化建设标准，做到高标准农田建设和农业数字化转型高效衔接。

2. 统筹市内域外粮食"产储销"布局

近年苏州粮食播种面积保持稳定，小幅增加至190万亩左右，但按照约1700万服务人口测算，粮食自给率仅在25%左右。只有通过市内域外齐发力、坚持"产""储""销"一起抓才能提高粮食产能和供给保障能力。一要稳定产能。粮食安全的根基在耕地、在科技。科技进步不是一蹴而就的，短期内关键是耕地，要切实稳住190万亩左右的粮食播种面积，确保总产量稳定在18亿斤左右。二要提升储能。按照实际服务人口测算储备需求，科学确定市内、域外的储备配比，建立以市内储备为主体、域外储备为补充的粮食储备体系，确保全市储备粮管得住、储得好、用得上。三要做大市场。充分依托市场资源，建设更加稳定可靠的粮食供销体系，有效发挥市场作用,提高市场化的组织调度能力。建好、用好涉农国有企业在粮食稳产保供中的重要功能,充分发挥行政优势,积极参与市场运作。

3. 加快推进现代种业创新创优发展

聚焦种子种质资源保护、种业创新研发、良种繁育推广等重点领域,集聚创新要素,加强科研攻关和成果转化应用,提升现代种业发展水平。一要实施品牌战略。以建设现代种业创新创优高地为目标,培育一批种业创新创优发展载体平台,打造一批具有自主知识产权的苏州地方特色优质良种品牌。二要用好政策红利。把苏州市委、市政府推进现代种业创新创优发展的扶持政策落到实处,加大对种业创新、良种繁育、产业化经营等方面的支持力度,推动现代种业高质量发展。三要坚持产研协同。加强与高等院校、科研院所等合作,推动产学研一体化发展;加强与农业企业、农民专业合作社等合作,推动良种繁育与推广应用有机结合;加强国际交流与合作,引进国外先进技术和管理经验,提升苏州种业国际竞争力。

(二)聚焦特色农产品培育,发展壮大都市农业

做足、做活、做精彩习近平总书记强调的"土特产"文章,因地制宜发展都市农业,推动苏州农业质的有效提升和量的合理增长。

1. 发掘本土物产潜力

苏州本土农业物产丰富,是农业发展的宝贵财富,要积极探索对苏州本土重要特色农产品开展"一品一策"专题研究和保护开发。一要挖掘知名农产品如东山西山枇杷、阳澄湖大闸蟹、洞庭山碧螺春等的发展前景,在品种优化、文化助力、市场拓展上协同发力,做大做强产品金字招牌。二要挖掘小众特色农产品如吴江香青菜、常熟黄金小玉米、凤凰水蜜桃等的发展潜力,适当扩大种植规模,依靠科技提升品质,走定制化、高端化发展路径。三要结合农业文化遗产保护工程,挖掘珍稀物种资源如二花脸猪、梅山猪、太湖湖羊等的发展空间,积极探索在科研育种、药物临床等领域的应用。

2. 拓展特色优势空间

立足基础条件、强化特色优势,不断拓展农业高质量发展空间。一要持

续推动农产品和农业生产"三品一标"双重建设，提升"特"的显示度。通过实施农业生产"三品一标"提升专项行动，打造更多"绿色食品、有机农产品、农产品地理标志和达标合格农产品"，深入推进农业供给侧结构性改革，避免低层次、同质化竞争，提升产品价值、提高农业效益。二要持续推动农产品区域公用品牌建设，彰显"特"的美誉度。不断规范标准、提升品质、做大规模，更好拓展"特"的市场空间。三要持续推动蔬果茶渔不同品类特色镇建设，实现"特"的规模效应。每个县级市（区）力争培育1~2个县域优势特色产业，农业特色镇要在"一镇一品"上发力、在农业强链补链延链上下功夫，统筹推动农产品规模化、绿色化、优质化、特色化发展。

3. 放大农业品牌价值

一个叫得响的农产品品牌，既能扩大产品销售，又能产生溢价效应。一要提升品种培优创新能力。坚持以市场为导向，着眼都市农业定位，聚焦区域特色资源，围绕农产品生产标准化、基地绿色化、产品特色化，培育一批质量上乘、科技含量高、市场容量大的特色农产品，不断提升农产品品质竞争能力。二要提升品牌培育运营能力。支持品牌主体参加国内外知名展会，对接中高端市场渠道，推动与大型电商平台、连锁商超、知名餐饮酒店等合作。加强与主流新闻媒体合作，讲好苏州农业品牌故事。三要提升管理服务水平。健全支撑服务体系、加强品牌服务指导、挖掘数字应用价值，在省、市农业品牌目录基础上，帮助农业经营主体打造更多农产品精品品牌，推动苏州优质农产品走出江苏、走向全国。

（三）协同科技、人文和改革，为农业发展腾挪空间

苏州是经济大市、文化大市，科技发达、人文荟萃。依托超大市场需求，通过科技赋能、人文助力、改革创新，破解农业发展的空间约束，打造农业现代化苏州样板。

1. 向科技要发展

农业现代化，关键是农业科技现代化。一要打造更多在农业科技创新中

起重要作用的企业主体。苏州作为制造业大市、首个国家级智慧农业试点城市，拥有92家省级农业科技型企业，但缺少真正具有全国影响力和竞争力的龙头企业，缺少有竞争力的科技产品。支持农业企业加大科技创新力度，鼓励科技企业向农业领域发展。二要坚持以项目为导向，开展农业关键核心技术联合攻关。按照苏州市农业关键核心技术攻关相关要求，积极与各类大院大所对接，加快推进中国农科院华东农业科技中心建设，努力产出和推广更多的农业科技成果。三要激发现代农业园区作为农业科技创新重要载体的活力。以打造农业园区智能化、绿色化、全程机械化示范基地为抓手，构建农业科技产业创新集群。

2. 向人文要价值

"润物细无声"的人文力量可以打破苏州"三农"发展的地域限制和空间约束，为苏州农业现代化走在前做示范注入不竭动能、创造更大价值。一要保护好优秀农耕文化生发文化自信情怀。苏州拥有灿烂悠久的农耕文明，饱含江南韵味的传统村落和重要农业文化遗产众多，必须确保其根脉生生不息，让农耕文明和城市文明交相辉映，增强乡村文化底蕴，体现苏州文化自信。二要人文产业化让千年文脉创新转化绽新颜。深入挖掘、活化利用全市各地的历史遗存、传统文化、山水资源，发展更多苏州独有的特色农耕文化和农文旅产业，打造一批有颜值、有产业、有活力的乡村文旅产业集群。三要产业人文化让人文精神赋能发展放光彩。擦亮苏州名特优新农产品金字招牌，赋以文化气息、提升文化内涵，让苏州的优质农产品有身份、有身价，让苏州的农业生产化身文化景观、文化盛宴，把文化特色化为品牌优势、市场效益。

3. 向改革要动力

苏州推进现代农业发展、打造农业强市必须用好改革这一法宝，加强改革的统筹设计、系统集成，释放改革集聚效应。一要准确把握农业农村改革的正确方向。苏州"三农"发展水平高，遇到的困难挑战相对超前，可供借鉴参考的现存经验较少，必须牢牢守住耕地红线、富民底线，确保农业农村改革始终走在正确的道路上。二要持续抓好国家改革试验区建设。用好国

家改革试验区载体，聚焦农业农村重点领域和关键环节，先行先试、创新探索，既解决好自身农业农村现代化发展中的难题，也为全国推进中国式农业农村现代化探路、示范。三要最大限度释放改革的集聚效应。集聚苏州承担的国家级、省级改革试验任务中各个单项试点成果，积极探索集成改革试点，不断提升改革的系统性、整体性、协同性，最大化激发农业农村改革活力。

（四）加强数智兴农建设，由点及面实现全链突破

苏州要大力推动农业领域的"智改数转"、加快释放"乘数效应"，开拓创新、大胆实践，全力探索数字赋能、智慧引领的农业强市建设新路径。

1.打造农业数字化应用场景创新集群

打造更多的数字农业应用场景形成数字化转型的规模效应。一要横向渐次铺开。不断加强特色产业与物联网、大数据、云计算等信息技术融合应用，建设更多技术装备强、应用水平高、项目显示度高的数字农业应用场景，提高数字化渗透率，发挥示范带动效应。例如在茶果、水八仙等劳动密集型产业的采摘环节应用数字机器人代替人力，实现降本增效。二要纵向逐个深入。在着力开发数字农业的应用场景基础上，要改变"建而不用""只建不管"的现状，农业主管部门要坚持"扶上马、送一程"，将应用场景建成之后的运维费用一并纳入项目预算，将应用场景的考核评估与运维费用补贴挂钩，提振新型农业经营主体信心，稳定农业数字化转型预期，把"建一个、成一个、用一个"落到实处，做到既有点的铺开，更有点的深入。三要全域统筹推进。做好应用场景"质"与"量"的统筹，推动市域数字农业高水平、高质量协同发展。既支持市域内涌现更多农业数字化应用场景，更鼓励农业数字化应用场景不断迭代升级。

2.推动现代农业园区数字化全面转型

利用现代信息技术将生产管理等深度融合，推动现代农业园区的数字化转型。一要打造数字农业展示窗口。利用展示馆陈列园区内数字农业的实践基础、应用场景、发展前景，让更多企业、经营主体和农户认识到农业数字

化转型的意义和实效，通过沉浸式参观智慧园区内的数字化基础设施、实地观摩入驻龙头企业让数字农业可观可感。二要搭建农业企业交流平台。农业园区要通过沙龙、论坛等形式，让农业数字化转型链条上的不同主体相互学习、启迪智慧、融合发展。三要提供多维扶持服务。硬件设施上，召开联席会议统一园区基础设施建设标准，为入驻企业嫁接智能装备打下优良基础，避免重复建设和无效建设；专业技术上，通过引进专业的数字服务企业和数字服务专员入驻园区，全过程、全周期助力企业完成数字化转型；信息宣传上，及时宣讲传达农业数字化优惠举措，指导申报各类补贴补助，最大限度扶持更多潜力型农业经营主体。

3. 培育多元全产业数字化的示范链条

在县域范围内推进农业全链条数字化，助推乡村产业转型升级。一要在"特"字上做文章，引领数字农业发展方向。全市涉农板块分别选取一个农林牧渔不同品类的特色农产品，变"分散用力"为"聚合用力"，探索打造数字化全产业示范链条。如常熟市可选取黄金小玉米、吴中区可选取碧螺春茶叶，开展全程数据采集监测，以全产业链数字化梳理各类软硬件，打造特色品牌，形成示范引领。二要在"新"上求突破，运用区块链技术破解农业溯源核心难题。通过给予每一个农产品一个确定的数字身份，形成农产品从生产到销售全部信息的数据闭环，真正打通重要农产品"从田间到餐桌"的数据通道，有效维护苏州农产品质量安全的信誉度。三要在"实"上下功夫，做深做实产业链数字化的薄弱环节。着重在产前、产后环节的数字化基础设施建设、加工流通数字化上补齐短板，发挥数字技术在农产品生产、加工、储运、销售各环节高效协同和产业化运营中的作用，打造"链通数融"的高质高效农产品产业链。

（五）更好培育新型农业经营主体，释放发展活力

苏州打造农业强市必须因地制宜构建新型农业经营体系，培育多元新型农业经营主体，有效化解新时代农业经营方式面临的新挑战，更好释放现代农业发展活力。

1. 促进家庭农场高质量发展

家庭农场是苏州农业适度规模经营的重要主体，承担着有效供给、生态涵养、乡村共富的多重功能。一要积极探索构建家庭农场支持政策，帮助家庭农场克服风险承担能力弱、农业产业投资回报率低等困难。对家庭农场主要根据从业人员分类开展针对性轮训，争取每三年轮训一遍，不断提升能力素质。二要充分发挥农业产业化联合体作用，促进家庭农场和现代农业发展有机衔接，在农业招商引资中，要重视龙头企业对家庭农场的带动作用、提升作用，不能把家庭农场简单作为农业企业的生产配套或原料基地，要把更多利益留给家庭农场。三要不断提升农业社会化服务水平，通过"代耕代种"提效率、长效管护保效益、农资配送降成本、集中育苗增产量等，降低劳动强度、提升劳动效率、降低生产成本，尤其要关注数字农业社会化服务水平提升，帮助家庭农场加入农业数字化浪潮，避免家庭农场在技术革新中掉队。

2. 培育壮大一批农业龙头企业

苏州农业发展空间资源稀缺，现代农业发展优势主要体现在"高端农产品消费市场庞大""工商金融资本活跃""企业运营管理先进""创新要素密集"等方面，高效精品农业、科技装备农业是重要发展方向，农业龙头企业发挥着关键作用。一要培育更多数量的农业龙头企业。优化营商环境，提升企业服务水平，切实帮助企业突破发展瓶颈，支持企业申报国家级、省级农业产业化重点龙头企业，支持企业利用资本市场做大做强，支持企业通过以商招商方式，加强上下游企业合作和生产、流通、销售、加工、消费等各个环节的衔接。二要形成农业企业创新集群。发挥各类现代农业园区要素集聚优势，发展壮大特色产业，形成一批市、县域特色产业集群，做强做精主导产业，建立健全区域优势品牌特色产业。三要更好发挥农业龙头企业联农带农作用。鼓励农业龙头企业通过多种方式建立利益联结机制，延长产业链、提升价值链、打通供应链、完善利益链，挖掘链条潜力提升产业优势，全面提高农产品加工水平，带动农民合作社、家庭农场、小农户共同发展。

3. 鼓励村集体领办创办各类合作社

农村集体经济是苏州"三农"发展的鲜明特色亮点，村集体领办创办的各类合作社既可以为苏州农业发展作出贡献，也为农村集体经济发展探索新的路径模式。一要鼓励村集体创办引领绿色生态循环农业示范的合作社。加大太仓东林村生态循环农业模式推广力度，支持村集体成立合作农场，采用绿色低碳生产方式，推行生态循环种养，推进农业结构调整和转型升级，提高农业效益和竞争力，为农业绿色发展引领示范、争做贡献。二要鼓励村集体创办农业社会化服务类型合作社。鼓励村集体立足特色产业培育，聚焦农业经营主体发展现代农业的痛点、堵点和难点，创办提供综合农事服务、农业设施设备租赁、数字化技术服务推广等的专业合作社，更好满足农业经营主体的生产和服务需求。三要鼓励村集体组建村级劳务合作社。对劳务合作社社员开展农业技能等培训，为农业企业和其他经营主体做好用工配套服务，为农民就业和增收开辟新路径。

B.4 苏州服务业发展形势与展望

孙俊芳 王要要*

摘 要： 2023年，苏州扎实做好服务业高质量发展各项工作，全市服务业运行呈现持续复苏的态势，主要指标稳步回升。苏州服务业总量规模不断扩大，服务业增加值占GDP比重再创新高。服务业行业结构持续优化，信息技术服务、现代物流、金融服务等生产性服务业发展成效明显，生活性服务业迎来强势复苏，市场活跃度显著提升。先进制造业和现代服务业融合步伐加快，探索并形成延伸式、强链式、集群式、平台式四种融合形态。各板块服务业空间布局彰显特色，市域一体化发展成为苏州高质量发展的有力助推器。但在服务业内部结构、两业深度融合、市场主体和品牌培育等方面有待进一步加大发展力度。未来，宏观环境变化、多重国家战略交汇叠加为苏州带来服务业发展机遇。随着围绕新兴服务业、总部经济、楼宇经济、两业融合等方面的政策体系日趋完善，以及人工智能、大数据、云计算、区块链的广泛应用，数字经济将成为苏州服务业发展的重要动能。苏州可从着力优化服务业内部结构、持续推动两业高效深度融合、统筹优化服务业布局等方面进一步推动服务业高质量发展。

关键词： 服务业 两业融合 新兴服务业 苏州

党的二十大报告提出"构建优质高效的服务业新体系，推动现代服务业同先进制造业、现代农业深度融合"，为服务业高质量发展指明了方向。

---

* 孙俊芳，苏州大学商学院副教授、硕士生导师，主要研究方向为区域经济与城镇化；王要要，苏州大学东吴智库助理研究员，主要研究方向为区域经济与城镇化。

近年来，苏州把加快发展现代服务业作为推进经济结构转型升级的重要抓手，认真贯彻落实国家和省促进服务业发展的各项政策措施，加快转变经济增长方式，构建现代产业体系。从数据上看，"十三五"期间，苏州服务业发展实现了"三大跨越"。2016年，全市服务业增加值占GDP比重首次超过50%，擎起国民经济"半壁江山"。与此同时，全市服务业增加值占GDP比重首次超过第二产业，全市经济结构实现了由"二三一"向"三二一"的根本性转变。2020年，全市服务业增加值首次突破万亿元大关，服务业越来越成为促进经济增长的主导性力量。这三大跨越为经济结构优化和转型升级打下了良好基础，苏州服务业发展呈现量质齐升的良好态势。2023年，苏州成功入选全国首批10个国家知识产权保护示范区建设城市，全市29家企业和30个集聚区获评省级现代服务业高质量发展领军企业和集聚区，23个项目被列入省服务业重点项目清单。作为首批国家级服务型制造示范城市，苏州成功举办全国"两业融合"工作现场交流会，张家港作为试点区域代表在会上作经验交流，初步形成了"两业融合"的苏州特色和苏州优势。

一　苏州服务业发展现状与分析

（一）苏州服务业发展的主要成效

1. 服务业总量规模不断扩大

面对内外部环境挑战，苏州认真贯彻落实中央、省决策部署，扎实做好服务业高质量发展各项工作，全市服务业运行呈现持续复苏的良好态势，主要指标稳步回升，新动能新领域发展良好。2023年1~9月全市实现服务业（第三产业）增加值9633.4亿元，同比增长4.9%，高出地区生产总值增速0.7个百分点（见表1）。服务业增加值占GDP比重达54.6%，创历史新高。

表 1 2023 年 1~9 月苏州各行业生产总值及同比增长率

单位：亿元，%

行业	1~3 月		1~6 月		1~9 月	
	绝对值	同比增长	绝对值	同比增长	绝对值	同比增长
全市	5186.64	1.9	11458.36	4.7	17655.2	4.2
第一产业	27.15	4.8	67.06	3.8	97.2	3.4
第二产业	2287.47	-0.7	5069.01	4.1	7924.6	3.4
第三产业	2872.02	3.9	6322.29	5.2	9633.4	4.9

资料来源：根据苏州市统计局网站数据整理。

从服务业固定资产投资来看，2023 年 1~10 月，全市服务业固定资产投资同比增长 2.9%。随着疫情防控较快平稳转段，稳增长政策持续显效，市场需求回暖，传统服务业、公共服务业的固定资产投资持续回升。其中，租赁和商务服务业固定资产投资额同比增长 65.9%，批发和零售、住宿和餐饮业固定资产投资额同比增长 14.7%，水利、环境和公共设施管理业固定资产投资额一直保持两位数增长，同比增长 31.0%。交通运输、仓储和邮政业是受疫情影响较大的行业，但从固定资产投资额增速来看，同比增长 29.1%，显示出较强的韧性。受一揽子稳经济政策和新出台接续政策等组合利好影响，物流市场加快复苏。教育、卫生、文化、体育和娱乐业固定资产投资额也扭转下降势头，实现同比增长 4.7%。与全市服务业固定资产投资持续增长形成鲜明对比的是，信息传输、软件和信息技术服务业固定资产投资同比下降 5.8%（见表 2）。

表 2 2023 年 1~10 月苏州服务业固定资产投资同比增速

单位：%

行业	1~2 月	1~3 月	1~4 月	1~5 月	1~6 月	1~7 月	1~8 月	1~9 月	1~10 月
服务业	3.3	1.5	7.5	4.7	3.8	3.4	2.4	2.6	2.9
交通运输、仓储和邮政业	53.2	43.5	44.7	8.0	22.4	24.9	29.4	24.8	29.1
批发和零售、住宿和餐饮业	-11.6	111.1	86.5	67.8	67.7	61.0	51.8	50.3	14.7

续表

行业	1~2月	1~3月	1~4月	1~5月	1~6月	1~7月	1~8月	1~9月	1~10月
信息传输、软件和信息技术服务业	-54.8	48.5	28.5	8.9	0.0	-9.1	-8.5	-9.3	-5.8
租赁和商务服务业	5.7	1.8	12.8	68.1	84.8	93.2	46.2	106.9	65.9
水利、环境和公共设施管理业	30.7	19.0	47.5	47.4	45.4	32.1	31.0	28.1	31.0
教育、卫生、文化、体育和娱乐业	-10.4	-20.8	-10.6	-7.9	-8.5	4.6	4.6	15.2	4.7

资料来源：根据苏州市统计局网站数据整理。

2.服务业行业结构持续优化

生产性服务业是推动产业结构升级的重要力量，也是全球产业竞争的战略制高点。发达国家普遍存在"两个70%"现象，即服务业产值占GDP的70%，生产性服务业占整个服务业的70%。加快发展生产性服务业，有利于引领产业向价值链高端攀升，实现经济高质量发展。苏州一直把加快发展生产性服务业作为构建现代产业体系的重要举措，在生产性服务业政策创新、载体建设、两业融合、改革试点等方面持续发力，生产性服务业整体发展水平走在全省前列。苏州统计年鉴数据显示，"十三五"期间，苏州信息传输、软件和信息技术服务业，科学研究和技术服务业，金融业等行业增加值年均增速均在10%以上，高于GDP增幅3个百分点以上，特别是信息传输、软件和信息技术服务业年均增速达28.5%。2018~2019年，苏州连续两年获得省政府通报表扬，入选全省"生产性服务业发展成效明显的地方"。2021年，全市生产性服务业增加值达到6411.5亿元，增长9.5%，占服务业增加值比重达到55%。[①]

2023年以来，苏州全面贯彻落实中央、省、市相关决策部署，出台实

---

① 《苏州生产性服务业发展走在全省前列》，http://fzggw.jiangsu.gov.cn/art/2023/1/30/art_4643_10736582.html，2023年1月30日。

施一系列有针对性的政策举措，加快推动生产性服务业高质量发展，信息技术服务、现代物流、金融服务等生产性服务业的发展水平不断提升，并成功入选全国首批10个国家知识产权保护示范区建设城市。

信息传输、软件和信息技术服务业保持较快发展。"十三五"以来，苏州信息传输、软件和信息技术服务业持续快速发展，产业规模迅速扩大，对经济社会发展的支撑和引领作用显著增强。2023年前三季度，信息传输、软件和信息技术服务业增加值同比增长10.6%，高于地区生产总值增速6.4个百分点。[①] 高技术服务业景气指数继续领跑，信息传输、软件和信息技术服务业，科学研究和技术服务业景气指数处于各行业前列。

现代物流重上快车道。随着疫情防控政策调整优化，经济社会逐步恢复常态化运行，交通运输恢复向好。2023年1~10月，苏州港货物吞吐量同比增长2.6%，集装箱吞吐量同比增长3.2%。交通运输是国民经济中的基础性、先导性、战略性产业，在服务经济社会发展中具有重要作用。作为长三角重要的区域枢纽中心城市，苏州紧邻上海洋山港、宁波舟山港、虹桥机场、浦东机场等国际物流枢纽，可以做到东向出海通达全球各大港口，西向陆路畅行欧亚大陆主要城市，苏州加快发展现代物流业拥有良好的基础条件。目前苏州物流企业达到3万多家，为苏州制造业、服务业等行业提供全方位物流服务。2023年1~10月，全市快递企业业务量累计完成21.16亿件，同比增长11.5%；快递业务收入累计实现217.45亿元，同比增长10.7%，快递业务量和业务收入分别占全省总量的27.1%、30.5%（见表3）。不论是快递业务量还是快递业务收入，苏州均居全省首位。由此可见，苏州快递业快速复苏并开始提速发展，这也在一定程度上反映了苏州经济发展的活力。

---

① 《2023年三季度苏州市经济运行情况》，http://www.suzhou.gov.cn/szsrmzf/tjsjjd/202310/84bd02bf559540d5a16c973b99c0ec12.shtml，2023年10月27日。

表3 2023年1~10月苏州快递企业业务量和业务收入

苏州	快递业务量				快递业务收入			
	本年累计（万件）	全省排名	同比增长（％）	占全省比重（％）	本年累计（万元）	全省排名	同比增长（％）	占全省比重（％）
1~10月	211599.6	1	11.5	27.1	2174500.4	1	10.7	30.5
1~9月	185545.5	1	10.9	26.9	1922447.6	1	11.3	30.3
1~8月	162316.4	1	9.7	26.8	1680931.2	1	11.2	30.2
1~7月	140914.8	1	9.1	26.7	1468650.1	1	12.5	30.2
1~6月	119227.2	1	9.0	26.6	1260206.7	1	14.6	30.3
1~5月	94278.7	1	11.7	26.1	1005714.3	1	17.5	29.8
1~4月	72308.7	1	17.0	25.7	781945.8	1	19.9	29.5
1~3月	52526.0	1	0.4	25.5	586147.7	1	5.8	29.6
1~2月	31983.5	1	-5.9	25.3	363843.8	1	0.7	29.2
1月	15424.7	1	-23.7	26.3	183519.9	1	-14.5	30.0

资料来源：根据江苏省邮政管理局网站数据整理。

金融支撑作用持续凸显。2023年前三季度，苏州金融业增加值同比增长10.9%，占地区生产总值比重达9.9%，同比提高0.8个百分点。10月末，全市金融机构本外币存款余额52055.6亿元，比年初增长9.8%；金融机构本外币贷款余额51841.9亿元，比年初增长9.9%，其中制造业本外币贷款余额9846.4亿元，比年初增长16.6%。[1] 苏州金融业积极落实支持实体经济的要求，金融服务的质效持续提升。苏州不仅存贷款规模迭创新高，保费收入、证券交易额也稳中有进。为支持产业创新集群融合发展，出台《苏州银行保险业服务数字经济时代产业创新集群"一行一链一品牌"行动方案》，苏州综合金融服务平台也已完成二期上线，运用大数据为企业提供信贷、股权、金融顾问等全方位的金融服务。全市金融机构业态更加丰富，金融机构、中基协登记的私募基金管理人和地方金融组织超1000家，成为各类金融机构集聚度最高的城市之一，形成了规模大、种类全、全方位服务

---

[1] 《2023年三季度苏州市经济运行情况》，http://www.suzhou.gov.cn/szsrmzf/tjsjjd/202310/84bd02bf559540d5a16c973b99c0ec12.shtml，2023年10月27日。

的苏州金融体系。2023年6月18日,中国(苏州)创新投资产业对接会暨"苏州创投日"举行,苏创投在原有基金矩阵基础上,全力打造全新的千亿基金矩阵,吸引更多社会资本投向苏州四大主导产业和25个细分领域,全面推进产业创新集群建设。资本市场建设的持续提速也为苏州实体经济发展注入活力,苏州已成为国内资本和项目结合最好的城市之一。此外,苏州积极推动金融业数字化转型,数字人民币试点、数字金融招商、数字金融生态建设成绩斐然。其中,数字人民币试点积极搭建应用场景,涌现了一批全国、全省首创案例。2023年4月苏州公积金中心推出全国首个《苏州住房公积金数字人民币场景应用标准(试行)》,6月苏州公交落地试点数字人民币无网无电支付应用。截至9月末,苏州累计开立数字人民币个人钱包超2840万个,开立对公钱包近190万个,本年度累计交易金额近1.8万亿元。① 数字金融产业加快布局,全市共有超500家数字金融生态圈企业,47家金融机构总部设立的数字金融实验室等创新工作载体或平台,产业发展氛围浓厚。数字金融生态环境优越,2023年长三角数字金融创新港二期、东沙湖基金小镇三期、狮山金融创新中心等数字金融重大项目纷纷落地,梯度有序的数字金融发展格局逐步形成。各板块也在数字金融创新领域不断取得创新成果。其中,苏州工业园区建设数字金融创新服务平台,通过多维度数据汇总、智能化产品管理,帮助监管机构了解平台运营,帮助金融机构和金融科技企业对接需求,达成合作。

同时,生活性服务业成发展亮点。苏州消费市场不断回暖,市场活跃度显著提升。2023年1~10月,全市实现社会消费品零售总额7871.9亿元,同比增长6.8%,增速同比提升8.1个百分点。随着加快推动经济运行整体好转的政策措施落地生效,叠加上年基数低等因素作用,以住宿餐饮、旅游为代表的接触性消费明显复苏,呈现快速发展势头。1~10月住宿和餐饮业实现零售额622.9亿元,同比增长18.8%,高于批发和零售业增速12.9个百

---

① 《苏州市本年度数币累计交易近1.8万亿元》,http://www.jiangsu.gov.cn/art/2023/10/25/art_33718_11053568.html,2023年10月25日。

分点，高于社会消费品零售总额增速12.0个百分点。文旅行业势头强劲，1~10月全市接待游客超1.4亿人次，实现旅游收入超2400亿元。此外，以互联网零售为代表的新零售业态呈现较好发展活力，前三季度全市限额以上批发和零售业通过公共网络实现零售额同比增长9.2%，占社会消费品零售总额比重达10.9%，同比提高0.8个百分点。①

3. "两业融合"试点扎实推进

制造业是立国之本、强国之基。推动先进制造业和现代服务业深度融合（以下简称"两业融合"），是增强制造业核心竞争力、培育现代产业体系、实现高质量发展的重要途径。根据"微笑曲线"理论，在产业链中，附加值更多体现在设计和销售两端，而处在中间环节的生产附加值相对较低。加快"两业融合"，推动产业链向微笑曲线两端延伸，有助于塑造新的竞争优势。苏州是先进制造业大市，也是现代服务业大市。近年来，苏州以数字经济时代产业创新集群融合发展为主要抓手，坚持先进制造业和现代服务业深度融合、双向赋能，不断推动"苏州制造"转型升级。作为首批国家级服务型制造示范城市，苏州集聚了14家国家工业互联网双跨平台，5个县级市（区）入选全国工业互联网推动数字化创新领先城区，持续打响"工业互联网看苏州"品牌。

2023年5月26日，苏州成功举办全国"两业融合"工作现场交流会。苏州分享了延伸式、强链式、集群式、平台式四种融合形态，张家港作为全国首批入选国家先进制造业和现代服务业融合发展试点的区域，在会上作了经验交流。苏州扎实推进国家级"两业融合"试点，探索并形成延伸式、强链式、集群式、平台式四种融合形态。其中，延伸式融合释放两业融合"加和效应"。苏州发挥制造业与服务业多元化融合发展主体作用，加快实现"制造业服务化、服务业制造化"，推动制造业、服务业龙头与领军企业从单纯的产品制造商或服务提供商向"产品+服务"提供

---

① 《2023年三季度苏州市经济运行情况》，http://www.suzhou.gov.cn/szsrmzf/tjsjjd/202310/84bd02bf559540d5a16c973b99c0ec12.shtml，2023年10月27日。

商转型。强链式融合释放两业融合"协同效应"。苏州着力放大链主企业"头雁"效应，持续推进创新强链、培优固链、精准补链，打通上下游全价值链，实现从源头供应到成品交付的全流程一站式服务。集群式融合释放两业融合"乘数效应"。苏州聚焦电子信息、装备制造、生物医药、先进材料四大主导产业创新集群以及数字赋能型、知识驱动型、消费导向型三类新兴服务业，构建"4+3"特色产业创新集群培育机制，不断强化"群与群"融合、"业对业"奔赴，持续提升全过程、全领域产出价值和运行效率。平台式融合释放两业融合"幂数效应"。苏州以平台为载体，汇聚制造业和服务业企业资源，实现跨企业、跨行业、跨领域的立体式融合。苏州工业互联网、元宇宙和供应链"平台+""场景+"充分发挥数字技术的放大、叠加和倍增作用，推动跨企业、跨行业、跨领域的平台式立体融合。目前，苏州国家级服务型制造示范企业（项目、平台）总数位居全国第一，省级"两业融合"试点、首批省"两业融合"发展标杆引领典型单位数量均为全省第一，初步形成了"两业融合"的苏州特色和苏州优势。

4. 服务业空间布局彰显特色

作为长三角地区的开放高地，改革开放以来，苏州各板块发挥主观能动性，在经济社会发展中探索各具特色的发展模式，助推苏州经济腾飞。迈进新时代，面对新的发展形势和挑战，推进市域一体化成为苏州提升核心竞争力的必由之路。近年来，全市以市域统筹和区域协调发展为主线，进一步加大对各地统筹指导力度。在苏州市委、市政府谋划推动下，十个板块紧密协同，按照"全力推动市域统筹发展，积极参与省内区域协调发展，主动融入长三角城市群一体化发展，依托上海国际化平台集聚全球高端资源"四个层面，内聚外联，迸发出"空间缝合、资源整合、发展聚合"强大合力。市域一体化发展成为苏州高质量发展的有力助推器。

各板块共同致力于全域空间重构、资源重组、品质重塑，破除区域发展壁垒，为高质量发展注入新动能。苏州加大交通规划项目投资力度，在交通领域全面融合发展。2023年全市共有39个新开工项目，年度计划总投资42.1亿元。① 苏州加快推进市域一体路网建设。围绕打造"市域1小时通勤圈"的目标，加快完善高快速路一体的交通体系，年内计划建成前进路对接城蓬线、外青松公路改造、沿沪大道对接胜利路和沙阳线改造等项目。此外，各板块之间加强数据互联互通。苏州近年来全面推进数字经济、数字社会、数字政府"三位一体"的"数字苏州"建设。早在2021年苏州就制定出台了《苏州市推进数字政府"一网统管"建设工作方案》。在推动数字政府建设过程中，苏州与华为通力合作，输出了《苏州数字政府"一网通用"白皮书》等专业成果，为打造数字经济时代产业创新融合集群提供坚实支撑。2023年1月16日，"数字苏州驾驶舱"正式投运，形成了"一屏总览全局、一网统管全域"的城市数字化治理新模式新机制。"数字苏州驾驶舱"对接了32个委办局127个应用系统，汇聚了179大类459小类17亿条城运数据，引入了1.52亿条实时互联网数据，接入了全市约18万路高清数字视频监控，实现了政务数据、社会数据等跨区县、跨部门共享使用，为各领域的深度一体化提供基础支撑。②

苏州"1450"城乡网络空间功能不断完善。苏州中心城市综合服务功能迅速提升，工业园区江苏自贸区苏州片区、高新区西部太湖科学城、吴江长三角区域一体化示范区启动区、相城区高铁新城建设等现代服务业区域提速发展。副中心城市服务业水平加速提升，昆山获批全国金融改革试验区，张家港建成十大超百亿专业市场集群，苏州港（太仓港区）入选国家物流枢纽建设名单，常熟制造业服务化提速。中心镇服务业快速崛起，生活性服务业和具有名镇特色的服务业发展成效明显。农村服务业不断夯实，农村电商、乡村旅游等加速发展。

---

① 《苏州市加快推进综合交通运输重点工程新开工项目》，https://www.jiangsu.gov.cn/art/2023/8/24/art_84324_10999411.html，2023年8月24日。
② 《"数字苏州驾驶舱"正式投运》，http://www.jsbdmc.org.cn/xxfb/sxdt/202302/t20230201_21019.html，2023年2月1日。

（二）苏州服务业发展存在的问题

1. 服务业内部结构有待优化提升

苏州近年来虽然在服务业发展总量上取得了一定成就，但服务业内部结构仍存在不足。从服务业内部各行业增加值来看，苏州传统服务业占比偏高。苏州统计年鉴数据显示，全市批发和零售业、房地产业增加值长期以来居服务业增加值前两位，合计实现增加值占服务业增加值的比重维持在40%左右。相较而言，以数字赋能、知识驱动为特征的新兴服务业发展速度虽快但总量规模偏小。以信息传输、软件和信息技术服务业为例，2022年全市信息传输、软件和信息技术服务业增加值占服务业增加值的比重仅为7%。从生产性服务业和生活性服务业两大类别来看，苏州生产性服务业在高端化、专业化方面还有所欠缺，生活性服务业在高品质、多样化的供给层面仍相对不足。相关研究表明，生产性服务业发展程度每提高1%，制造业效率可提升39.6%。作为以制造业见长的城市，苏州生产性服务业发展水平有待进一步提升。从生产性服务业总量规模看，2013年北京生产性服务业已破万亿元；2019年，重庆超过万亿元；2021年，广州突破万亿元。苏州生产性服务业规模与北京、上海、广州以及杭州相比都有一定的差距。苏州在信息传输、软件和信息技术服务业，科学研究和技术服务业等新兴生产性服务业占比方面，也与北上广深杭有不小的差距。一直以来，苏州生产性服务业增加值占GDP的比重，与北京有20多个百分点的差距，与深圳、杭州相比也有10个百分点以上的差距。此外，在经济由高速增长阶段转向高质量发展阶段的大背景下，消费需求更加倾向于个性化、多样化和优质化，从注重量的满足转向追求质的提升，从而对生活性服务业提出了更高的要求。目前苏州高端生活性服务业供给相对不足，特别是健康服务和养老服务方面表现较为明显。截至2022年底，苏州市60周岁及以上户籍老年人口195.6万人，占全市户籍人口的25.24%。[1] 苏州人口老龄化程度高、增长

---

[1] 《苏州市建立稳定的基本养老服务财政经费保障机制》，http://www.jiangsu.gov.cn/art/2023/8/4/art_ 88959_ 10979352.html，2023年8月4日。

快，满足老年人日益增长的多层次、高品质健康养老需求成为亟待解决的问题。

2. "两业融合"有待进一步深化

促进先进制造业和现代服务业融合是增强制造业核心竞争力、培育现代产业体系、实现高质量发展的重要途径。作为制造业强市，"两业融合"成为苏州高质量发展新的"助推器"。但也需要清醒地认识到，与构建现代经济体系、促进经济高质量发展的要求相比，无论是企业层面，还是产业层面，苏州两业深度融合的能力仍有待进一步提升。苏州服务业发展总体滞后于制造业发展，尤其是信息传输、软件和信息技术服务业，科学研究和技术服务业等高端生产性服务业占比偏低，以科技研发为基础的服务业发展不充分，技术服务业规模较小、创新研发支撑作用较弱。围绕"两业融合"的金融创新和供给、共性技术创新中心等高端要素支撑相对不足。此外，现代服务业与先进制造业区域空间布局尚待优化，存在产业发展差异和不均衡现象，导致产业空间集聚效应发挥不充分。特别是在数字经济发展方面，苏州工业园区、昆山与其他板块拉开差距，板块间发展不均衡现象突出。总体来看，苏州服务业与制造业融合的深度与广度均有待进一步拓展，系统推进"制造+服务"仍任重道远。

3. **市场主体和品牌培育有待强化**

目前，苏州知名自主品牌服务业企业数量不多、规模不大、实力不强，龙头企业、上市企业、总部经济仍需加快培育。品牌是企业和产业核心竞争力的体现，反映了一个地区的综合实力。近年来，我国各地立足自身优势加速培育发展服务业特色产业，形成了各具特色的产业发展态势，如北京的科技服务业、深圳的信息技术产业、杭州的电子商务产业等，并产生了很多具有代表性的地方龙头企业。然而与全国其他先进城市相比，苏州缺乏具有区域标志性的本土企业品牌，具有全国竞争力、影响力的龙头企业数量相对不多，服务业特色产业集群优势并不明显。在全国工商联发布的"2023中国服务业民营企业100强"榜单中，苏州仅有2家企业上榜，比上年增加1

家,数量远远少于北京的17家、深圳和杭州各13家。① 总部经济是城市高质量发展的重要驱动力,具有知识含量高、产业关联度高、辐射带动作用强、经济贡献突出等特点。上海作为我国内地跨国公司地区总部最为集中的城市,截至2022年底,累计设立跨国公司地区总部891家,外资研发中心531家,继续保持中国内地跨国公司地区总部最为集中城市的领先地位。② 截至2023年6月,苏州的省级跨国公司地区总部和功能性机构累计191家。③ 苏州尽管已成为全省外资总部经济发展高地,外资总部数量占全省半壁江山,然而与上海等总部经济发达城市相比仍然存在较大的差距。

二 苏州服务业发展形势展望

(一)宏观环境变化带来服务业发展机遇

环顾全球,世界百年未有之大变局加速演进,全球产业布局和服务分工深度调整,高端服务业竞争日渐凸显,服务贸易占全球贸易比重迅速提升。苏州深度连接全球产业链,积极参与国内国际双循环,当前拥有中新、中日、中德、海峡两岸等开放平台和15个国家级开发区,叠加自由贸易试验区片区、服务贸易创新试点城市、国家服务业综合改革试点、跨境电子商务综合试验区等试点政策。国际环境新变化有助于苏州用好中新、中德、中日、自贸片区等高层次开放平台,深度融入全球服务经济产业链、创新链和价值链。

聚焦国内,我国迈向全面建设社会主义现代化国家新征程,加速构建以国内大循环为主体、国内国际双循环相互促进的新发展格局,服务业转向高

---

① 《26家苏州企业入围中国民企500强》,https://www.suzhou.gov.cn/szsrmzf/szyw/202309/63a2d9c2046544f0877d387ed09f4d84.shtml,2023年9月13日。
② 《上海:"总部经济"动力强 2022年新认定跨国公司地区总部60家》,https://news.cctv.cn/2023/01/04/ARTIuiEly5nknCOOJfYmj3Xp230104.shtml,2023年1月14日。
③ 《苏州市新增24家跨国公司地区总部、功能性机构培育对象》,https://www.suzhou.gov.cn/szsrmzf/szyw/202306/3f73fdcd453c4773b59a13444d1ebf4b.shtml,2023年6月17日。

质量发展阶段。这对苏州服务业特别是新兴服务业发展提出了更高要求，全国统一大市场建设也为苏州服务业发展开拓市场、集聚资源提供了广阔空间。

区域视角下，区域重大战略推进、重大功能平台和基础设施建设进一步夯实服务业发展基础。长三角一体化、苏锡常都市圈、苏通跨江融合发展等区域发展战略深入推进，有助于进一步完善区域产业分工格局，推动服务业协同发展。虹桥国际开放枢纽北向拓展带、长三角生态绿色一体化发展示范区等重大功能平台，以及南沿江高铁、通苏嘉甬高铁、苏州南站等重大基础设施加快建设，为苏州服务业发展带来前所未有的机遇。

（二）完善政策环境推动服务业创新发展

近年来，苏州出台实施一系列有针对性的产业扶持政策，加快推动服务业高质量发展，服务业发展政策环境日臻完善。

率先制定生产性服务业系列政策，形成政策整体合力。2019年4月，苏州出台《关于优化提升苏州市生产性服务业的实施意见》（苏府办〔2019〕72号），提出九大重点发展领域，全市十个板块制定了符合自身产业特点的生产性服务业三年行动方案。2020年5月，出台《关于苏州市加快培育生产性服务业领军企业的若干意见》（苏府规字〔2020〕5号），目标通过3年时间培育60家左右苏州自主品牌生产性服务业领军企业。2020年7月，出台《关于推动生产性服务业集聚创新发展的两项重点政策和十项重点举措》（苏府〔2020〕85号），将企业所得税优惠和人才奖励的范围延伸覆盖到生产性服务业九大重点领域。2020年6月，制定《苏州市生产性服务业发展综合评价办法（暂行）》（苏服务组办〔2020〕15号），将生产性服务业增加值增速指标纳入全市高质量考核体系，激励各地提升发展生产性服务业的积极性和主动性。

制定平台经济政策，培育新业态新模式。2016年10月，苏州出台《关于打造产业新平台引领经济新发展的实施意见》（苏府〔2016〕158号）和《苏州市平台重点企业和特色基地认定和管理暂行办法》（苏府办〔2016〕

238号），为平台经济发展营造良好的政策氛围。

制定总部经济政策，发展高端服务业。2016年6月，苏州出台《关于推进总部经济加快发展的若干政策意见》（苏府规字〔2016〕1号）、《苏州市总部企业认定和管理办法》（苏府规字〔2016〕2号）。为了适应苏州总部经济发展的需要，2022年3月，对原来的总部政策进行了修订，出台了《苏州市支持总部企业发展实施办法》（苏府规字〔2022〕1号）。

制定楼宇经济政策，打造垂直开发区。2022年10月，苏州印发《关于促进楼宇经济高质量发展的实施意见》（苏府〔2022〕75号）；2023年9月，制定《关于促进楼宇经济高质量发展的推进方案》（苏府办〔2023〕48号），进一步加大楼宇经济支撑产业创新集群发展的力度。

制定新兴服务业政策，推动两业融合发展。2022年8月，苏州出台《关于推动苏州市新兴服务业高质量发展的指导意见》《苏州市推动新兴服务业高质量发展2025行动计划》《关于支持苏州市新兴服务业高质量发展的若干政策》等三个文件，从数字赋能型、知识驱动型、消费导向型三大重点方向，探索新兴服务业支撑产业创新集群发展的新路径。2022年10月，印发《苏州市"十四五"服务业发展规划》。2022年12月，印发《苏州市打造科技服务业发展先导城市三年行动计划》（苏府〔2022〕91号）、《苏州市人力资源服务业高质量发展三年行动计划（2023—2025年）》（苏创新集群办〔2022〕14号）、《苏州市现代物流高质量发展三年行动计划（2023—2025年）》（苏创新集群办〔2022〕24号）。出台《苏州市法律服务业高质量发展三年行动计划（2023—2025年）》和《关于促进苏州市法律服务业高质量发展的扶持政策（试行）》。2023年9月，出台《关于推动苏州市旅游业高质量发展的行动方案》。

此外，苏州各板块也结合自身实际，出台了相应的政策措施，推进现代服务业高质量发展。如2022年9月，苏州工业园区出台《关于促进现代服务业高质量发展的实施意见》（苏园管〔2022〕44号），以打响"金鸡湖服务"品牌。

围绕新兴服务业、总部经济、楼宇经济、两业融合等方面的政策体系日趋完善，有助于加快培育构建具有时代特征、苏州特质、服务品牌的高质量发展新体系，推进先进制造业和现代服务业深度融合，推动产业创新集群融合互动，促进苏州服务业高质量发展。

（三）数字经济激发服务业发展全新动能

随着人工智能、大数据、云计算、区块链的广泛应用，数字经济作为转型发展关键增量，成为苏州服务业发展的重要动能。

数字经济具有高创新性、强渗透性、广覆盖性的特点，是改造提升传统产业的关键支点和构建现代经济体系的重要引擎，也是新的经济增长点。世界经济论坛评估表明，数字化程度每提高10%，人均GDP将增长0.5%~0.62%。苏州拥有庞大的制造业产业规模和完备的产业链体系，为发展数字经济提供了扎实基础。苏州实体经济规模大，数字化转型需求大、应用场景多、创新动力强，基于上述优势，大力推进数实融合，将为实体经济发展提供强有力的金融支撑，激发服务业发展新动能。

数字经济时代，金融行业发生深刻变革，数字货币兴起，传统金融机构数字化转型加快。数字金融是数字技术与传统金融相融合形成的金融新服务、新模式和新业态，是苏州重点培育打造的未来产业之一。发展数字金融，能够有效优化金融资源配置、提升普惠化水平。苏州多个板块均实现了数字金融产业布局。其中，相城区加速推进长三角数字金融城、长三角数字金融创新港二期建设；虎丘区加速推进狮山金融创新中心、大家保险双子金融广场建设；苏州工业园区加速推进阳澄数谷一期、东沙湖基金小镇三期建设。苏州以前瞻视野规划布局，在数字金融赛道具有领跑者优势，将持续优化苏州数字金融产业生态、加速推动数字经济产业创新集群发展壮大。

数字经济时代产业创新集群建设全面推进，将对苏州产业转型、创新突围产生深远影响。2022年以来，苏州接连发布关于推进数字经济时代产业创新集群发展的指导意见、2025年行动计划和支持政策，聚焦电子信息、装备制造、生物医药、先进材料四大主导产业和25个重点细分领域，探索集群式创新、一体化融合。通过新兴服务业支撑制造业创新集群发展，激活企业、人才、科研平台等各类创新要素力量，加快推动产业链、创新链、资金链、人才链"四链融合"。这一系列强有力的政策布局，为产业创新集群建设强势起步、持续领跑明确路径，并会在未来逐渐爆发出更大的能量。

三 苏州推进服务业发展的对策建议

（一）推动生产性服务业高端延伸，助力产业转型升级

生产性服务业的发展水平决定着产业结构、生产规模和生产效率，影响制造业的发展质量。随着新一轮科技革命和产业变革不断深入，以人工智能、云计算、区块链、大数据等为代表的数字技术快速发展。数字技术的创新与应用赋予生产力新的内涵，是形成新的生产力的关键。苏州应顺应时代发展变化，强化数字技术对生产性服务发展方向的引领，拓展服务领域，创新服务方式，为制造业数字化转型提供服务支撑。大力发展"科技+""信息+"等融合型服务行业，推动信息服务与传统服务、科技服务与金融服务等领域互通融合发展，促进生产性服务业优化升级。根据制造业转型升级需求，围绕软件和信息技术服务、研发设计、金融服务、检验检测认证、商务服务、人力资源服务等九大重点领域，推动生产性服务业向专业化和价值链高端延伸，进一步增强苏州生产性服务业竞争优势。发展壮大平台经济，积极打造高能级楼宇经济、总部经济，为创新发展提供新引擎。同时，苏州应培优做强生产性服务企业，建设形式多样的创新载体，发掘生产性服务领域的创新型企业、独角兽企业，打造生产性服务业知名品牌，构建优质高效的生产性服务业体系。

（二）加快生活性服务业高品质发展，满足多元化需求

在经济由高速增长阶段转向高质量发展阶段的大背景下，人们的消费需

求更加个性化、多样化和优质化，要实现经济高质量发展、满足人民群众的美好生活需要，推动生活性服务业向高品质和多样化升级成为必然。因此，苏州应顺应生活方式转变和消费升级趋势，以标准化、品牌化、数字化为引领，培育生活性服务业新业态新模式，全面提升生活性服务业供给质量。积极构建具有苏州文化特点和核心竞争力的现代文化产业体系，全面打响"江南文化"品牌。加快建设全生命周期、全方位的健康服务体系，不断完善多元化、多层次的养老服务体系，实现需求与供给的有效对接，满足人们多元化、高品质的生活需求。推动文化与旅游、健康养老与医疗卫生等领域互通融合发展，引导苏州传统特色文化注入旅游休闲、健康养老、体育健身等产业，全力提升服务业发展能级。

（三）促进两业高效深度融合，打造融合标杆引领典型

两业融合发展是推动经济高质量发展的有效途径。先进制造业和现代服务业融合打破产业边界，促进产业交叉融合，育成新业态新模式，最终推动产业提质增效升级。因此，苏州应深入推进先进制造业和现代服务业高效融合。加强顶层设计，系统谋划两业深度融合布局，进一步明确两业深度融合发展目标、方向，分解落实重点任务，确保取得实效。同时，大力宣传推广推动两业融合发展的典型经验做法和案例，发挥规划引领作用。坚持创新驱动，促进人才、技术、资本等创新要素自由流动高效配置。支持传统制造型企业向价值链"微笑曲线"两端延伸，鼓励有条件的大型制造企业、服务中心平台及载体提供智能化改造、个性化定制、总集成总承包、在线支持、全生命周期管理等服务，发挥示范引领作用。支持优势服务企业利用信息、营销渠道、创意等优势，向制造环节拓展业务范围，推动生产制造环节组织调整和柔性化改造。推动创新集群建设，探索制造业群和服务业群融合发展模式。此外，应加快推进现代服务业与现代农业融合发展。大力发展农业科技服务业、农业流通服务业，积极发展休闲农业、会展农业、体验农业等，推进农业与旅游、教育、康养等产业融合发展，打造苏州特色品牌。

（四）抢抓区域重大战略机遇，全面优化板块功能布局

苏州处于"一带一路"倡议和"长江经济带""长三角一体化"国家战略叠加区，是沿江"一横"与沿海"一纵"的"横T形"发展战略交汇点，区位条件优越。面对多重国家战略交汇叠加，苏州应进一步抢抓长三角一体化发展和自贸区建设等重大机遇，全面优化服务业板块功能布局，推动服务业高质量发展。各个板块要摒弃本位主义思想，牢固树立"一盘棋"意识。深入分析各板块服务业发展具备的资源禀赋、面临的结构短板、紧缺的功能需求、待补的产业链条以及急需的要素保障等问题，切实挖掘自身比较优势，找准找实服务业发展定位。与此同时，要按照全市服务业板块功能布局，突出特色、错位发展。秉承创新开放的理念，建立高效务实的沟通协调机制和利益共享机制，打破行政分割，加强区域合作，构建差异竞争、优势互补、良性互动的服务业发展格局。苏州应开阔发展视野，自觉把服务业未来发展放在区域重大战略背景下谋划推进，全面融入长三角一体化发展、长江经济带建设，推进沪苏同城、苏锡协同、苏通跨江等区域融合发展战略。科学分析与区域内周边城市发展的关联性，加强制度设计，大力发展枢纽经济，以科技创新引领服务业优化升级，努力为推动长三角高质量一体化发展贡献"苏州力量"。苏州应充分发挥现有开放平台制度集成优势，积极抢抓RCEP、中国—东盟自由贸易区等政策红利，以更加开放的姿态吸引外资研发中心、结算中心、区域总部、物流平台等具有带动性、辐射性、牵引性的服务业项目落户，以更高水平对外开放推动苏州高质量发展。

参考文献

包敏：《数字经济对生产性服务业集聚的影响研究》，上海财经大学硕士学位论文，2022。

姜长云：《服务业高质量发展的内涵界定与推进策略》，《改革》2019年第6期。

江小涓、靳景：《中国数字经济发展的回顾与展望》，《中共中央党校（国家行政学

院）学报》2022 年第 1 期。

姜玉梅、孟庆春、李新运：《区域科技创新驱动经济高质量发展的绩效评价》，《统计与决策》2021 年第 16 期。

刘奕、夏杰长、李垚：《生产性服务业集聚与制造业升级》，《中国工业经济》2017 年第 7 期。

王玉玲：《中国生产性服务业与制造业的互动融合：理论分析和经验研究》，上海社会科学院博士学位论文，2017。

曾刚：《长三角城市协同发展能力评价及其区域一体化深化路径研究》，《华东师范大学学报》（哲学社会科学版）2021 年第 5 期。

B.5 苏州开放型经济发展形势与展望

朱琳 屠鹃*

摘　要： 2023年，面临更加复杂严峻的外部环境，苏州坚定不移推进更高水平对外开放，取得显著成绩。外贸实现稳中提质，进出口降幅收窄，圆满完成深化服务贸易试点工作，外贸新业态新模式蓬勃发展。吸引和利用外资质量有效提升，实际使用外资规模稳步增长，境外招商加快推进。外经合作提质增效，境外投资全面均衡发展，企业境外投资动因呈现多样化。开发区加快创新发展，主阵地作用更加凸显，体制机制改革深入推进。开放平台持续深化建设，中新合作深化拓展，两岸交流多元合作，对德合作提质升级，对日合作新空间加快拓展。自贸区制度创新全面深化，制度创新成果不断涌现，区域协同联动发展加快推进。当前，苏州开放型经济发展面临四个转变，即由制造向智造转变、由加工生产向科技创新转变、由要素开放向制度开放转变、由国际市场为主向国际国内大市场同步开拓转变。进入新发展阶段，苏州要巩固外贸基本盘，促进外贸转型升级；提升外资质量，在强链补链延链上展现新作为；积极稳妥"走出去"，拓展外经发展空间；提升开放平台能级，打造高水平开放示范区；紧抓多重政策叠加机遇，持续优化营商环境，从而不断增创开放型经济新优势，努力建设双向开放的枢纽城市。

关键词： 开放型经济　对外贸易　制度型开放　苏州

---

* 朱琳，苏州市委党校副教授，主要研究方向为开放型经济、数字经济；屠鹃，苏州市委党校讲师，主要研究方向为开放型经济、产业经济。

党的二十大报告提出，推进高水平对外开放，稳步扩大规则、规制、管理、标准等制度型开放，实施自由贸易试验区提升战略，深度参与全球产业分工和合作。2023年，苏州开放型经济发展面临更加复杂严峻的外部环境，全市上下坚定推进更高水平对外开放，全力以赴稳住外资外贸基本盘，更大力度推动合作共赢、开放创新，更好参与全球经济合作竞争，进一步优化优质资源集聚和配置能力，奋力推进开放型经济高质量发展迈上新台阶。当前，苏州开放型经济发展面临四个重要转变，即由制造向智造转变、由加工生产向科技创新转变、由要素开放向制度开放转变、由国际市场为主向国际国内大市场同步开拓转变。进入新发展阶段，苏州要进一步巩固外贸基本盘，促进外贸转型升级；提升外资质量，在强链补链延链上展现新作为；积极稳妥"走出去"，拓展外经发展空间；提升开放平台能级，打造高水平开放示范区；紧抓多重政策叠加机遇，持续优化营商环境，从而不断增创开放型经济新优势，努力建设双向开放的枢纽城市。

一 苏州开放型经济发展现状与分析

（一）推进外贸稳中提质

1. 外贸进出口降幅收窄

2023年5月以来，苏州市进出口单月环比均实现正增长，三季度以来累计跌幅持续收窄。10月进出口总额同比增长11.5%，1~10月全市完成进出口总额20016.5亿元，同比下降7.7%。为了推动稳外贸、抢订单、拓市场，出台《苏州市关于推动外贸稳规模优结构的若干措施》，提出支持企业参加境内外展会拓展海外市场、加强外贸企业服务保障、推动加工贸易稳量提质发展等14条针对性措施。发布《苏州市促进内外贸一体化发展实施方案》，从经营主体、新业态新模式、服务体系优化完善等方面提出14项任务，实现内外贸高效运行、融合发展。

2. 圆满完成深化服务贸易试点工作

2023年，苏州市圆满完成全面深化服务贸易创新发展试点各项工作任务，2个案例被国务院服务贸易发展部际联席会议办公室评为第三批全面深化服务贸易创新发展试点"最佳实践案例"。2016年以来，苏州紧抓机遇，依托服务贸易创新发展试点、深化服务贸易创新发展试点、全面深化服务贸易创新发展试点，推动全市服务贸易进一步发展，共有9条经验、9个创新实践案例被全国推广，案例贡献数量排名全国第二。目前，苏州共有3家国家特色服务出口基地、7家省级服务贸易基地，41家省级服务贸易重点企业。2023年1~9月，全市完成服务贸易额161.9亿美元，同比下降3.3%，占全省比重为37.3%；完成可数字化交付服务贸易101.3亿美元，同比下降3.9%，占全省比重为43.5%。

3. 外贸新业态新模式蓬勃发展

一是加快推进数字贸易创新发展。2023年4月印发《苏州市推进数字贸易加快发展若干措施》，将服务贸易、可数字化交付的服务贸易相关指标作为县级市（区）高质量考核共性指标，开展第一批20家苏州市数字贸易创新企业遴选工作。支持苏州工业园区对标高标准经贸规则，在《数字经济伙伴关系协定》（DEPA）框架下围绕数字身份认证、贸易便利化等开展中新数字贸易合作。推动企业利用高层次合作交流平台进行展示，组织智慧芽、企查查、同程网络等平台型企业参加"2023年中国国际服务贸易交易会"江苏展区，将中新合作服务贸易创新论坛升级为进博会虹桥国际经济论坛分论坛。二是实施跨境电商"攻坚突破年"，2023年上半年跨境电商交易额107.6亿元，同比增长62.7%，继续保持高速增长。苏州立足制造业和外贸企业优势，逐渐形成吴中家用电器、常熟纺织服装、吴江纺织面料、张家港塑料机械、姑苏婚纱礼服等多条产业带跨境出海优势。2022年下半年成立的高新区、常熟两家跨境电商企业服务中心，为企业提供集通关信息化服务、国际物流、供应链金融等于一身的全链路一体化服务，当年底已服务企业600家。三是海外仓模式不断优化，目前，全市海外仓主要包括大件外贸B2B"供应链前置"模式、OM2B2C"一站式"模式和传统贸易海外仓功能拓展模式，拥有海外仓企业近40家，已实现了对北美、西欧、澳洲等国家和地区重点市场的覆盖，"一带一路"沿线国家的海外仓布局也逐年扩大，省—市—区级公共海外仓梯级培养路径基本成形。四是加快"市采通"平台深化应用。作为小微企业合规出口通道，市场采购贸易试点"市采通"平台已成为外贸新业态发展的重要抓手。2021年"完善市场采购贸易'市采通'平台建设"被商务部列为"地方稳外贸稳外资典型做法"。市场采购贸易"江苏模式"获评"中国改革2022年度地方全面深化改革典型案例"。五是离岸贸易工作稳步推进。苏州首创开发了新型国际贸易综合服务平台，出台《关于支持开展新型离岸国际贸易的若干措施》《促进新型离岸国际贸易高质量发展若干意见》以及配套实施细则，通过简化单证、优化流程，切实减轻了企业的负担。

（二）吸引和利用外资质量有效提升

1. 实际使用外资规模稳步增长

2023年1～9月，苏州市实际使用外资65.6亿美元，同比增长5.2%。从行业看，制造业、服务业结构相对稳定，高技术产业增长迅速。制造业完成25.75亿美元，增长7.8%，占总额的39.3%；服务业完成39.49亿美元，增长5.5%，占总额的60.2%；高技术产业完成28.94亿美元，增长38.9%，占总额的44.1%。从投资者地区看，主要外资来源地是中国香港、英属维尔京群岛、新加坡、日本、萨摩亚等。从出资方式看，利润再投资已成为全市利用外资的重要出资方式。2023年1～9月，全市利润再投资14.29亿美元，占总额的21.8%。从项目规模看，大项目对外资基本盘的支撑作用明显。累计出资3000万美元以上项目49个，金额36.62亿美元，占总额的55.8%。其中，1亿美元以上项目5个，金额16.65亿美元，占总额的25.4%。从到资原因看，存量企业增资到账占全市利用外资的比重不断提高。2023年1～9月，增资企业实际到资44.18亿美元，占总额的67.3%。

2. 全球招商加快推进

苏州面向全球拼抢一流资源要素，2023年以来已成功签约落地法国空客中国研发中心、德国博世新能源汽车核心部件及自动驾驶研发制造基地、美国太古可口可乐昆山项目等一大批优质外资项目。一是掀起全球招商热潮。2023年初，市领导率队出访新加坡、日本、中国香港等地，并在新加坡成功举办苏州开放创新发展投资情况说明会，现场签约40个合作项目。截至2023年9月，全市共计派出各类经贸招商和招商招才团组260批次1070人次，抢抓机遇引进高质量外资项目。二是邀请高管实地考察。苏州启动"千名跨国公司代表走进苏州"系列活动，借助外国商协会、在苏存量企业、各招商小分队赴总部邀请等渠道，邀请跨国公司高管和商协会代表实地考察苏州。三是搭建政企交流平台。2023年6月，商务部和江苏省政府在苏州成功举办"投资中国年"江苏专场活动"产业链供应链国际合作交流会暨企业家太湖论坛"，吸引500位跨国公司高管和商协会代表到访，现场共有15个投资1亿美元以上外资产业项目签约，总投资额达43.5亿美元。四是强化外企服务保障。邀请外资企业参加苏州发展大会、智能交通世界大会、企业家太湖论坛等一系列高层级合作交流活动，助力企业高质量发展。制定公平竞争审查工作规程，规范落实公平竞争审查工作制度，维护统一开放、竞争有序的市场秩序。

3. 利用外资质量不断提升

2023年以来，苏州深入实施外资总部和利润再投资两项专项政策，加快推进全市外资提质增效。一是大力发展外资总部经济。截至2023年10月，全市已有省级跨国公司地区总部和功能性机构191家，占全省的52.2%；省级跨国公司地区总部和功能性机构入库企业84家，占全省的52.8%；市级跨国公司地区总部和功能性机构累计245家；苏州工业园区获评江苏首个且唯一的外资总部经济集聚区。二是鼓励外资企业利润再投资。苏州集聚了超2.3万家外资企业，2023年6月市商务局会同市财政局共同开展2022年度外商投资企业利润再投资支持项目申报工作，共支持利润再投资项目15个，贡献42.42亿元利润再投资金额。

（三）外经合作提质增效

一方面，境外投资全面均衡发展。苏州外经条线推动"走出去"工作稳妥有序发展，支持苏州市企业持续进行境外投资，深度参与全球产业分工和合作。截至 2023 年 10 月，苏州市累计在册境外投资项目超 2900 个，中方协议投资额 280 亿美元，实际对外投资额 190 亿美元，项目遍布全球 100 个国家和地区，呈现制造业、服务业、资源开发和高科技四业并举的生动格局。2023 年 1~9 月，苏州市新增对外投资项目 363 个，同比增长 32%；中方境外协议投资额 20.7 亿美元，同比增长 32.7%，分别占全省比重为 40.5%、24.9%；对外直接投资额 13.6 亿美元，同比增长 29.8%，占全省比重为 29.7%，居全省首位。近 5 年来，苏州境外投资中，中小企业境外投资呈显著增长态势，境外投资 5000 万美元以上项目较多，境外投资前 40 的项目主要集中在电子设备制造业、信息传输业、医药制造业等。

另一方面，企业全球投资动因呈现多样化。2023 年以来，苏州企业全球投资的动因主要包括：通过海外并购扩大市场渠道、获取关键技术、打造国际品牌、加强资源整合，实现向设计、研发、营销等高附加值环节延伸；为降低生产经营成本，逐步将一些劳动密集型环节转移至综合成本相对较低的东南亚、非洲和拉美等地区，同时将总部和研发等关键环节留在苏州；为有效响应市场变化，及时捕捉市场需求，强化市场开拓，降低综合经营成本，积极在海外设立营销网络；为应对贸易壁垒，到东南亚等地设立工厂，以加工制造产品再出口至美国；配套企业为了维持业务，被动跟随"链主"企业和龙头企业在境外设厂。

（四）开发区加快创新发展

1. 开发区主阵地作用更加凸显

2023 年 1 月，商务部公布 2022 年国家级经济技术开发区综合发展水平考核评价结果。苏州工业园区位列第 1，实现七连冠；昆山经开区连续 5 年保持第 5 位；吴江经开区较上年前进 5 位，位列第 24；吴中经开区位列第

25，首次进入全国前30。参评的9个经开区中有4个进入全国前30，占全省的2/3，在国家级经开区中的领先优势得到巩固提升。2023年6月，全市开发区工作会议召开，市商务局等11个部门联合出台支持国家级经开区创新提升更好发挥示范作用的若干措施16条，围绕稳外资稳外贸，加快项目招引落地、促进产业转型升级和创新发展等方面，推动全市开发区加快转型升级和创新发展，当好全市经济压舱石。2023年1~9月，全市开发区实际使用外资58.2亿美元，占比89%，进出口额2393亿美元，占比94.3%。

2. 开发区体制机制改革深入推进

苏州开发区坚持分类施策、权责对等、功能聚焦，不断推进体制机制改革。一是优化管理模式。根据开发区发展阶段和产城融合程度等，结合"区政合一"和"代管"等管理模式的优势，在架构上强调优化协同、一体运行，在职责上突出统分结合、有统有分。二是细化职责边界。科学划定权责边界，进一步明确开发区侧重产业集聚、对外开放、城市建设等经济发展职能，行政区侧重综合执法、公共服务等社会管理职能。三是强化分类施策。对城市功能不够成熟、社会管理包袱不重的开发区，围绕经济发展主责主业，社会管理职能原则上由属地政府承担；对产城融合度高、城市功能完备的开发区，在强化巩固经济发展、科技创新等职能的基础上，推动其履行安全环保、社会管理等职能。

3. 开放平台持续深化建设

中新合作深化拓展。苏州坚持把中新合作作为城市发展的长期战略，围绕双向投资、科技创新、服务贸易、人文交流等领域，推动中新合作向全市域、全领域、全方位拓展。2023年，苏州代表团赴新加坡开展经贸投资促进与合作交流活动，工业园区与新加坡国立大学深化合作，积极推进高校与地方产业、科研院所等机构合作，深化中新苏州医学中心等项目建设；苏州工业园区新加坡国际商务合作中心二期启动，一批战略合作伙伴和入驻项目集中签约，涵盖生物技术、集成电路、数字化医疗、材料科学等领域。积极推进中新"国际化走廊"建设，苏州工业园区新加坡国际商务合作中心（园区）和新加坡苏州商务中心两个商务中心已集聚项目70余个，举办企业对接活动十余场。当前，苏州工业园区以建区30周年为契机，推动工业园区深化开放创新综合试验，积极争取中新数字贸易合作试点。

两岸交流多元合作。2023年3月，昆山试验区部省际联席会议第十次会议召开，昆山深化两岸产业合作试验区设区十周年座谈会举行，成立台资服务业集聚发展区、两岸文化交流基地创新中心等平台，发布昆台"易鹿通"App，为台胞就业创业提供一站式服务。8月，苏州举办"百企千岗"台青专场招聘会，为台湾青年提供岗位近千个，助力台湾青年来大陆实习、就业、创业。2023年1~9月，苏州新设立台资项目313个，实际利用台资7.63亿美元，项目数同比增长14.65%，实际利用台资增长21.7%。

对德合作提质升级。太仓获商务部复函支持对德合作提质升级，加快建设中德（太仓）产业合作示范区，并作为国内唯一县级市受邀参加在德国举办的第十一届中德经济技术合作论坛。2023年10月，太仓已集聚近500家德企、近60家世界"隐形冠军"企业，德企累计投资额达60亿美元，形成了以新能源汽车核心零部件、航空航天、工业母机为主的三大产业集群。同时，太仓建有超100万平方米的产业合作载体，引入了德国知名双元制教育机构AHK学院，拥有体验德式生活的罗腾堡风情街。

对日合作新空间加快拓展。苏州不断巩固提升对日经贸合作水平，目前，在苏日资企业超过3000家，累计利用外资超过138亿美元。高新区加快推进中日绿色产业创新合作示范区建设，截至2023年9月，全区日资企业占全市日资企业的1/3，累计投资额超过200亿美元，拥有松下、佳能等世界500强企业18家，集聚日资总部机构20家。相城区深入推进中日（苏州）地方发展合作示范区建设，举行2023青苔经贸文化交流会暨中日（苏州）地方发展合作示范区设立三周年活动，中日创新走廊、中日协同创新中心、未来工场等3个中日产业科技创新中心揭牌。

（五）自贸区制度创新全面深化

一方面，制度创新成果不断涌现。2019年8月获批以来，江苏自贸区苏州片区累计已形成全国全省首创及领先的制度创新成果190项，其中13

项在全国示范推广，42 项在全省示范推广。成立以来，苏州自贸片区开发全省首个面向外籍人士的移动支付工具Supay，成立全省首家外商独资医疗机构嘉会医疗，成立全省首家外商独资经营性职业技能培训机构蛇牌学院，开展长三角一体化布控查验协同试点获海关总署在全国示范推广，提出经贸规则计算器、"保速通"等优秀制度创新案例。2023 年 5 月，苏州自贸片区发布"保服通"保税服务平台，借助该平台，片区 300 多家加工贸易企业可享受加工贸易线上服务的"智慧"红利。探索生物医药全产业链制度创新，在全市推出三批次生物医药全产业链集成创新工作清单，包含 21 项具体的创新任务，推动全市形成合力，支持自贸片区深耕制度创新突破。

另一方面，区域协同联动发展加快推进。苏州自贸片区通过加强区域协同联动，让制度创新成果在更广范围复制推广。一是依托开发区推动自贸联动创新区建设。自贸片区和其他区域搭建沟通交流平台，开展差异化探索、推动协同发展，累计向联动创新区输送苏州自贸片区 126 项制度创新经验。2023 年开展 2022 年度苏州自贸联动创新区评价，根据评价结果全市联动创新区共复制推广省、市自贸（片）区等制度创新成果 129 项，形成先行探索改革举措 89 项，与其他自贸（片）区和区域开展项目合作 63 项。二是推动自贸片区和太仓港口对接合作。2022 年 11 月，太仓港和苏州片区管委会签订深化战略合作框架协议，形成共同建立会商交流机制、共同建立人才交流引领发展机制、共同引导支持政策协同配合、共同推动海运物流供应链快速通道建设、共同构建港产城融合发展示范区等 5 个机制。2023 年，太仓港发挥港口资源优势，向苏州园区港提供船期空箱集装箱码头动态信息，为货物和物流提供信息化支撑。

二 苏州开放型经济发展形势展望

当前，世界已进入新的动荡变革期。一方面，世界经济复苏乏力，保护主义、单边主义抬头，国家间贸易摩擦多发，产业链供应链因非经济因素而出现脱钩断链，经济全球化遭遇逆流，跨境资本流动明显放缓，世界格局正在深刻调整。另一方面，新一轮科技革命和产业变革席卷全球，数字技术强势崛起，世界创新版图加速重构，世界经济格局不断重塑调整。面临严峻复杂的国际形势，面对国际开放合作的新态势、新要求及新一代产业技术革命爆发带来的新机遇，面向更高水平对外开放的要求，苏州开放型经济呈现新的发展趋势和特点，主要表现在以下几个方面。

（一）由制造向智造转变

制造业是我国经济的立足之本。随着新一轮科技革命和产业变革深入发展，国内外市场竞争持续加剧，过去依靠数量和价格的优势下降，传统制造业亟须转型升级以适应未来市场的需求，智能制造成为我国制造业走向可持续发展的新方向。制造业始终占据苏州最大的优势产业地位，苏州也在我国制造业领域具有重要的地位，截至2023年9月苏州规上工业总产值达32246.97亿元，处于全国第一方阵。作为中国制造的"苏州样本"，开放型经济带动苏州制造业持续跨越发展，苏州约70%的规上工业产值来源于开放型经济。随着我国经济发展由高速增长转向高质量发展新阶段，新时代新开放的苏州正加快推进高质量"引进来"和高水平"走出去"，聚焦先进制造业和现代服务业，加快推动制造业从劳动密集型生产转向技术密集型智能制造。

（二）由加工生产向科技创新转变

不断变化的国际形势和激烈的国际竞争格局，要求开辟发展新领域新赛道、塑造发展新动能新优势，从根本上说，还是要依靠科技创新，科技创新也是未来高水平开放的新趋势。习近平总书记多次指出要在更高水平开放中推进自主创新。在当前的全球创新格局中，我国正处于向领跑跨越式转型的新阶段。自2013年我国确立全球创新领先者地位以来，我国全球创新指数排名持续稳步上升，整体创新能力大幅提升。世界知识产权组织（WIPO）发布的《2022年全球创新指数报告》显示，我国创新指数居世界第11位。苏州以制造立市、以创新强市，从传统的加工贸易模式向科技创新模式转型发展，在科技创新热潮之下始终笃定前行，科技创新综合实力连续12年位

居全省第一，2022 年国家创新型城市排行中居全国第 7 位。未来，苏州将全力抢抓数字经济时代机遇，纵深推进产业创新发展，加快建设具有全球影响力的产业科技创新中心主承载区。同时，苏州持续提升城市创新能级与供给水平，具备良好的创新研发环境基础，有利于在整体上形成具有竞争力的开放创新生态。

（三）由要素开放向制度开放转变

进入高质量发展阶段，关键是加快由要素驱动型发展向创新驱动发展转变，这也就意味着对外开放的目标要以释放要素流动性为重点转向建立支持创新的开放制度。① 制度型开放是一种全面、系统、稳定的集成式开放，克服了要素型开放碎片化、局部性和多变性的局限性。② 制度方面的高水平开放实质是与国际的高水平开放体系深度接轨，对苏州来说，归根到底是营商环境的深度接轨。营商环境是畅通"双循环"不可或缺的"催化器"和"加速器"。苏州身处长三角核心区域，平台多、出口规模大、开放意识强、参与国际市场能力较强，具备良好的营商环境。随着苏州自贸片区的不断建设，国际交流与合作持续拓展，创新成果加速累积，构建市场化、法治化、国际化一流营商环境的成效逐步凸显。未来，苏州还将继续以制度创新为"支点"，在对外开放中不断加强开放制度建设，加快形成规则、规制、管理、标准等制度型开放新优势，打造制度型开放的新高地、高质量发展的新标杆。

（四）由国际市场为主向国际国内大市场同步开拓转变

新发展格局绝不是封闭的国内循环，而是开放的国内国际双循环。③ 这更加强调对外开放的主动性。因此，在新发展格局背景之下，聚焦重点国

---

① 中共中央文献研究室编《习近平关于社会主义经济建设论述摘编》，中央文献出版社，2017。
② 涂永红：《如何理解"制度型开放"？》，《经济观察报》2022 年 10 月 22 日。
③ 习近平：《论把握新发展阶段、贯彻新发展理念、构建新发展格局》，中央文献出版社，2021。

家、重点产业、重点企业深化合作,掌握在产业转移中持续发展的主动权将是对外开放的重要模式。对照"在构建新发展格局上走在前"的要求,苏州作为开放型经济大市,外资企业高度集聚,与欧美、日韩、东盟等国家和地区保持长期密切经贸往来,多边产业合作成效明显,融入国际大市场优势突出,服务国内大市场潜力巨大,为推动双循环相互促进打下了坚实基础。下一步,苏州要把握好全球供应链、产业链、价值链、创新链深度聚合与重构带来的机遇,统筹好高质量"引进来"和高水平"走出去",进一步深耕国际市场的同时,充分利用国内超大规模市场优势,鼓励引导和推动外贸企业开拓国内大市场,积极与国内产业结构配套,持续扩大高水平对外开放,打造国内国际双循环重要枢纽节点。

三 苏州开放型经济发展的对策建议

改革开放40多年来,中国经济发展实现了从"封闭型"向"开放型"的转变,"以开放促改革、促发展"的正确性得到充分印证。苏州是改革开放的前沿阵地,开放型经济已成为苏州的特色优势和重要发展支撑。面向未来,为加快建设开放强市、打造开放型经济升级版、为江苏"建设具有世界聚合力的双向开放枢纽"作出应有贡献,苏州应着眼于把握新发展阶段、贯彻新发展理念、构建新发展格局,坚持目标导向、问题导向、结果导向,在巩固扩大既有优势的同时,更大力度加快补齐弱项短板,更好服务构建新发展格局。具体可从以下几方面发力。

(一)巩固外贸基本盘,促进外贸转型升级

一是要持续推动出口稳量提质,稳住对欧美等发达经济体的贸易,拓展对东盟、"一带一路"沿线国家的出口。指导企业用好用足《区域全面经济伙伴关系协定》(RCEP)等自由贸易协定的政策,积极开拓多元市场。二是要扩大进口规模、提升进口能级,以特色优质消费品进口为主,加快扩大国内市场布局,加快促进消费品质化、国际化发展。鼓励企业扩大先进技

术、重要设备和关键零部件进口。制定贸易主体引进培育专项政策措施，引进培育更多贸易型总部及各类贸易主体。重点依托工业园区、昆山进口贸易促进创新示范区等载体，加快引进培育一批全球性、全国性和区域性进出口产品采购交易分拨中心、运营中心、集散中心，重点引进一批具有较强国际竞争力的龙头型进口企业。以进口结构的改善带动优化出口结构，促进一般贸易与加工贸易协调发展。三是要大力发展外贸新业态新模式。聚焦主体培育、平台建立、中新合作和生态打造，加强政策创新、工作机制完善、重点企业库建设等，统筹数字贸易、离岸贸易、跨境电商、市场采购贸易创新发展，推动贸易新业态高质量、上规模发展，带动全市外贸转型提升。

（二）提升外资质量，在强链补链延链上展现新作为

创新招商引资模式，积极推进市场化招商，更好发挥中介招商、以商引商作用，着力补链、强链、延链，加快引进一批"生产+研发""生产+总部"优质项目。持续拓展外商直接投资出资方式，推动外商投资股权投资企业（QFLP基金）落地，争取招引银行、保险、证券等金融领域境外资本直接投资。推动涉外企政策落地，促进外商投资企业利润再投资。做好企业跟踪监测和服务保障工作，深入了解和协调解决企业发展困难和诉求，持续优化外商投资营商环境，增强外企深耕苏州发展信心。全力招引更多跨国公司在苏州布局"生产+研发""生产+总部"双基地。吸引更多企业在苏州设立地区总部和研发、结算、贸易、会计、审计、法律、管理咨询、金融服务等功能性机构，推动外资加工制造企业向研发中心、营销中心、关键零部件全球分拨配送中心和全球维修服务中心等功能性机构延伸。鼓励苏州市传统优势行业的外资外贸企业把总部留在苏州，将生产制造环节梯度转移至境外和国内其他地区，特别是省内的苏北地区。

（三）积极稳妥"走出去"，拓展外经发展空间

积极参与"一带一路"建设，加快构建"一带一路"贸易投资合作网络，着力优化完善以制造业、服务业、资源开发和高科技为主的海外产业布

局,提高科技创新合作、国际产能合作、资源开发合作、对外工程承包和劳务合作的规模、层次和水平。支持优势行业企业在共建"一带一路"国家投资布局,参与境外经贸合作区建设。持续提升埃塞俄比亚东方工业园和印度尼西亚吉打邦产业合作园等载体建设水平。优化对外投资服务,加强政策宣讲、组织开展企业培训和针对性帮扶,增强企业"走出去"意识和能力。建立健全"走出去"企业库和意向投资项目库,完善动态监测机制,实时跟踪业务开展情况并做到全流程服务,强化"走出去"风险防范和服务保障。完善苏州工业园区国家级境外投资服务示范平台和长三角境外投资促进中心等公共服务平台功能,为"走出去"企业提供一站式服务。

(四)提升开放平台能级,打造高水平开放示范区

全面落实中国(江苏)自由贸易试验区苏州片区提升战略,支持苏州工业园区深入开展开放创新综合试验、建设开放创新的世界一流高科技园区,扩大规则、规制、管理、标准等制度型开放。推进苏州自贸片区与中新合作、中日合作、两岸合作、中德合作等开放平台联动改革、联动创新、联动开放。强化面向重点国别地区的合作平台能级,深化拓展中新合作,推进两岸多元交流合作,提升对德合作水平,拓展对日合作新空间。积极争取自贸区扩区,向太仓港、苏相合作区拓展覆盖,进一步放大自贸区效应。继续发挥开发区主战场主阵地作用,探索开发区体制机制改革创新。处理好开发区和行政区的权责关系,加强开发区与行政区的统筹协调。按照全市产业布局引导规划,科学完善开发区功能布局,优化开发区特色发展。明确国家级、省级开发区发展方向,坚持以产业发展为主,使开发区成为苏州制造业、高新技术产业和生产性服务业集聚发展平台。完善开发区管理体制,按照精简高效的原则,进一步整合归并内设机构,集中精力抓好经济管理和投资服务,焕发体制机制活力。

(五)紧抓多重政策叠加机遇,持续优化营商环境

用足用好我国签署的各项自贸协定,对标 RCEP、CPTPP 等高标准经贸

规则，挖掘制度创新突破点，积极争取先行先试。根据《苏州市促进内外贸一体化发展实施方案》，逐步落实各项任务，全力促进内外贸高效运行、一体化融合发展，充分释放"双循环"互促活力。"双循环"新发展格局下，还应注重营商环境建设，一是要聚焦服务国内统一大市场，适应国内需求升级、供给能力提升等要求，加大要素配置市场化等重点领域改革创新力度。二是要聚焦与国际全面接轨，打造完善的知识产权保护和服务体系，全方位优化服务保障。通过营造市场化、法治化、国际化一流营商环境，充分发挥最优营商环境和最佳比较优势。健全市场主体全周期法治服务体系，深化"法企同行"活动，探索构建调解、仲裁、诉讼有机衔接的国际商事纠纷多元化解决机制。持续提升教育、医疗和人才等领域涉外服务水平，促进国际交流合作，打造国际一流的宜业宜居环境。鼓励各地建设运营一站式企业服务中心，为企业提供综合性全生命周期服务。

参考文献

陈伟光、明元鹏、钟列炀：《构建"双循环"新发展格局：基于中国与世界经济关系的分析》，《改革》2021年第7期。

何曜：《聚焦自贸区（港）战略提升，建设更高水平开放型经济新体制》，《世界经济研究》2023年第9期。

江小涓、孟丽君：《内循环为主、外循环赋能与更高水平双循环——国际经验与中国实践》，《管理世界》2021年第1期。

吴威威：《习近平建设更高水平开放型经济新体制重要论述的生成渊源、核心要义与实践方略》，《学术探索》2023年第10期。

张远鹏、卢晓菲：《开放型经济及开放型经济新体制研究述评》，《现代经济探讨》2021年第6期。

赵伟洪、张旭：《中国制度型开放的时代背景、历史逻辑与实践基础》，《经济学家》2022年第4期。

B.6 苏州数字经济发展形势与展望

黄庆华 楼佳骊 张 婧＊

摘 要： 习近平总书记指出，要促进数字技术和实体经济深度融合，赋能传统产业转型升级，催生新产业新业态新模式，不断做强做优做大我国数字经济。2023年，面对纷繁复杂的国际形势，苏州高效施行稳经济政策举措，大力推动数字经济和实体经济深度融合，并取得了较好进展。一方面，得益于苏州雄厚的制造业发展基础；另一方面，随着数字基础设施建设和顶层设计的不断完善，苏州数字经济和实体经济融合程度不断提高，构筑了良好的数字经济发展环境。2024年，建议抓好以下重点工作：第一，聚焦数字经济核心产业，不断夯实和巩固数字经济发展基础；第二，带动资源要素集聚，加速提升创新策源能力；第三，加快新型基础设施建设，有力支撑经济社会高质量发展；第四，强化数字治理，有效推动现代数字政府建设；第五，瞄准新发展格局，高效推进区域协调特色发展。有序推动苏州数字经济"量质提升"，构建形成具有"苏州特色"的发展路径和示范引领效应。

关键词： 数字经济 数字产业化 产业数字化 苏州

党的二十大报告指出，加快发展数字经济，促进数字经济和实体经济深度融合，打造具有国际竞争力的数字产业集群。[1] 近年来，苏州全面发力数

＊ 黄庆华，西南大学经济管理学院副院长、教授，主要研究方向为数字经济、经济管理；楼佳骊，苏州新智观科技服务有限公司创始合伙人，主要研究方向为数字经济、产业经济；张婧，苏州新智观科技服务有限公司项目专员，主要研究方向为数字经济。
[1]《党的二十大报告全文》，党建网，https://baijiahao.baidu.com/s?id=1747757098192120827&wfr=spider&for=pc。

字经济，加快谋求壮大数字经济核心产业发展规模和能级的重要路径，围绕数字产业化、产业数字化、数字基础设施、数字创新能力、数字治理等多个层面精准发力，进一步推动产业迭代升级和经济社会高质量发展。2023年，苏州以全国第一名成绩获评工信部中小企业数字化转型试点城市，累计拥有全球"灯塔工厂"6家，全国城市排名第一。同时，随着全国算力网络长三角枢纽节点吴江算力调度中心开工建设，苏州在全国算力网络中地位日益突出，数实融合水平得到了快速提高。

一 苏州数字经济发展的主要概况

数字经济是继农业经济、工业经济之后的主要经济形态，是以数据资源为关键要素，以现代信息网络为主要载体，以信息通信技术融合应用、全要素数字化转型为重要推动力，促进公平与效率更加统一的新经济形态。①

近年来，苏州数字经济发展加速前进，整体规模呈稳步增长趋势，数字经济核心产业增加值居全省第一，数字产业化和产业数字化水平也不断攀升，综合实力持续增强。比如从数字经济分类来看，数字制造、数字服务领域，均实现了总体规模的稳步攀升，智能化改造和数字化转型深入推进，数字经济和实体经济深度融合，新基建、数字治理等领域已探索出更为成熟的发展模式。

（一）数字产业化基础实力不断巩固

数字产业化是为数字化发展提供数字技术、产品、服务、基础设施和解决方案，完全依赖数字技术、数据要素的产业活动，包括数字产品制造业和数字产品服务业，更多强调数字产业的重要性和数字产业的规模。

1. 数字制造方面

电子信息行业规模不断壮大。随着数字经济的兴起，电子信息逐渐成为

---

① 《国务院关于印发"十四五"数字经济发展规划的通知》，中国政府网，https://www.gov.cn/zhengce/zhengceku/2022-01/12/content_5667817.htm。

经济增长的重要引擎。苏州电子信息产业规模强大，是全国乃至全球重要的生产基地。2023年1~10月，苏州市规模以上计算机、通信和其他电子设备制造业实现产值10768亿元，同比增长1.9%。

软件和信息技术服务业稳步发展。软件和信息技术服务业对经济社会发展具有重要的支撑和引领作用。2023年1~10月，苏州软件和信息技术服务业实现销售收入1844亿元，同比增长10.2%，新增市重点软件企业55家。2023年以来，苏州试点建设苏州大学、苏州大学应用学院、中移软件、西交利物浦大学、苏州科技大学、苏州市职业大学等首批6家软件产业人才培训基地，重点面向工业软件，培育一批技术型和应用型产业人才。

集成电路产业链逐步完善。通过培育和发展龙头企业、强化行业技术等举措全面推进苏州集成电路产业规模提升。2023年前三季度，苏州集成电路产业规上产值达714.55亿元①，是国内重要集成电路产业集聚区。在技术水平方面，苏州集成电路封装测试在产业规模和技术创新能力方面都具有明显优势，同时掌握了晶圆级封装技术、硅通孔技术、系统级封装技术等世界主流的封装技术。

信息基础设施建设稳中向好。苏州已累计建成5G基站近4万个，实现全市范围5G网络全覆盖，中国移动长三角（苏州）云计算中心二期项目进入实际运营阶段，已部署16700个机架，成为长三角区域最大规模的数据中心。全面落实国家"东数西算"工程，积极推动长三角国家枢纽节点起步区建设，深化苏州各类超算中心平台建设，加快推进中国电信长三角示范区（吴江）算力调度中心项目和中国移动长三角（苏州）汾湖算力汇聚调度中心项目建设。

人工智能产业创新发展。随着新一代信息技术的广泛应用，人工智能技术逐渐演变成为推动产业转型升级的重要引擎，并带动引领全球范围内的技术革新。2023年以来，苏州人工智能领域已集聚了相关企业千余家，先后举办ChatGPT未来大会暨2023苏州市人工智能行业峰会、技术交流会、供

---

① 《苏州统计月报》，苏州市统计局网站，http://tjj.suzhou.gov.cn。

需对接会、场景需求对接会等，加速促进行业发展。

2. 数字服务方面

互联网服务业健康发展。数字经济带来了居民消费模式、结构的深刻变化，新型消费蓬勃涌现。2023年1~10月，全市实现社会消费品零售总额7871.9亿元，同比增长6.8%。全市限额以上新能源汽车零售额同比增长52.2%，拉动限上零售额增长3.4个百分点。[①] 自获批跨境电商综试区以来已构建数条"苏州特色"跨境电商亿级产业带，涌现出科沃斯、追觅、通润等一批苏州制造跨境出海名牌。

贸易数字化进程逐步加快。贸易数字化成为国际贸易发展的新趋势和未来贸易增长的新引擎。目前，苏州已初步建立数字贸易产业集群，集聚亿磐系统科技、友谊时光、西窗科技、大健云仓等一批数字技术、产品、服务及平台企业。相城区魔门塔公司开展自动驾驶解决方案服务贸易，姑苏区嘉伯乐动画公司开展CG制作数字产品贸易。

文化数字化战略加快落实。数字经济驱动文化消费模式升级和文化产业高质量发展，文化数字化助推经济体系效能提升。推进数字博物馆建设，完成全市重点博物馆藏品数字化采集，在"苏周到"平台开设"数字博物馆"，实现线上参观导览服务、馆内导航、VR打卡等沉浸功能。建设数字大运河，采集、归集大运河苏州段文物、非遗、水利、航运、旅游等各类资源数据共28个主题，以数字化技术助力大运河文化保护传承利用。中国数字文化集团长三角运营总部、开心麻花、笑果文化等一批数字内容服务领域项目落地苏州，阿里大文娱·周庄数字梦工厂、蓝系列文化产业园等一批影视娱乐、创意设计领域项目加快推进。

（二）产业数字化转型步伐持续加速

苏州凭借雄厚的制造业基础，在智能制造和数字化转型、数字金融、智

---

① 《前三季度苏州市经济运行情况》，苏州统计公众号，https://mp.weixin.qq.com/s/DhTS6JmhE3HsGseAd5j2mw。

慧农业、智能车联网等产业数字化领域形成了良好的发展态势。

智能化改造和数字化转型全面推进。通过智能制造示范工厂、数字技术应用场景开发等举措深入实施智能化改造和数字化转型。2023年，苏州在全省率先制定发布《苏州市制造业智能化改造数字化转型2023年实施方案》，成功举办全省制造业智能化改造数字化转型工作推进大会，组织智能制造进园区（生物医药集群）等专场活动，连续推出100个分场景"智改数转"优秀案例，评选28个市级"智改数转"技术服务输出标杆企业和智能制造优秀服务商。集聚全球"灯塔工厂"6家，14个国家级工业互联网"双跨平台"落户苏州；获评全省首个工业互联网方向的国家新型工业化产业示范基地。

数字金融创新试点持续深化。全市域、全领域推进数字人民币试点、小微企业数字征信实验区、金融科技创新监管试点等多项工作。数字人民币试点核心指标领跑全国，2023年10月末，苏州数字人民币累计交易金额超2.5万亿元，有49家金融机构总部在苏设立数字金融实验室等创新工作载体或平台，集聚数字金融生态圈企业574家，其中2023年新增超200家。

数字乡村建设水平不断提升。数字乡村建设对于农业生产方式和农业全产业链的升级具有重要意义。近年来，为进一步明确数字乡村建设方向，苏州出台《"十四五"深入推进农业数字化建设的行动方案》，实施现代农业园区转型升级等14项行动[①]，在全国率先研究制定《智慧农业示范基地建设与评价规划》，推进5个智慧农业示范生产场景建设，打造8个智能农机装备应用示范基地。持续培育"5G+智慧乡村"应用示范，基本实现重点区域5G网络全覆盖和农村家庭千兆光纤网络覆盖率100%。

智能车联网产业规模稳步增长。2023年以来，苏州新建智能车联网特色产业园4个，加速智能车联网产业集聚。累计建成智能网联道路396.4公里，开放测试道路总长超2000公里，建设完成高等级智能网联测试基地，

---

① 《市政府办公室印发关于"十四五"深入推进农业数字化建设的行动方案的通知》，苏州市人民政府网站，https：//www.suzhou.gov.cn/szsrmzf/zfbgswj/202207/70ced72b4ee84be1ace9347afd47bd27.shtml。

已成为国内重要的智能车联网产业集聚区，产业规模稳居全国前列。① 推动魔门塔、享道出行联合体开展全市首批智能网联汽车示范运营。

（三）数字技术创新能力稳步提升

科技创新水平全力提升。苏州获批建设全省首家语言计算国家新一代人工智能开放创新平台、国家火炬相城高新区数字金融特色产业基地。加快推进国家第三代半导体技术创新中心、量子科技长三角产业创新中心建设。2023年10月末，苏州有效发明专利量12.46万件，比2022年底增长19.2%，万人发明专利拥有量96.52件，比2022年底增加15.58件。创新主体不断壮大，2023年以来全市新增境内外上市企业20家，科创板上市企业达53家，居全国第三位。

关键核心技术攻关加速突破。持续优化市级科技计划项目，在前沿技术研究和科技成果转化项目中设立数字创新专项，支持高校、科研院所、企业等各类创新主体围绕电子信息、量子科技、智能网联与网络通信、大数据与区块链、人工智能、智能机器人等产业领域，开展关键核心技术攻关。进一步提高单个项目支持额度，从最高支持100万元提升至200万元，带动项目承担单位持续加大研发投入，激发自主创新活力。最终立项澜起电子、峰之鼎等数字经济领域相关项目65项，给予经费支持5592万元。

数字安全产业创新能力提升。围绕数字安全领域，加快核心技术、共性关键技术和前瞻性技术的研发和交叉学科的继承创新，组织开展苏州市重点产业技术创新项目，支持行业龙头骨干企业联合高校、科研院所承担重点研发产业化项目。做好向上争取工作，向省推荐重点研发计划（产业前瞻与关键核心技术）项目，共受理数字经济领域核心技术攻关项目116项，涉及数字安全领域项目35项。

---

① 《江苏苏州：全国前列！上半年智能车联网企业产值同比增长15%》，中国江苏网，http://jsnews.jschina.com.cn/zt2023/ztgk_2023/202308/t20230813_3265835.shtml。

（四）数字建设助推社会治理提质增效

数字化管理平台加快构建。建设"一网统管"平台，汇聚11.5亿条城运数据，接入全市20多万路视频监控，引入1.4亿条实时互联网数据，研发专题应用，构建科学化、精细化、智能化城市运营中枢平台。建设综合执法指挥平台，接入执法数据1049万余条，对接各类业务系统20余个，为扁平式、贯通式指挥调度提供支撑。建设大数据辅助决策平台，打造经济运行、生态环保、城市管理、交通运输、疫情防控等27张"行业专题"数据看板，整合各县级市（区）"区域综合"数据看板，突出古城保护、智慧三农、数字经济等特色亮点。

政务服务数字化水平逐步提升。围绕企业个人全生命周期服务推进"一件事一次办"，推出入学、购房等26个高频事项，鼓励县级市（区）围绕本地实际，推出开办民宿、居民充电桩报装等特色事项。拓展"免证办"应用场景，全市政务服务370个高频事项实现身份证、企业营业执照等14张证照免于提交。苏州成为全国首个通过"电子档案单套制归档"试点验收的地区。

公共数据开放共享加快推进。制定《苏州市数据条例》，明确数据市场、数据安全、数据权益等规定，为数据开放共享提供立法保障。上线苏州市公共数据开放平台，发布4295个开放数据目录，开展"可用不可见"数据开发利用试点，为银行普惠金融"秒批秒办"提供数据支撑，惠及4.57万人，审批额度逾58亿元。举办首届长三角数据开放创新应用大赛。

二 苏州数字经济发展形势展望

（一）面临的发展形势

从国际形势来看，当前全球政治与经济形势正在经历前所未有的挑战与变革，国际货币持续通胀，俄乌冲突、巴以冲突引发地缘政治危机，全球货物贸易面临诸多变局，实体经济发展陷入多方困境，在此背景下，世界各国纷纷抢抓数字经济发展机遇，不断加快对数字经济的战略部署与形势分析，旨在以数字技术的变革实现全球资源要素、世界经济结构的重组重塑。美国作为世界数字经济规模排名第一的国家，是全球数字技术创新的重要策源地，其在关键核心技术和关键产业领域处于全球领导地位，在数字经济领域始终占据领先优势。日本、韩国则更多将重心集聚在微电子领域和半导体产业，不断跟进和占据数字技术的前沿领域，加快构建和形成自主核心竞争优势。全球市场持续扩张，技术垄断不断加剧，将给全球数字经济发展带来较大影响。

从国内环境来看，我国高度重视数字经济的发展，政府工作报告中多次提及"数字化""智能化""数字经济"，提出要做大做强数字经济，拓展经济发展新空间。在国际形势不稳定不确定因素增多、世界经济形势复杂严峻的背景下，我国数字经济顶住了来自国际复杂局势、全球经济复苏疲弱等多方面压力，实现了平稳较快发展。2022年，我国数字经济规模达到50.2万亿元，稳居世界第二，同比名义增长10.3%，占GDP比重达41.5%，作为国民经济的"稳定器""加速器"作用更加凸显，为进一步营造我国数字经济发展的良好氛围打下了坚实基础。

（二）面临的机遇挑战

1.苏州数字经济发展面临的机遇

从外部环境来看，长三角一体化战略稳步推动发展，苏州作为长三角地区重要城市之一，积极抢抓"长三角一体化发展""长江经济带""自由贸易区"等多重国家战略叠加机遇，自觉将自己放在全国全省战略大局中审视和谋划，深度融入主动服务国家战略，为促进国内国际双循环良性互动作出更大贡献。同时，作为国家新一代人工智能创新发展试验区、数字货币试点城市、中国（江苏）自由贸易试验区，苏州始终坚持统筹谋划，全力构筑开放型经济新优势。

从基础体系来看，苏州具备完善的制造业发展体系，工业经济运行稳中有进，重点产业链展现较强韧性。早在2019年，苏州成功获批"中国软件特色名城"称号，成为全国第一家成功创建"中国软件特色名城"的地级市，为大力发展苏州软件和信息技术服务业打下了良好基础。此外，苏州在工业互联网领域也具备一定优势。先后设立了苏州工业互联网创新中心、苏州工业互联网研究院等创新平台，吸引了中国工业互联网研究院、赛迪信息产业（集团）有限公司、中国信息通信研究院等到苏州布局建设应用平台，获评全省首个工业互联网方向的国家新型工业化产业示范基地。制造业的发展与数字经济息息相关，数字经济为制造业源源不断提供关键增量，制造业也为数字经济的智能化、产业化发展构建良好的应用场景。

2. 苏州数字经济发展面临的挑战

目前，苏州数字经济发展已取得了一系列突出成效，包括数字经济核心产业增加值稳步攀升、产业数字化转型步伐持续加快、数字社会治理模式不断焕新，但在此形势下仍然面临一些挑战：一是数字产业化有待进一步升级。从总量规模来看，2022年苏州市数字经济核心产业增加值达3785亿元，总量居全省第一，但与先进城市（深圳近万亿元、杭州5076亿元）相比仍存在一定差距。二是产业数字化水平有待进一步提升。在智能化改造和数字化转型过程中，苏州仍以大中型企业某个模块、部分环节的软件应用及装备升级为主，呈现局部的探索应用状态，企业全流程、行业全链条智能化改造有待进一步深入。三是平台型头部企业布局有待加强。从苏州市重点平台企业布局来看，苏州在数字生活领域与国内先进城市相比仍存在一定差距，缺少阅文集团、阿里巴巴、蚂蚁金服、网易等行业头部企业，未形成集聚发展态势，对产业链的集聚带动效应尚显不足。

（三）未来的发展展望

一是重点聚焦数字经济核心产业，将"软"实力转化为强支撑。将提升数字经济核心产业规模放在优先位置，尤其是软件和信息技术服务业，作为国家战略性新兴产业的重要组成部分，以及关系国民经济和社会发展全局的先导性产业，其对于构建数字经济核心竞争力，引领科技创新，提升数字经济核心产业增加值具有重要的推动作用。

二是重点提升产业科技创新能力，将关键变量转化为发展策源力。以强化科技创新策源功能为主线，不断优化产业创新生态，进而激发科技创新策源力，强化科技创新体系化能力，持续提升科学技术水平，着力突破关键核心技术，重点在人工智能、集成电路、大数据等新兴领域，攻克一批"卡脖子"技术，努力以高水平科技供给服务提升数字经济产业核心竞争力。

三是重点关注数字基础设施建设，将算力资源转化为核心生产力。苏州全面深化国家"东数西算"工程，2024年将持续加快中国电信长三角示范区（吴江）算力调度中心和中国移动长三角（苏州）汾湖算力汇聚调度中心等重点项目建设。不断夯实新型基础设施建设，加快构建以一体化数据中心体系为抓手的智能化综合性数字信息基础设施，筑牢数字经济发展基础。

三 做大做强苏州数字经济的对策建议

对于制造立市的苏州而言，数字经济不仅为制造业源源不断提供关键增量，数字化、智能化也越来越成为构筑制造业核心竞争力的关键一环。因而，苏州在发展数字经济时应重视数字经济与实体经济深度融合内在机制创新，以产业链为切入点、以大数据应用为着力点，注重数字经济产业规模的提升。以创新为出发点，将企业需求作为重要导向，瞄准行业具备核心竞争力的前沿关键技术，通过构建一体化产学研用体系，加速创新要素集聚，进而推动整体发展。以信息为主导，推动基础设施建设，以应用型为导向，建设人才队伍。同时，聚焦产业集群发展，坚持递进生成和创造生成并举，切实释放数字技术对集群的放大、叠加、倍增作用，不断提升集群创新活力和可持续发展能力。

当前，数字经济已经成为苏州整体经济运行中的引擎力量，而数字经济核心产业作为数字经济体系建设的主体内容，也是进一步驱动传统产业数字化转型和产业升级的重要基础。因此，在结合问题分析的基础上，建议从软件产业突破、制造业数字化转型、创新要素集聚、基础设施建设、数字治理和数字区域协同六个方面发力,为推动苏州数字经济量质齐升,走上行稳致远快车道,打造示范应用新标杆提供思路。

(一)增强软实力,全面夯实数字经济发展基础

以创新开展"工业强基,软件铸魂"专项工程、"工业互联网看苏州"品牌建设等为抓手,建立产业链强链固链补链项目库,实施一批具有带动作用的项目,提升工业软件产业链自主可控水平。进一步突出客户端和终端发展方向,培育更多像科沃斯、金龙这样的企业,支持企业从大量中间产品、零部件的供应商转为面向客户端和终端的产品服务商。基于制造优势,大力发展B端的工业软件服务业,将制造优势转化为数字优势。建议在电子信息、装备制造、生物医药、先进材料四大产业中开展工业软件应用的需求调研,鼓励苏州软件开发厂商通过联合大院大所的方式开展科研攻关,支持产业园内工业软件企业或联盟开展活动,对申请上市的工业软件企业按推进环节分阶段给予前期费用补助;提高服务要素的地理集聚度,引导相关配套企业在产业集群内布局设点,通过产业集群化发展有效扩大辐射半径,加大服务对制造的支撑力度,实现数字产品制造业和服务业的互促协同发展。大力发展数字生活领域C端在线经济,聚力培育高端平台。按照政府引导、市场运作的方式,大力发展消费端互联网平台,瞄准在线医疗、在线金融、生鲜电商、移动出行等苏州具有比较优势的细分赛道,通过系列支持政策或实施相关奖补措施,着力培育壮大一批企业成长为头部企业或行业领军企业,加快构建本土数字生活领域高端平台。

(二)培育新优势,加快推进制造业数字化转型

1. 全面深化智能化改造和数字化转型

"灯塔工厂"能够利用数字化技术和智能化生产能力向产业链扩散,从而加速整个行业智能化进程。因此,要立足苏州市支柱产业、战略性新兴产业的现有优势,加快将头部企业培育成"灯塔工厂",提供行业智能化改造和数字化转型的带动势能。要充分发挥国家级平台、龙头平台以及重点行业

垂直平台强大跨界能力，鼓励重点行业一体化对接工业互联网平台，尽快形成行业智能化改造和数字化转型的标准化支撑能力。要建设一批能够快速感知市场需求、面向苏州制造特点开展个性化定制业务，实现设计、生产与销售等系统一体集成的优质服务商，补全网络建设、工控安全、标准体系等技术专业服务商的短板和弱项。要加速工业互联网软件和工业 App 的开发研究工作，促进研发设计、生产制造、运营维护等制造业关键业务环节 App 落地，用标准引导工业 App 向平台汇聚。

2. 创新工业互联网应用场景开发

加快推动制造企业尤其中小型制造企业数智化转型，通过大企业带动引领，借助产业链传导机制促进相关配套企业上云、上平台，在装备制造、生物医药、纺织、钢铁等苏州重要支柱产业中积极探索"5G+工业互联网"创新应用场景，将有效市场和有为政府相结合，形成企业创造—政府推动的良性通道，总结形成标准化、可复制、推广性强的工业互联网应用"苏州经验"，并在此基础上结合苏州制造业发展现状，有选择地进行规模化推广，输出行业性系统解决方案。

（三）聚焦新要素，着力提升行业聚合力策源力

一方面，着力打造培育数字龙头企业。着眼于本土具备发展潜力的创新型企业的同时，加大外部引育力度。企业的入驻落地与当地政府的金融政策息息相关。建议从金融支持角度入手，通过设立天使投资基金，为本土数字经济领域具备较强创新性与特色化的中小企业提供金融支持，依托苏州现有的创业投资基金，如苏州创新投资集团有限公司、苏州国发创业投资控股有限公司等，通过搭建投资平台、畅通融资渠道等手段，大力扶持本土企业发展。聚焦数字经济重点产业领域，强化对产业链腰部企业的培育和扶持力度。推动机制迭代升级，明确腰部企业标准，并对企业培育库实行滚动管理，及时吸纳有发展意愿和发展潜力的企业入库。同时，加强制度供给，出台数字经济企业专项扶持政策，利用奖励、资助、贷款贴息、购买服务等方式，精准、连续、滚动支持一批拥有核心技术、用户流量、商业模式的数字

经济领域创新型头部企业和领军企业。另一方面，加快培育和引进数字经济高层次人才。充分发挥高层次人才创新平台作用，制定顶级人才吸纳培育计划，完善人才激励机制，全力引进和集聚一批数字经济领域领军人才。依托苏州高校院所，强化数字经济学科建设，扩大数字经济方向招生规模，聚焦有潜力、可突破、能引领的重点领域打造人才高峰，强化人才实训基地建设，加快打造高端人才学习交流平台，并积极发挥学员联动作用，引进更多高端复合型科创人才。同时，全面深化与上海交通大学、中科院计算技术研究所、中科院自动化研究所等数字经济领域大院大所的战略合作，全力做好关键核心技术项目和高层次人次的精准对接服务。

（四）提速新基建，全方位推进经济高质量发展

一方面，持续加快5G网络建设。对标北京、深圳等先进城市，向上积极争取政策支持，通过与国内电信运营企业加强协调沟通，进一步加大指标和资金投入，全力以赴推进重点工程建设。持续推进5G网络"入小区、进楼宇"，5G覆盖由"广覆盖"向"深度覆盖"逐步深入，加快实现公共资源全面开放共享。另一方面，全力筑牢"算力"底座。推深做实"优存量""扩增量"，筑牢算力"底座"，优化产业生态，激发创新活力，着力推进数字经济做强做优做大。深入实施国家"东数西算"工程，加快构建全国一体化算力网络体系，引导传统数据中心向智算中心、超算中心提档升级，聚焦需求导向，坚持存量项目整合与新增项目建设相协调，鼓励建设和使用可再生能源，逐步提高光伏、氢能等可再生能源使用比重。深入挖掘算力在创新应用场景下的融合应用，推进算力在更多生产生活场景的应用落地，助力服务本地企业。

（五）瞄准强治理，加快推动现代数字政府建设

一方面，提升云网保障能力。统筹全市数据中心合理布局，加快形成"一中心多节点"政务大数据新型基础设施建设格局。完善全市"1+10+N"分布式政务云体系，按需扩容计算、存储、数据库等云资源，提升弹性服务

能力。优化电子政务骨干网络，采用SDN、SRv6等"IPv6+"技术，不断增强网络承载能力。推动各部门各条线非涉密业务专网加快向电子政务外网整合迁移，物联网、视联网、传感网等加快与电子政务外网融合互联。另一方面，提升平台枢纽能力。完善市、县级市（区）两级业务中台，推动部门自建业务系统改造，提升原始接口性能，满足大流量、高并发场景下应用访问需求。完善市、县级市（区）两级数据中台，提升数据资源集成、数据资产管控、数据开发服务、数据综合分析等功能。基于政务区块链公共服务平台"苏州链"，推动各行业领域积极拓展商品溯源、贷款审批等应用场景。建设融合通信平台，打通指挥中心、一线处置人员之间的语音、视频、数据、应用等通道，提升可视化指挥调度效率。

（六）融入新格局，高效推进区域协调特色发展

区域联动、产业贯通是数字经济发展的显著特征之一，对充分发挥海量数据、广阔市场和丰富应用场景优势具有重要意义。为进一步实现以区域率先发展带动全市整体发展，需要从城市空间格局现状出发，加强数据技术、产品、应用和机制协同创新，在竞争合作中实现协同发展。同时，还需主动加强本地区、联动区域数字化方案的协同，在竞合协同中把握区域数字化发展机遇。

一方面，深化区域数字合作。积极融入数字长三角，推动形成统一的数字市场准入机制、监管规则、要素流动机制和常态化沟通协调机制；在探索建立区域数字经济一体化标准方面积极发出"苏州声音"。加强与上海高端资源的嫁接融合。强化沪苏在数字创新领域的一体化规划与建设，充分发挥苏州产业门类齐全的制造优势，密切与上海"链主"的深度合作，鼓励企业与上海龙头企业主动对接积极配套，以沪苏产业协同推动共建沪苏世界级产业链"核心链"。另一方面，创建良好数字经济生态。着眼于行业发展动态前沿，梳理更新苏州市域内数字科创资源，协同整合既有创新要素，以环太湖科创圈、吴淞江科创带为实践支撑，合理布局重大创新平台载体，根据创新主体实际需要，谋划建设一批功能设施齐备的高品质特色园区，更好地

促进创新成果孵化、转化和产业化。打造数字产业人才地图,加强苏州大学、苏州科技大学等本地高校信息技术学科与国内数字行业重点院校的对接合作、联合培养,定期发布数字产业技术需求清单,实现数字人才靶向引进、产才高效融合;着力完善各方面服务配套,为数字人才提供优质的科研环境、工作环境、生活环境,让"人到苏州必有为"成为最好的苏州特质。

参考文献

《党的二十大报告全文》,党建网,https://baijiahao.baidu.com/s?id=1747757098192120827&wfr=spider&for=pc。

《国务院关于印发"十四五"数字经济发展规划的通知》,中国政府网,https://www.gov.cn/zhengce/zhengceku/2022-01/12/content_5667817.htm。

《2022年苏州市国民经济和社会发展统计公报》,苏州市统计局网站,http://tjj.suzhou.gov.cn/sztjj/tjgb/202303/833db17f2d15479791c1e3077579bb74.shtml。

《苏州统计月报》,苏州市统计局网站,http://tjj.suzhou.gov.cn。

《前三季度苏州市经济运行情况》,苏州统计公众号,https://mp.weixin.qq.com/s/DhTS6JmhE3HsGseAd5j2mw。

《市政府办公室印发关于"十四五"深入推进农业数字化建设的行动方案的通知》,苏州市人民政府网站,https://www.suzhou.gov.cn/szsrmzf/zfbgswj/202207/70ced72b4ee84be1ace9347afd47bd27.shtml。

《江苏苏州:全国前列!上半年智能车联网企业产值同比增长15%》,中国江苏网,http://jsnews.jschina.com.cn/zt2023/ztgk_2023/202308/t20230813_3265835.shtml。

《深圳成为中国-东盟数字经济产业合作重要支点》,中国发展网,https://baijiahao.baidu.com/s?id=1771291892174379540&wfr=spider&for=pc。

《2022年杭州数字经济核心产业增加值增长2.8%》,杭州市人民政府网站,https://www.hangzhou.gov.cn/art/2023/2/22/art_1229063407_4142632.html。

赵霞:《加快苏州数字经济核心产业发展的对策建议》,《中小企业管理与科技》2022年第16期。

科技篇

B.7
苏州科技创新分析与展望

王世文 刘峻峰*

摘　要： 党的二十大以来，苏州落实中央关于加快实现高水平科技自立自强的要求，深入实施创新驱动发展战略，持续推进自主创新和开放创新，高水平建设创新型城市，以科技现代化为载体推动实现中国式现代化，在率先实现社会主义现代化上走在前列。2023年，科技创新引领产业集群建设扎实推进，高能级创新平台建设成效显著，企业创新主体地位日益凸显，科技人才团队加速集聚，创新创业生态持续优化，科技创新实力显著增强。围绕科技创新，苏州在科技创新引领产业集群建设、科技平台载体、企业科技创新、科技创新人才、科技创新生态等各项工作领域形成一系列经验做法。2024年，建议抓好以下重点工作：加快推动科技创新引领产业集群建设，集聚产业创新要素；加快建设高能级平

---

* 王世文，苏州科技大学商学院教授，苏州专家咨询团委员，主要研究方向为科技创新、产业政策、公司金融；刘峻峰，苏州科技大学商学院讲师，苏州国际发展集团有限公司博士后，主要研究方向为企业创新、公司金融。

台载体，支撑产业技术创新；加快培育创新型企业梯队，壮大产业发展主体；加快引育一流科技人才团队，赋能产业高质量发展；加快完善创新生态，营造产业发展良好环境；加快构建全过程创新链，提升产业科技创新整体效能。

关键词： 科技创新　产业科技创新　产业集群　苏州

2023年是党的二十大召开后全力奋战的开局之年，全市科技创新工作在市委、市政府的正确领导下，深入学习党的二十大精神，积极贯彻落实习近平总书记参加十四届全国人大一次会议江苏代表团审议以及考察江苏重要讲话精神，按照国家、省、市的部署要求，扎实推进科技创新引领产业集群建设，发布实施《苏州市科技创新促进条例》，科技创新实力显著增强，各项工作取得良好成效。

2024年是"十四五"规划实施向纵深推进谱写"强富美高"新苏州的关键一年，全市科技创新工作将深刻领悟习近平总书记重要讲话的丰富内涵和实践要求，继续聚焦科技创新引领产业集群建设，加快建设高能级创新平台载体，坚持培育创新型企业梯队，持续引育一流科技人才团队，积极完善全市创新生态环境，加速构建全过程创新链，着力打造科技创新发展新格局，不断开创科技创新领域高质量发展新局面。

一　苏州科技创新的主要成效与经验做法

党的二十大报告指出要"实现高水平科技自立自强，进入创新型国家前列"。近年来，苏州认真落实党中央和江苏省委部署，高水平建设创新型城市，创新资源加速汇聚，创新动能强势迸发，在资源整合、服务保障和成果转化等方面优势明显。2023年上半年，苏州首部科技创新综合性法规《苏州市科技创新促进条例》审议通过，高新技术产业产值占规上工业总产值的比重为53.69%,科技型中小企业年评价入库16555家,累计引进市级以上高层次创新创业领军人才4044人,累计引进顶尖和重大创新团队56个,技术合同成交额706.53亿元,"科贷通"贷款累计惠及企业13903家。截至2023年上半年,"十四五"期间累计新增科技上市企业77家、新引进外国高端人才2353人。

(一)苏州科技创新的成效总结

1.科技创新引领产业集群建设扎实推进

2022年,电子信息、装备制造、先进材料三大产业产值超万亿元,纳米新材料、生物医药及高端医疗器械、高端纺织等被列入国家先进制造业集群,数量约占全国的1/15。2023年1~9月,高新技术产业产值稳定增长(见图1),上半年电子信息、装备制造、生物医药、先进材料四大主导产业集群接续发力,实现总产值1.8万亿元,保持稳定增长。

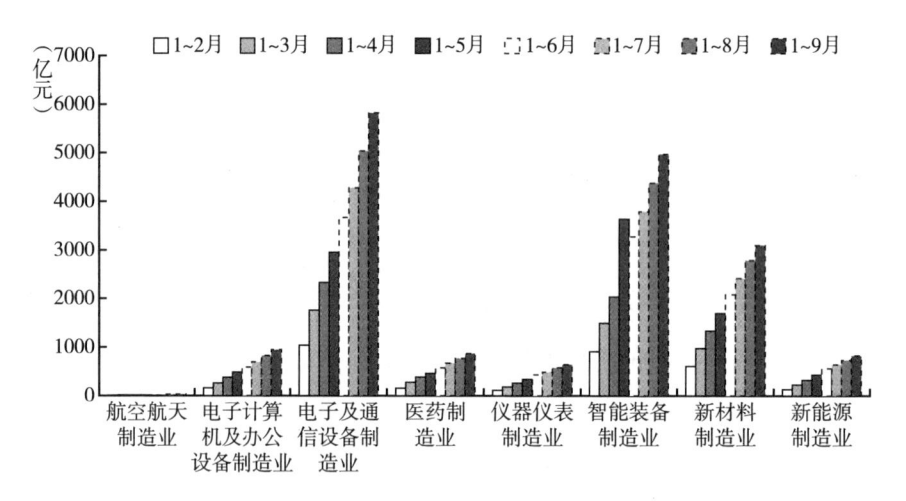

图1 2023年1~9月规模以上高新技术产业产值

资料来源:苏州市统计局。

一是电子信息产业发展强劲。苏州电子信息产业已拥有较为深厚的产业基础,产业规模已超1.2万亿元,现有规上企业1374家、上市企业72家,从业人员近百万人,形成了较为完善的产业链和较有竞争力的产业集群,是全省、全国乃至全球重要的电子信息产业生产基地。苏州电子信息产业拥有集成电路、新型显示、光子3个千亿级产业，人工智能产业跃居我国第一方阵，以工业软件为特色的中国软件名城建设稳步推进。

二是装备制造产业蓬勃发展。装备制造产业是苏州的传统优势项目，2022年产业规模达13777.4亿元，同比增长7.9%。现有企业超万家，其中规上企业4536家，市级以上专精特新企业602家，上市企业54家，是苏州市第一大高新技术领域。苏州装备制造产业已建立起门类齐全、独立完善的制造体系，涌现出一批在国内外同行业具有较高知名度的优秀企业，成为苏州市继电子信息产业后第二个迈入万亿级的产业集群。苏州装备制造产业拥有汽车整车、电子及零部件、智能车联网、机器人及数控机床和新能源等千亿级产业，航空航天产业加速崛起，电梯产业跻身全国前列。

三是生物医药产业领跑全国。苏州生物医药产业作为全市焦点赛道，2022年产业规模达2188亿元，同比增长5%；现有企业超3800家，其中规上企业569家，市级以上专精特新企业39家，上市企业32家，入围中国医工百强企业2家。在医药政策改革、海外人才回流、金融资本助力等多方加持下，苏州市生物医药产业规模加速扩张，研发创新实力持续增强，拥有高端医疗器械1个千亿级产业，创新药物产业位于全国前列，生物医药产业成为苏州重点发展的"一号产业"，与北京、上海、广州、深圳同处于全国第一方阵。

四是先进材料产业加速壮大。先进材料产业是苏州又一个万亿级产业，2022年产业规模为10578亿元，与上年度基本持平，现有规上企业3878家，市级以上专精特新企业221家，上市企业55家，《财富》世界500强企业3家。苏州生物医药产业拥有纳米新材料、先进金属材料和高性能功能纤维材料3个千亿级产业。

2. 高能级创新平台建设成效显著

一方面，国家级科技创新载体获得新突破。2021年国家新一代人工智能创新发展试验区、国家生物药技术创新中心、国家第三代半导体技术创新中心（一区两中心）获批建设。2023年9月国家生物药技术创新中心总部

开工建设。2022年思必驰"语言计算国家新一代人工智能开放创新平台"是全省首个人工智能领域的开放创新平台。2023年深时数字地球国际大科学计划正式获国务院批复立项，成为我国首个牵头组织的国际大科学计划。

另一方面，实验室体系建设加速推进。2022年9月苏州实验室揭牌成立，2023年9月总部基地开工，实现了国家战略科技力量在江苏的布局。2023年2月纳米真空互联实验站完成总体验收，经过两期建设，已建成世界上规模最大的集材料生长、分析测试、器件工艺于一体的超高真空互联综合实验装置，为材料领域研究提供了建制化、体系化大科学装置的重要支撑。生物药与脑科学省实验室启动筹建，7家全国重点实验室获批建设（4个共同建设、3个参与建设）。

3. 企业创新主体地位日益凸显

一方面，企业创新载体加快引育。截至2023年上半年，中国信通院江苏研究院揭牌成立，新认定纽威数控为苏州市自主品牌大企业和领军企业先进技术研究院建设单位，华兴源创、国显光电、精濑光电3家企业获省推荐申报2023年国家企业技术中心（分中心）；上报612家企业申报第五批国家专精特新"小巨人"企业，新增省级关键核心技术攻关项目16个，扶持市级关键核心技术攻关项目18个；推荐15家企业申报江苏省首台（套）重大技术装备，启动2023年度"苏锡常"首台（套）重大装备认定工作。2023年3月成功召开先进技术成果交易大会，大会永久会址落户苏州，共达成军转民技术交易1261项、总投资58.5亿元。科技部2023年6月公布的2022年度新增国家级科技企业孵化器名单中，全国共194家，苏州占15席（其中专业孵化器14家），上榜数位列全国第一，总数也达到76家，跃升至全国首位。2023年上半年，科技型中小企业年评价入库16555家，连续多年保持稳定增长（见图2）。

另一方面，苏州"硬科技"企业的活力与韧性持续彰显。全市拥有国家级高新区4家、省级高新区7家，集聚了64%的高新技术企业、71%的科创板上市企业和100%的省级以上高层次人才。截至2023年上半年，"十四五"期间累计新增科技上市企业77家，接近"十三五"期间的新增数87家。截至

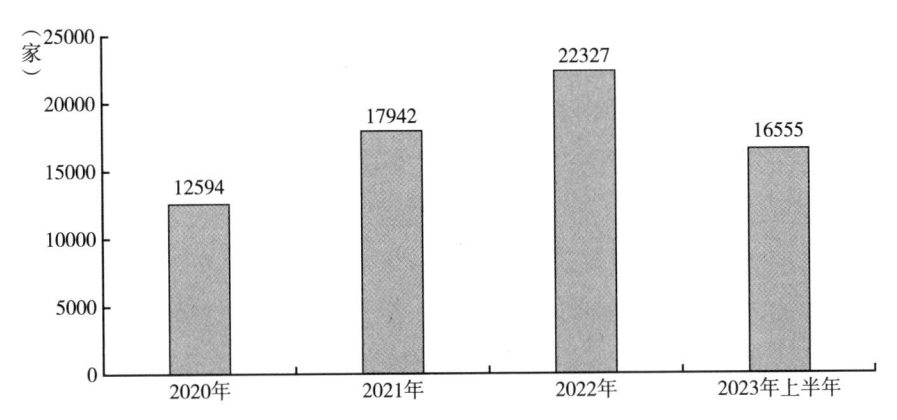

图 2　2020 年至 2023 年上半年苏州市科技型中小企业年评价入库数量

资料来源：苏州市科技局。

2023 年 9 月，苏州已有 53 家科创板上市公司，仅次于上海和北京，位居全国第三，约占江苏省 50%、全国 10%，形成了令人瞩目的科创板"苏州军团"（见表 1）。数据显示，2023 年上半年科创板"苏州军团"共计实现营业收入约 560.30 亿元、归母净利润约 38.33 亿元，分别同比增长 20.65% 和 14.84%，研发投入继续保持高位约 42.83 亿元，同比增长约 22.93%。

表 1　科创版"苏州军团"2023 年上半年研发投入榜

单位：%

序号	股票简称	研发投入占营收比重	序号	股票简称	研发投入占营收比重
1	泽璟制药	100.18	6	纳芯微	46.23
2	裕太微	90.56	7	长光华芯	38.54
3	国芯科技	49.88	8	和林微纳	37.08
4	山石网科	46.87	9	近岸蛋白	33.88
5	思瑞浦	46.26	10	天准科技	29.38

资料来源：根据各公司半年度报告整理。

4. 科技人才团队加速集聚

一方面，人才规模持续扩大。全市人才总量超 370 万人，高层次人才总量超 38 万人。国家级重大人才工程创业类累计入选 168 人，居全国第一。

作为苏州最闪亮的招才引智品牌，国际精英创业周已累计落户项目近1.1万个，其中装备制造、电子信息、先进材料、生物医药等四大产业集群领域的项目占比近七成，涌现独角兽培育企业59家（约占全市的1/3），国家级专精特新企业38家（约占全市的1/5）。图3展现了苏州市累计引进人才团队情况，苏州市科技人才团队数量显著提升。截至2023年6月30日，全市拥有持证外国人才10138人，其中外国高端人才4090人，均居江苏省首位，设立外籍院士工作站16个，外国专家工作室累计达318家。

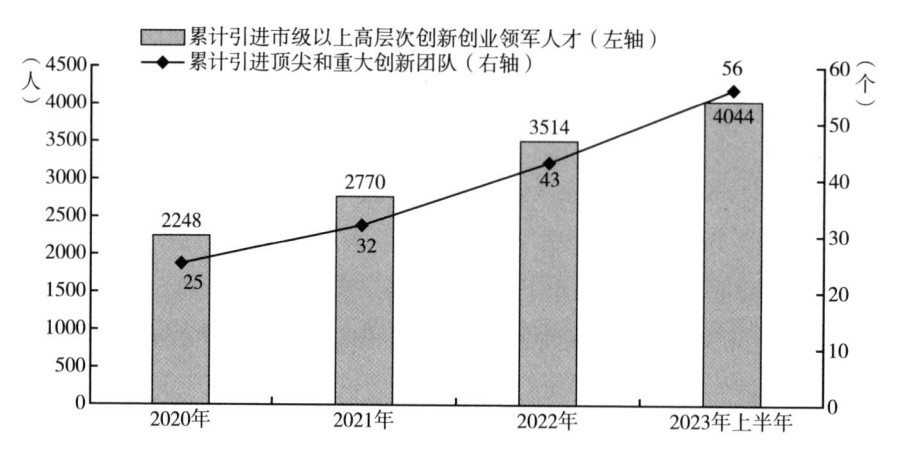

图3 2020年至2023年上半年苏州市累计引进人才团队情况

资料来源：苏州市科技局。

另一方面，人才招引平台建设和城市品牌美誉度稳健向好。2023年7月发布的"苏州全球科技人才地图"，是江苏首个数字化人才招引平台，拥有领军人才发现、创新集群人才支撑、科技招商智能导航三大系统，可根据产业链和技术链需求，自动构建适配的人才链，同步绘制可视化引才路径，基本实现全球范围"一键选人"。苏州连续11年入选"外国专家眼中最具吸引力中国城市"，连续3年获评"中国最佳引才城市"。根据2022年5月发布的《中国城市人才吸引力排名：2022》，苏州在"中国人才吸引力100强城市榜单"中排名第7，也是TOP10中唯一的地级市（见图4）。2023年5月的《中国城市人才吸引力排名：2023》显示，苏州位列第8，排名相对稳定。

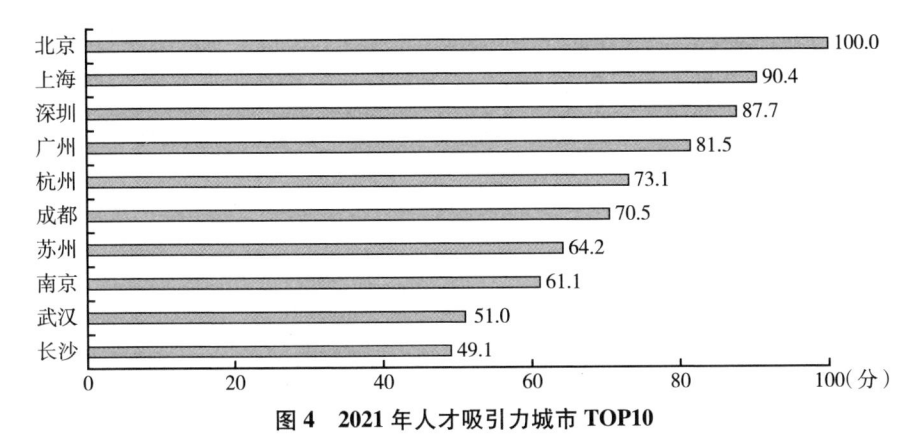

城市	分数
北京	100.0
上海	90.4
深圳	87.7
广州	81.5
杭州	73.1
成都	70.5
苏州	64.2
南京	61.1
武汉	51.0
长沙	49.1

图4 2021年人才吸引力城市TOP10

资料来源：《中国城市人才吸引力排名：2022》。

5. 创新创业生态持续优化

一是发布《苏州市科技创新促进条例》。作为苏州首部科技创新综合性法规，条例共11章70条，将"为科技创新提供全链条、全周期的法治支撑"的理念体现在制度设计之中，加大了对各类创新主体的赋权激励力度，保护各类创新主体平等参与科技创新活动，最大限度激发创新活力与动力。主要涵盖科学技术研究、科技成果转化、科技平台载体、企业科技创新、科技创新人才、科技金融服务、知识产权、科技创新生态等内容。条例的制定实施，是苏州以法治手段推动科技创新的一项重大举措，对苏州深入实施创新驱动发展战略和在科技自立自强上走在前列具有重要意义。

二是深化科技金融结合并推出科技金融创新产品。2023年6月14日，市科技局联合金融、保险机构推出两项科技金融创新产品，"科贷通"、科技保险3.0，重点解决了初创科技企业融资难融资贵、缺乏针对研发的保险产品等问题。"科贷通"即一产业一榜单，由科技部门主导形成拟支持科技企业榜单，银行"揭榜即贷"，其中兼顾大中小企业且小企业占比高，让在传统授信评审模式下难以获贷的中小企业也能获得信贷支持，且享受到和大企业同样的利率优惠。科技保险3.0，则是针对研发风险点，在全国首创了科技研发费用损失保险、集成电路流片费用损失保险等创新险种，企业可以在创新产品体系表中,根据自身所处的行业及发展阶段,按图索骥,精准选择匹配的保险产品。截至2023年6月,"科贷通"贷款累计惠及企业13903家(见图5)。2023年上半年,"科贷通"为全市1507家科技型企业提供贷款70.73亿元,同比增长31.31%。

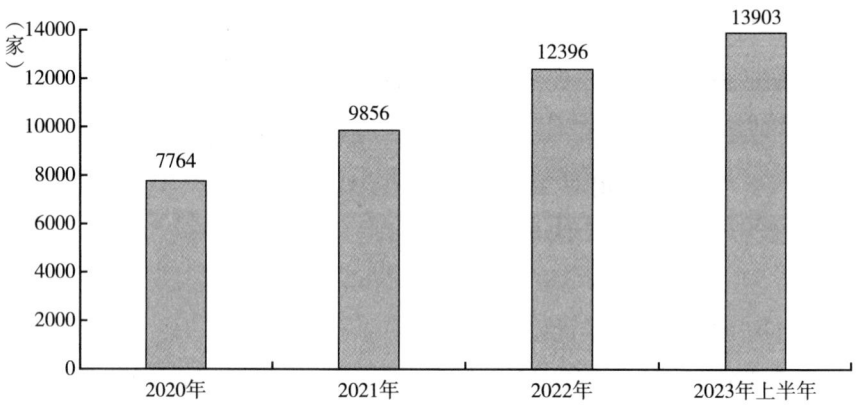

图5 2020年至2023年上半年"科贷通"贷款累计惠及企业数

资料来源:苏州市科技局。

三是创新生态指数位居前列。2023年7月第四届城市创新生态论坛(苏州)发布了《2023"中国100城"城市创新生态指数报告》,报告从创新主体、创新协同、创新环境等多维度展现了城市创新生态的整体状况,苏州连续四年位列第4,仅次于北京、上海、深圳(见表2)。

表2 "中国100城"城市创新生态指数2023年度排名(部分)

序号	城市	省份	创新生态指数排名	创新主体排名	创新协同排名	创新环境排名	创新主体规模排名	创新主体投入排名	创新主体产出排名	创新平台排名	创新协同互动排名	创新协同合作排名	创新国际环境排名	创新投资环境排名	创新生活环境排名
1	北京市	北京市	1	1	2	2	1	1	1	1	1	4	2	3
2	上海市	上海市	2	3	1	1	2	3	3	2	2	1	1	1
3	深圳市	广东省	3	2	7	3	3	2	2	23	56	2	4	2
4	苏州市	江苏省	4	6	3	5	7	5	11	4	10	3	3	10
5	广州市	广东省	5	4	11	4	5	4	4	9	28	6	5	8

资料来源:《2023"中国100城"城市创新生态指数报告》。

6. 科技创新实力显著增强

一方面，创新联合体建设成效突出。2022年以来，苏州把创新联合体建设作为构建完善协同创新机制的重大举措，出台《苏州市创新联合体建设实施方案》，2022年立项支持13家市级创新联合体。2023年苏州市创新联合体深度聚焦"生态融合"概念，引导龙头企业牵头建设孵化载体或产业园，紧紧围绕"树标杆、重孵化、育生态"目标，立项生态融合型创新联合体12家（新建7家，上年度已建升级5家），其中，电子信息6家、装备制造3家、先进材料2家、生物医药1家。苏州"多主体全链条的创新联合体机制"成功获得国家发改委、科技部2023年全面创新改革任务揭榜立项。

另一方面，科技创新主要指标稳中向好。表3展现了2023年1~9月科技创新主要指标及同比增速，尽管专利授权量相较于上年同期有所下滑，但发明专利授权量及其占比保持较高增速，且本市期末有效发明专利拥有量依然保持较高水平及增速。就高新技术企业数而言，总体保持相对稳定状态。就规模以上高新技术产业而言，总产值与上年同期基本持平。高新技术产业产值占比相对稳定，始终保持在53%以上，相较于2022年52.53%的水平有所提升。此外，2021年、2022年和2023年上半年技术合同成交额分别为625.52亿元、868.78亿元、706.53亿元，技术成交态势良好。

表3 2023年1~9月科技创新主要指标及同比增速

指标	1~3月 累计	1~3月 同比	1~6月 累计	1~6月 同比	1~9月 累计	1~9月 同比
1. 专利授权量(件,%)	19462	-32.6	54941	-27.1	87433	-25
发明(件,%)	2536	30.0	8634	13.6	16385	19.7
发明专利授权量占比(%,百分点)	12.9	(6.2)	15.7	(5.6)	18.7	(7.0)
2. 期末有效发明专利拥有量(件,%)	106563	21.7	112216	20.9	119673	21.6
3. 高新技术企业数(家,%)	13473	—	13473	—	13473	—
4. 规模以上高新技术产业产值(亿元,%)	5193.75	-5.8	11209.86	-0.5	17180.12	-1.9
5. 高新技术产业产值占比(%,百分点)	53.4	(0.8)	53.7	(1.0)	53.3	(0.9)

资料来源：苏州市统计局。

（二）苏州科技创新的经验做法

1. 坚持把科技创新引领产业集群建设作为主攻方向

一是科技创新引领产业集群建设目的明确。苏州全面实施数字经济时代产业集群建设，围绕电子信息、装备制造、生物医药、先进材料四大主攻方向，聚焦创新药物、纳米新材料、新型显示、汽车电子及零部件、航空航天、集成电路、光子等16个优势细分领域，培育壮大高能级产业集群。二是由专门管理机构负责组织协调。以先进材料为例，科技局主要牵头做好先进材料产业集群推进工作，围绕纳米新材料、先进金属材料、高性能功能纤维材料3个领域，梳理"三单一图"，发布《苏州市产业创新能力白皮书》，推动成立产业协会。三是设置产业集群特色产业专项。为进一步推动核心技术突破，设置产业集群特色产业专项，统筹市级财政资金，在关键核心技术攻关、重大科技成果转化、创新载体平台、创新联合体等重点领域，组织实施重大科技项目205项，支持经费超2亿元。在省内率先启动双碳科技支撑重点专项，采用"揭榜挂帅""赛马制"的形式，开展关键核心技术攻关。

2. 坚持把平台载体建设作为战略支撑

一方面，准确理解和把握国家和江苏省创新平台载体建设的战略机遇。国家层面，党的二十大报告提出，我国基础研究和原始创新能力不断加强，一些关键核心技术实现突破，战略性新兴产业发展壮大，进入创新型国家行列。但也指出我国仍面临不少困难和问题，比如推进高质量发展还有许多卡点瓶颈，科技创新能力还不强。江苏省层面，《江苏省"十四五"科技创新规划》明确指出要构建实施"1+3+10+N"科技创新平台体系，借助省产业技术研究院、江苏省实验室、产业技术创新中心和工程技术创新平台，新培育创建一批国家级重大平台，形成战略科技力量建设的新格局。另一方面，具有明确的高能级创新平台建设思路。《苏州市建设国家新一代人工智能创新发展试验区实施方案》提及高能级创新载体推进工程。苏州高能级创新平台建设以科技自立自强为目标、以国家战略需求为导向，通过聚焦高水平重大创新平台和创新载体，实现高能级创新平台建设发展，进而提升科技创新策源能力。

3. 坚持把创新企业集群培育作为一号工程

一方面，持续加大创新型企业梯队培育力度。本市按照"科技型中小企业—高新技术企业—瞪羚企业—独角兽企业—上市企业"培育梯队，构建分层分类、覆盖企业全生命周期的扶持体系。全市拥有高新技术企业1.35万家，科技型中小企业2.23万家，数量分别位列全国第4和第2。17家企业入选中国独角兽企业、75家企业入选中国潜在独角兽企业，分别位列全国第6、第3。另一方面，注重不同规模企业融通创新。本市鼓励大企业积极开放创新资源和应用场景，采取研发众包、大企业内部创业和构建企业生态圈等方式，推动大中小企业融通创新，带动和支持创新型中小微企业成长。此外，本市要求国有企业应当建立健全有利于技术创新的研究开发投入制度、分配制度和考核评价制度，完善激励约束机制。

4. 坚持把人才引进培育作为第一动力

一是实施姑苏创新创业领军人才计划。以"一事一议"、特事特办、上不封顶的特殊支持，引进顶尖科学家和团队。构建"4+11"产业人才专项体系，集聚高层次科技领军人才。二是打造苏州特色引智平台。瞄准打造高水平人才集聚平台和归国人才首选城市的目标，苏州全力打响"人到苏州必有为"的工作品牌。连续14年举办国际精英创业周，累计引进人才项目近万个。常态化举办"创赢未来·赢在苏州"国际创客大赛。在江苏省率先试点实施科技镇长团计划，创新设立"苏州科学家日"。成立苏州市科技商学院，加速复合型科技人才培养。三是创新人才服务举措。建立国内唯一的国家级重大人才工程创投中心，出台"人才金融10条"，推出国内最高授信额度人才贷，设立超5亿元规模的"姑苏人才基金"。

5. 坚持把营造最优创新环境作为有力保障

一是本市注重法治护航创新的氛围。建设中国（苏州）知识产权保护中心，先后成立苏州知识产权法庭、破产法庭、国际商事法庭、劳动法庭和互联网法庭等专业审判法庭。2023年7月，苏州首部科技创新综合性法

规《苏州市科技创新促进条例》实施。二是注重强化科技金融支撑。苏州组建了注册资本180亿元、管理基金规模超1400亿元的创新投资集团，引入了总规模158亿元的国家工业母机产业投资基金，吸引更多社会资本加持苏州，推出"科贷通一行一品牌"衍生特色融资产品。三是注重完善科技政策保障体系。创新推出"政策计算器"，变企业找政策为政策找企业，落实企业研发费用加计扣除等税收优惠政策，2022年减免企业所得税352.8亿元。研发资源共享服务平台入网仪器设备5.62万台（套），共计服务用户超过1万家。

6. 坚持把深化开放合作作为必由之路

一是融入全球创新网络。用好中新、中德、中日、中荷以及海峡两岸等高层次开放平台，推进江苏自贸区苏州片区试点经验集成创新；推进太仓建设全国首个中德中小企业合作示范区；获批中日（苏州）地方发展合作示范区；昆山深化两岸产业合作试验区范围扩大至昆山全市。二是打造离岸创新"苏州模式"。累计建设26家海外离岸创新中心；加强与国外知名高校合作，西交利物浦大学、昆山杜克大学等落户苏州，与牛津大学、哈佛大学、新加坡国立大学等高校共建产学研联合体。三是深化大院大所合作。深化与中国科学院、清华大学、北京大学等一流大院大所的科技合作，推进南京大学苏州校区、西北工业大学太仓校区、中国中医科学院大学、中科大苏州高等研究院等建设，C9高校在苏州全部实现了重大布局。2023年5月，清华大学2023年产学研合作年会在苏州召开，苏州与清华大学的合作揭开新篇章、迈上新台阶。四是积极融入长三角一体化。推进沪苏科技协同创新，牵头成立长三角G60科创走廊激光产业联盟。

二 谱写苏州科技创新领域新篇章的目标展望

党的二十大报告强调"必须坚持科技是第一生产力、人才是第一资源、创新是第一动力，深入实施科教兴国战略、人才强国战略、创新驱动发展战略"。苏州将全力服务科技自立自强，聚焦建设具有全球影响力的产业科技创新中心，加快推动各类重大科创平台建设，提升创新能级；推进科技创新引领产业集群建设，着力培育壮大一批创新型领军企业；持续加大引才聚才力度，引育一批掌握关键核心技术的战略科学家、科技领军人才和创新团队，为"在科技自立自强上走在前"作出更大贡献。

（一）打造全国重要的产业科技创新高地，建设具有全球影响力的产业科技创新中心主承载区

习近平总书记对江苏产业科技创新作出重要指示。2023年3月5日，习近平总书记参加十四届全国人大一次会议江苏代表团审议时指出，要加快实现高水平科技自立自强，着力打造具有全球影响力的产业科技创新中心。2023年7月5~7日，习近平总书记在江苏考察时强调，在推进中国式现代化中走在前做示范，谱写"强富美高"新江苏现代化建设新篇章，指出中国式现代化关键在科技现代化。

根据习近平总书记参加十四届全国人大一次会议江苏代表团审议以及考察江苏重要讲话精神，苏州要着力打造产业科技创新高地和产业科技创新中心主承载区。一方面，坚定求实扎实的创新路子。当前信息技术飞速发展，颠覆性技术随时可能出现，要走求实扎实的创新路子，为实现高水平科技自立自强立下功勋。另一方面，突出科技要素的全面发展。要强化企业科技创新主体地位，促进创新要素向企业集聚，不断提高科技成果转化和产业化水平。要深化科技体制改革和人才发展体制机制改革，形成支持全面创新的基础制度，多元化加大科技投入，加强知识产权法治保障，充分激发各类人才创新活力。

（二）打造科技创新引领产业集群高地，培育高水平创新联合体

苏州锚定科技创新和产业集群赋能高质量发展。2023年2月6日，苏州市数字经济时代产业创新集群融合发展大会召开，集中挂牌了产业创新集群建设25个细分领域行业协会（联合会）。此外，2023年修订的《江苏省科学技术进步条例》和2023年颁布的《苏州市科技创新促进条例》支持按

照市场机制联合组建创新联合体。

根据市委、市政府关于产业集群的政策指引，以及省、市科技条例关于创新联合体的政策导向，要坚持把科技创新引领产业集群建设作为主攻方向，培育高水平创新联合体。一是强化集群优势，提升产业能级。以电子信息、装备制造、生物医药、先进材料为主导产业，加速提升其产业能级，全面推进苏州市产业集群建设，逐步形成具有国际竞争力和全球影响力的产业集群。二是突出要素集聚，持续激发创新活力。苏州科技创新不仅要集聚壮大以专精特新企业、瞪羚企业和独角兽企业等为标杆的创新主体，而且要持续发力促进高端科技人才团队加速汇聚，借助科技创新策源平台和校地融合发展，不断激发区域创新活力。三是推进数实融合，聚焦数字经济赋能作用。加速数字领域重点项目的落地，加大对数字技术的研发投入，推动物联网、人工智能、大数据等技术在实体经济中的应用，强化数字经济与实体经济的深度融合，全面推进智能化改造和数字化转型，提高企业的生产效率和竞争力。四是全面推进区域协同发展，完善产业布局。深入开展跨区域科技创新合作，高水平建设环太湖科创圈、吴淞江科创带，积极参与苏锡常科技创新一体化建设，深度融入长三角科技创新共同体，健全共享合作机制，促进创新要素合理流动和高效集聚。

（三）打造创新企业汇聚高地，激活企业发展动能

突出企业的科技创新主体地位是贯彻中央精神的重要举措和工作重点。2022年，党的二十大报告指出，加快实施创新驱动发展战略。强化企业科技创新主体地位，发挥科技型骨干企业引领支撑作用，营造有利于科技型中小微企业成长的良好环境，推动创新链产业链资金链人才链深度融合。2023年，习近平总书记主持召开二十届中央全面深化改革委员会第一次会议时强调，强化企业科技创新主体地位，是深化科技体制改革、推动实现高水平科技自立自强的关键举措。会议还审议通过了《关于强化企业科技创新主体地位的意见》。

根据中央关于企业科技创新的部署，苏州科技创新要聚焦国家战略和产

业发展重大需求,加大企业创新支持力度,推动企业在关键核心技术创新和重大原创技术突破中发挥作用。一是培育科技企业。构建以科技型中小企业为基础,以高新技术企业为主体,以专精特新企业、瞪羚企业和独角兽企业等为标杆的科技企业梯队,培育具有影响力和竞争力的科技领军企业。二是建设企业研发机构。支持企业围绕市场需求和中长期发展目标,建设工程技术研究中心、工程研究中心、企业技术中心、院士工作站、博士后工作站等研发机构。三是加大企业研发投入。以税收优惠、财政性资助等方式鼓励企业加强原始创新,加大研究开发和技术创新投入。

(四)打造创新创业生态高地,营造最优产业创新生态

苏州市委、市政府高度重视创新创业生态。2023年苏州市政府工作报告指出,聚焦自立自强,促进教育科技人才一体发展。坚持把创新驱动发展作为城市核心战略,持续优化科创产业布局和空间布局,大力集聚科教资源和人才资源,为高质量发展提供新动能新优势。2023年第四届城市创新生态论坛(苏州)开幕当天,"苏州创新生态研究中心"正式揭牌。此外,2023年推进长三角G60科创走廊科创生态建设大会顺利召开。

结合市委、市政府关于创新生态的实施进程和目标,持续优化创新生态环境和创新治理体系,是大幅增强创新发展动力和活力的实现路径。一方面,逐步打响"人到苏州必有为"的城市品牌。苏州始终把人才作为最宝贵资源、最核心竞争力,坚持"产城人"融合发展,持之以恒构建全方位、全要素、全周期的人才服务和支持体系,以敬才爱才、聚才用才的满满诚意,续写新时代人才背包客故事,努力建设"归国人才首选城市",让每一位来到这座城市的英才都能够大展身手、收获精彩。另一方面,努力打造开放创新的世界一流高科技园区。高科技园区在科技自立自强中承担着重大而光荣的历史使命,要加强科技创新和产业创新对接,加强以企业为主导的产学研深度融合,提高科技成果转化和产业化水平,不断以新技术培育新产业、引领产业升级。要继续扩大国际合作,努力打造开放创新的世界一流高科技园区。

三 苏州科技创新高质量发展的优化建议

2022年党的二十大报告、2023年习近平总书记参加十四届全国人大一次会议江苏代表团审议以及考察江苏重要讲话精神，均强调加快实现高水平科技自立自强是推动高质量发展的必由之路，指明未来科技创新发展方向，苏州科技创新迎来历史机遇。此外，2023年新修订实施的《江苏省科学技术进步条例》以及新颁布实施的《苏州市科技创新促进条例》，聚焦科技创新发展中的重点难点问题，总结提炼江苏和苏州实践经验，对科技创新涉及的相关内容作了全面、具体、有针对性的规定，苏州科技创新法治化特征日益明显。

2023年是全面贯彻党的二十大精神的开局之年，也是改革开放45周年和党的十八届三中全会召开10周年。2024年是新中国成立75周年，做好科技创新工作意义重大。按照市委、市政府的要求和部署，着力突出科技创新引领产业集群建设、重大创新载体支撑、创新型企业培育、一流科技人才团队引育、创新生态环境营造、全过程创新链构建六大关键，更大力度推动苏州科技创新。

（一）加快推动科技创新引领产业集群建设，集聚产业创新要素

一是持续推动数字经济和实体经济深度融合。大力发展数字经济，构建数字创新体系，促进数字经济赋能产业集群。推动数字产业化，主攻数字产品制造业、数字技术应用业和数字要素驱动业等数字产业。加快产业数字化，促进数字经济与实体经济深度融合，巩固提升智能化改造和数字化转型先行优势。二是持续推动现代服务业同先进制造业深度融合。以破解关键核心技术"卡脖子"问题为目标，全力发展先进制造、智能制造、绿色制造、服务型制造，促进现代服务业与先进制造业深度融合，打造一批世界级战略性新兴产业集群和先进制造业集群，不断提升苏州在全球产业链、

价值链、供应链中的地位，努力成为具有全球影响力的综合性产业创新中心。三是持续推动创新链产业链资金链人才链深度融合。紧扣创新引领和数字赋能，突出以产集才、以才兴产，实现以创助产、以产聚资、以资引才、以才促创良性循环，强化四链深度融合，推动多元要素高效对接、多维链条耦合协同，做强产业创新生态，建设高水平创新集群。四是持续推动产城人深度融合。强化产业形态与城市形态统筹发展，高水平规划建设高品质人才示范社区，全力集聚高端要素，进一步拓展产业集群发展有效空间，形成新的增长极。

（二）加快建设高能级平台载体，支撑产业技术创新

一是强化国家战略科技力量协同创新。全力服务保障苏州实验室建设，加快打造材料领域国家战略科技力量。加快建设国家新一代人工智能创新发展试验区、国家生物药技术创新中心、国家第三代半导体技术创新中心（苏州）、深时数字地球国际大科学计划、国家超级计算昆山中心等战略科技力量，构建大协作、开放式、网络化创新格局。支持中国科学院在苏科研机构高质量发展，推进高水平研究型大学建设。二是加强实验室创新体系建设。围绕电子信息、装备制造、生物医药、先进材料四大产业集群，全力争创全国重点实验室（基地）、江苏省实验室及江苏省重点实验室，主动布局建设苏州市重点实验室，构建定位清晰、充满活力的实验室体系。支持在苏高校、科研机构、创新型企业等争创全国重点实验室。鼓励创新主体参与省重点实验室重组等工作。三是建设产业技术创新平台。鼓励高校院所、科研机构、创新型龙头企业统筹资源建设产业技术创新平台。面向全球吸引大院大所、创新型龙头企业、著名科学家、创新创业团队在苏州建设新型研发机构。加快建设龙头企业牵头、高校院所支撑、各创新主体协同的创新联合体。四是加快布局重大科技基础设施。支持社会资本参与重大科技基础设施、大科学装置等建设，建立联合互动机制，推动可持续发展。鼓励重大科技基础设施加大对外开放力度，瞄准国际前沿提供前瞻性研发服务。

（三）加快培育创新型企业梯队，壮大产业发展主体

一是完善科技企业梯度培育模式。加速集聚一批面广量大的科技型中小企业，着重培育一批创新发展的高新技术企业，精心遴选一批快速发展的瞪羚企业，重点扶持一批拥有核心技术的专精特新企业，重点打造一批股权投资机构认可的独角兽培育企业，重点推动一批科技企业上市发展，着力打造一批世界一流龙头企业，强化科技创新企业培育。二是持续提升企业创新能力。通过落实财政性资金资助、补贴、税收优惠政策，鼓励加大研发投入，支持研发机构建设、支持开展技术攻关，推动技术应用创新。三是促进科技创新企业孵化。加强科技型企业孵化培育，拓展企业孵育渠道，鼓励科技企业孵化器、众创空间及大学科技园等孵化载体发展。依托龙头企业、高校、科研院所等创新主体，建设一批未来产业科技园，孵化一批未来产业企业。

（四）加快引育一流科技人才团队，赋能产业高质量发展

一是全力建设吸引和集聚人才的平台。紧紧抓住我国加快建设世界重要人才中心和创新高地的战略机遇，坚持围绕产业链创新链布局完善人才链，在一些国际化程度较高、科创载体较富集、高层次人才较集中的区域，布局建设一批高品质人才社区，积极推进人才发展现代化建设实践。二是建强支撑现代化发展的人才队伍。接续实施战略科技人才引领行动、双创领军人才攻坚行动、卓越工程师铸造行动、技术技能人才倍增行动、行业专门人才培优行动，加快建设国家战略人才力量，努力培养造就更多大师、战略科学家、一流科技领军人才和创新团队、青年科技人才、卓越工程师、大国工匠、高技能人才。三是更大力度引进海外高层次创新人才。拓宽海外高层次人才寻访渠道，创新海外人才引进方式，开放国际人才引进使用，优化海外创新人才预评估机制，提高海外人才回国（来华）预期，加强海外人才支持保障。积极向上争取外籍高端人才确认函发放权、制定外籍"高精尖缺"人才地方认定标准等政策。

（五）加快完善创新生态，营造产业发展良好环境

一是培育和营造创新文化氛围。大力倡导包容创新、宽容失败、崇尚竞争、富有激情、力戒浮躁的创新文化，积极弘扬科学精神、企业家精神和工匠精神，广泛宣传尊重知识、尊重人才、鼓励创新的创新理念，营造支持科技创新的良好社会氛围。二是支持开展国际科技合作和跨区域科技合作。扩大中新、中德、中日、中荷等合作平台影响力，提升中德创新园、中日（苏州）地方发展合作示范区、中荷（苏州）科技创新港等园区建设水平，吸引海外知名大学、科研机构来苏州设立研发机构，集聚国际优质创新资源。全力参与长三角一体化发展和G60科创走廊建设，联动各板块在上海等地布局"创新飞地"，在人才互认、科学仪器设备共享、科技创新券通用通兑等方面加大力度，推动创新要素跨区域自由流动、高效配置。三是强化科技创新用地用房要素支撑。探索灵活的用地政策，保障科技基础设施、重大创新平台、重点创新型企业等科技创新发展用地需求和配套用地需求。通过多种方式筹集创新型产业用房，保障科技创新类产业、科研机构、科技公共服务平台、孵化器和众创空间以及技术先进型服务企业用房需求。四是推动全市科技招商高质量发展。打造本土特色化科技招商品牌，面向国内外加速引进科创项目、人才、平台汇聚苏州。加强科技招商队伍专业化建设，大力引进优质科创企业、优质创新载体。强化科技招商绩效评价和考核激励，制定具体的科技招商目标，建立科技招商评价体系，引入绩效考核机制，实施激励措施。

（六）加快构建全过程创新链，提升产业科技创新整体效能

一是强化目标导向的基础研究和应用基础研究。市政府设立苏州市自然科学基金，加大对科学家和科研团队开展基础研究和应用基础研究的资金支持力度。强化苏州市基础研究基地建设，增强基础研究自主布局能力。支持企业及其他社会力量设立科技创新探索类奖项，鼓励科研人才探索基础研究和前沿技术研究。二是持续实施产业核心技术攻关计划。发挥产业界和科技

界的联动作用，鼓励企业联合高等院校、科研机构和上下游企业开展联合攻关。探索推行揭榜挂帅、赛马制等科技计划项目组织方式，提高技术攻关效能。设立苏州市技术攻关重大专项，长远布局，推进协同攻关。三是健全科技成果转化机制。培育概念验证机构，支持高校院所、科研机构、创新型企业建设概念验证中心，打通科技成果转化"最初一公里"。培育科技成果中试工程化服务机构，支持建设中试工程化服务平台，突破科技成果转化"最后一公里"。四是深化拓展创新产品推广应用场景。加快构建科技成果转化所需的应用场景，支持科技成果转化形成的新技术、新产品、新服务、新模式在本市测试、试用、应用。培育应用场景示范项目，对经过市场检验的应用场景创新成果，通过首购等方式予以支持。

B.8 苏州产业集群高质量发展分析与展望

郑作龙 王世文*

摘 要： 随着高质量发展和打造全国重要的产业科技创新高地的提出，以科技创新引领发展成为苏州产业集群迈向高质量的重要路径。当前，苏州大力推动科技创新引领产业集群高质量发展，从发展现状和成效总结上看，主要可表现为产业集群发展战略规划与政策体系比较完善，高能级创新载体动力源泉不断厚植夯实，细分产业集群关键引擎加速构筑壮大，高层次创新人才第一资源引育进入加速期，以及高品质创新生态环境氛围良好。加快以科技创新为引领，面对"数实融合"、打造产业科技创新主承载区、"上海—苏州集群"发展机遇，提出对策与建议：坚持战略规划与政策赋能，推动产业集群建设与"上海—苏州集群"深度协同，加快战略性新兴产业集群和未来产业集群建设；以"数实融合"与创新涌现的思路，持续打造产业集群特色发展优势；做强"两业融合"示范，激发产业集群建设内在动力；推动产学研金深度融合，着力做强产业集群建设要素协同支撑。

关键词： 产业集群 上海—苏州集群 数实融合 产业政策

党的二十大报告提出"必须坚持科技是第一生产力"，坚持创新在我国现代化建设全局中的核心地位，推动战略性新兴产业融合集群发展，构建一

---

* 郑作龙，苏州科技大学商学院副教授，院长助理、工商管理系系主任，苏州上声电子股份有限公司博士后科研工作站—清华大学工商管理博士后流动站在站博士后，主要研究方向为知识管理、创新管理、基于科学的企业创新；王世文，苏州科技大学商学院教授，苏州专家咨询团委员，主要研究方向为科技创新、产业政策、公司金融。

批新的增长引擎。习近平总书记考察调研江苏和苏州指出，要紧紧围绕"在科技创新上取得新突破"，全力服务高水平科技自立自强；要紧紧围绕"在强链补链延链上展现新作为"，加快构建以先进制造业为骨干的现代化产业体系。当前，苏州大力推进科技创新引领产业集群加快提质升级，成为促进经济高质量发展的新引擎。然而，推进产业集群高质量发展是一项复杂的系统工程，其本身也是一项开创性工作，还需坚持战略与政策引领、以"数实融合"与创新涌现的思路率先锻造产业集群高质量发展先发优势，做强"两业融合"示范，推动产学研及产城人深度融合，加快推动战略性新兴产业和未来产业纵深发展，优化产业集群发展高品质生态空间。本报告针对苏州产业集群高质量发展的现状分析、趋势与展望以及对策建议进行了深入分析与探讨。

一 苏州产业集群高质量发展的现状分析

（一）战略规划与政策赋能，推动产业集群高质量发展的政策体系显著完善

坚持有为政府与有效市场的协同，发挥战略引领与政策驱动作用，是苏州加快产业集群建设的关键前提。从战略设计视角看，首先，苏州 2022 年提出数字经济时代产业创新集群建设，发布《苏州市推进数字经济时代产业创新集群发展的指导意见》，提出了全市产业集群 6 个方面 20 条重点建设举措；2022 年 5 月，发布《苏州市推进数字经济时代产业创新集群建设 2025 行动计划》，明确了苏州产业集群建设的总体要求、目标及任务、产业布局、发展重点和年度工作清单。其次，针对如何驱动创新集群向纵深发展，苏州 2023 年召开了全市数字经济时代产业创新集群融合发展大会，发布《2022 年苏州市产业创新集群和新兴服务业发展白皮书》政策汇编，提出从要素"相加"迈向要素"相融"，融合发展成为苏州产业集群建设的基本路径。

基于政策分析的视角，苏州围绕产业集群开展政策创新，构建赋能产业

集群发展的政策体系（见表1）。例如，首先聚焦四大主导产业，制定了《苏州市生物医药产业创新集群建设实施方案》，提出生物医药产业集群建设8个重点方向、10项任务工程和40条政策支持举措。其次，聚焦新兴产业培育，发布《苏州市智能车联网产业创新集群行动计划（2023—2025年）》，明确数字赋能、补链强链、融通发展、生态优化、推广应用等一系列政策支持举措。又如，围绕战略性新兴产业，发布《苏州市人工智能产业创新集群行动计划（2023—2025年）》，聚焦人工智能基础层、技术层和应用层全产业链，实施"九大行动"。此外，发布《关于推动新兴服务业高质量发展的指导意见》，从新兴服务业的数字服务、知识服务和现代文商旅3个大类出发，设计了10个新兴服务业重点细分领域支持举措。

表1 苏州产业集群发展的政策体系

时间	颁布主体	政策名称	主要内容
2022年1月	中共苏州市委、苏州市人民政府	《苏州市推进数字经济时代产业创新集群发展的指导意见》	瞄准数字经济"新赛道""主赛道"，聚焦产业迭代升级和集群创新能力提升，坚持递进生成和创造生成并举，通过优化高品质创新生态，依托高效能创新网络，集聚高层次创新人才，发挥高能级创新主体的核心作用，不断提升集群创新活力和可持续发展能力，加快形成具有国际竞争力和全球影响力的创新集群，打造全国"创新集群引领产业转型升级"示范城市
2022年5月	中共苏州市委办公室、苏州市政府办公室	《苏州市推进数字经济时代产业创新集群建设2025行动计划》	明确苏州建设产业创新集群的总体要求、主要目标及任务、产业布局、发展重点和年度工作清单
2022年5月	苏州市人民政府	《苏州市生物医药产业创新集群建设实施方案》	通过八大重点方向和10项任务工程，促进生物医药产业向创新集群发展，努力把生物医药产业建设成为苏州的城市地标产业。到2025年，力争产业规模突破4000亿元，产值突破3500亿元，初步形成显著规模集聚效应和市场影响力，拥有一批行业领军企业和品牌，掌握国内领先的产业核心技术，形成区域专业化分工和协同发展网络，融入并主导国内价值链和供应链分工，成为最具品牌特色和国际竞争力、影响力的创新集群

续表

时间	颁布主体	政策名称	主要内容
2022年11月	苏州市人民政府	《苏州市智能车联网产业创新集群行动计划（2023—2025年）》	到2025年，全市智能车联网产业的规模和创新能力居全国前列。智能车联网产业规模超1000亿元，集聚产业相关企业超1000家。进一步提升智能车联网产业自主创新能力，推动示范应用走在全国前列，高水平打造具有全球影响力、全国竞争力、全省引领力的智能车联网产业创新集群
2022年12月	苏州市推进数字经济时代产业创新集群发展领导小组办公室	《苏州市人工智能产业创新集群行动计划（2023—2025年）》	到2025年，苏州国家新一代人工智能创新发展试验区建设取得明显成效，成为全国领先的产业发展集聚地、技术创新策源地和创新应用示范区，智能制造、智慧医疗、智慧交通、智能机器人等细分领域成为标杆示范。持续推进人工智能与各行各业实体经济深度融合发展，打造具有全国影响力的人工智能产业创新集群
2022年8月	苏州市人民政府	《关于推动新兴服务业高质量发展的指导意见》	主动融入长三角一体化发展，把握虹桥国际开放枢纽北向拓展带发展机遇，突出环太湖科创圈、吴淞江科创带建设，探索研究苏州环阳澄湖城市发展战略，加强区域协同发展。鼓励不同功能板块新兴服务业创新、集聚、错位发展，聚焦中心城区辐射影响力提升，联动县级市多级点发展，形成"一主四副"新兴服务业高质量发展格局
2022年12月	苏州市推进数字经济时代产业创新集群发展领导小组办公室	《苏州市新能源产业创新集群行动计划（2023—2025年）》	到2025年，建成具有国际竞争力的新能源产业创新集群和创新应用示范区，基本形成创新驱动、融合开放的新能源产业发展格局。全市新能源产业产值突破4000亿元，新增产值超10亿元企业30家、超20亿元企业20家、超50亿元企业5家、超100亿元企业1家，建成一批高标准国家、省市级创新平台，攻克一批支撑产业和区域发展的关键核心技术，推广一批需求导向、因地制宜的新模式、新业态，全面推进苏州新能源产业创新集群高质量发展

资料来源：根据城市官网、科技局、工信局、发改委等数据整理。

在战略引领与政策赋能下，苏州产业集群高质量发展政策赋能成效初显，仅2023年上半年累计新增签约重点项目467个，总投资3830亿元；新增开工项目375个，总投资3801.1亿元；新增投产项目265个，总投资2658.9亿元。

（二）打造高能级创新载体平台，驱动产业集群高质量发展的动力源泉不断厚植夯实

面向四大主导产业、16个优势细分领域及8个未来产业，苏州产业集群融合发展中首先把培育战略科技力量摆在核心位置，重大创新载体平台建设取得突破。如在设立长三角先进材料研究院、材料科学姑苏实验室的基础上，苏州国家实验室获批建设运营；打造国家生物药技术创新中心、国家第三代半导体技术创新中心、国家新一代人工智能创新发展试验区，制定发布支持"一区两中心"、全国重点实验室的政策措施，梳理16个项目进入全国重点实验室重组流程、5家获批；深时数字地球国际大科学计划总部基地建设方案初步形成，生物药与脑科学省实验室启动筹建，纳米真空互联实验站二期完成验收；语言计算国家新一代人工智能开放创新平台、南京大学苏州校区参与的"自旋电子器件与技术全国重点实验室"等"国字号"载体先后获批建设。集聚了一批承担国家使命、体现苏州担当的战略科技力量，助力苏州创新"高原"上竖起了更多"高峰"。

企业是产业集群建设的主力军，积极引育企业高端创新载体平台建设。如推动中国信通院江苏研究院揭牌成立，新认定纽威数控为苏州市自主品牌大企业和领军企业先进技术研究院建设单位，华兴源创、国显光电、精濑光电3家企业获省推荐申报2023年国家企业技术中心（分中心）；2023年上报了612家企业申报第五批国家专精特新"小巨人"企业，力争获评数量在全国排名明显提升；新增省级关键核心技术攻关项目16个，扶持市级关键核心技术攻关项目18个，加快推进产业创新集群关键领域和基础能力突破；推荐15家企业申报江苏省首台（套）重大技术装备，启动2023年度"苏锡常"首台（套）重大装备认定工作。成功召开先进技术成果交易大

会，大会永久会址落户苏州，共达成军转民技术交易 1261 项、总投资 58.5 亿元。出台《苏州市创新联合体建设实施方案》，建立创新联合体梯度培育机制，已建设培育 50 家，实现 16 个产业集群制造业细分领域全覆盖。

（三）产业细分集群不断涌现，带动产业集群高质量发展的关键引擎加速构筑壮大

围绕四大主导产业、16 个产业细分优势领域和未来产业，率先推动苏州优势和特色产业集群建设，加速构筑集群发展的重要引擎。相关数据显示，电子信息产业集群重点发展光子、集成电路、新型显示、人工智能、工业软件等 5 个细分领域；装备制造产业集群重点发展汽车电子及零部件、航空航天、智能车联网、机器人及数控机床、新能源、电梯等 6 个细分领域；生物医药产业集群重点发展创新药物和高端医疗器械等 2 个细分领域；先进材料产业集群重点发展纳米新材料、先进金属材料、高性能功能纤维材料等 3 个细分领域。融合发展的关键引擎加速构筑涌现。

以生物医药主导产业为例，发挥《苏州市生物医药产业创新集群建设实施方案》赋能作用，生物医药产业集群发展成效良好。目前，实现规上产值 2188 亿元，与北京、上海、深圳同列全国第一方阵；中国生物医药产业园区竞争力排名中，苏州工业园区生物医药产业综合竞争力和产业、技术、人才竞争力全国第二，4 个产业园区入围全国生物医药 50 强、数量居全省第一；集聚企业超 3800 家，规上企业 557 家，上市企业 34 家，国家专精特新"小巨人"企业 31 家。全球医药 10 强中 5 家、医疗器械 10 强中 5 家均在苏州落户，本土培育了信达生物、康宁杰瑞、奕瑞影像等一批行业领头羊企业；我国 9 款国产 PD-1/PD-L1 抗癌药中 6 款出自苏州，高端医疗器械方面，同心医疗获批我国首个拥有完备自主知识产权的国产人工心脏，迈胜医疗是国内唯一的质子治疗设备生产商，其产品全球体积最小，已列入工信部《首台（套）重大技术装备推广应用指导目录》；汇聚中国科学院医工所、中国科学院上海药物所等国家科研院所 16 家，国家级重点平台 20 家。入选国家级人才计划 87 名，带动各类创新创业人才超 6 万人；引入富达、软银、礼来

等世界投资基金,集群相关基金70余只,融资规模超1000亿元。

聚焦产业细分优势领域,产业集群发展进入加速迭代期。以汽车产业集群推进为例,目前集中开工签约和投产投用产业项目共142个、总投资916亿元,涵盖新能源汽车整车、汽车电子及零部件、智能网联汽车等细分领域。当前,汽车整车、汽车电子及零部件全产业链规上企业1006家,2022年工业产值4837.5亿元,同比增长13.7%。从具体细分来看,当前已拥有整车规上企业18家,分布在商用车、乘用车和专用车等领域;传统汽车零部件规上企业722家,分布在动力、底盘、车身和内外饰等领域;新能源汽车零部件规上企业64家,分布在电驱、电池、电控和高压电气等领域;汽车电子规上企业188家,分布在动力电子、车身电子、底盘电子、安全舒适、信息娱乐和电子附件等领域;燃料电池汽车规上企业7家,分布在核心零部件、氢气及制氢设备、氢气储运等领域。此外,创新要素不断聚集,引进清华大学苏州汽车研究院、中国汽车工程研究院等专业平台机构,具备国家装备中心备案资质的车辆检验检测机构4家,拥有电子五所华东分所、中汽院、苏州质检院等重点检验检测机构20余家。

此外,大力推动战略性新兴产业和未来产业发展,成功召开2023年中国(苏州)世界光子产业发展大会暨太湖光子产业博览会、2023苏州市集成电路产业创新集群建设推进会、"数实融合,赋能发展"工业软件行业发展峰会、2023苏州市人工智能行业峰会、中国(太仓)航空航天产业交流会、苏州市机器人产业发展大会、"丝绸苏州2023"展会等行业会议。

(四)高层次创新人才集聚,支撑产业集群高质量发展的第一资源引育进入加速期

人才是产业创新集群建设的第一资源,多措并举打响苏州人才工作品牌。首先,全球创新人才加速集聚,全方位培养、引进、留住和用好人才,加快建设国际一流的科技人才队伍。构建阶梯式的人才政策体系,形成"5+11"产业人才专项体系架构。实施姑苏创新创业领军人才计划,对顶尖人才支持力度上不封顶。目前,市级姑苏领军人才累计达2863人。截至

2023年6月，全市持证外国人才10138人，其中外国高端人才4090人，均居江苏省首位。设立外籍院士工作站16个，外国专家工作室累计达318家。连续11年入选外籍人才眼中最具吸引力十大中国城市。其次，推动名城名校融合发展，本地人才内生动力不断增强，苏州大学加快迈向中国特色世界一流大学行列，与南京大学、中国科学技术大学等高校战略合作持续深化，支持昆山杜克大学、西交利物浦大学优化国际合作办学，推动苏州科技大学、常熟理工学院、苏州城市学院等本土院校高质量发展，加快发展现代职业教育，为产业集群融合发展提供源源不断的内生动力。

此外，打造苏州特色引智平台，加快建设"宁苏"吸引和集聚人才平台，打造"归国人才首选城市"，通过苏州国际精英创业周引才引智品牌，累计引进人才项目近万个；常态化举办"创赢未来·赢在苏州"国际化创客大赛；在江苏省率先试点实施科技镇长团计划，持续打造"苏州科学家日、科学家苏州日"品牌盛会；成立苏州市科技商学院，加速复合型科技人才培养，累计招收学员208人；建立国内唯一的国家级重大人才工程创投中心，出台"人才金融10条"，推出国内最高授信额度人才贷，设立超5亿元规模的"姑苏人才基金"；成立苏州市高层次人才一站式服务平台，率先制定人才公寓建设政策。

（五）高品质创新生态不断形成，促进产业集群高质量发展的环境氛围良好

围绕产业集群发展生态建设，《苏州市科技创新促进条例》明确提出，"加强产业创新集群生态系统建设，加大创新链、产业链、资金链、人才链融会贯通，推动高等学校、科技企业、科研机构、人才团队、金融机构、中介服务机构等相互配合、协同发力，激发集群发展活力"，"推进产城人融合发展，争创高水平人才集聚平台，建设高品质人才社区，发挥科学家集聚作用，提供集群发展动力"，为产业集群融合发展生态提供法治环境支撑。

同时，进一步完善区域创新体系，全面实施"环太湖科创圈、吴淞江科创带"建设，推进沪苏科技协同创新，牵头成立长三角G60科创走廊激光产业联盟。完善开放创新体系，用好中新、中德、中日、中荷以及海峡两岸等高层次开放平台，融入全球创新网络，打造离岸创新"苏州模式"，累计建设海外离岸创新中心 26 家；完善产学研合作体系，已与牛津大学、哈佛大学、新加坡国立大学等 238 所国内外知名高校、科研院所开展了形式多样的合作，建立各类产学研联合体 1500 多个，中国科学院、清华大学、北京大学等 C9 高校在苏州全部实现了重大布局。完善科技金融体系，完善适应创新链需求、覆盖科技型企业全生命周期的科技金融服务体系，推出"科贷通"产业创新集群贷、科技保险 3.0 产品，着力解决初创企业融资难融资贵、缺乏针对研发的保险产品等问题。截至 2023 年 6 月底，"科贷通"累计为全市 13903 家科技型企业解决贷款 746.94 亿元。坚持从"四链"融合视角，多措并举促进产业集群融合发展的环境氛围整体良好。

二 苏州产业集群高质量发展趋势与展望

（一）坚持融合发展是时代大趋势，为推进产业集群高质量发展提供思路

基于产业集群的生成视角，既有基于苏州制造长板优势的递进性生成，也有零基础的创造性生成，这两种形式都离不开"融合"，因此"融合发展"是推进产业集群建设的基本路径。递进性生成主要是强化产业链上下游合作，实现要素高效配置、相互融合，推动既有产业升级；创造性生成往往是要素跨界融合，推动不同产业耦合协同，催生新技术、新产业、新业态、新模式。例如，发挥电子信息产业优势、新材料产业优势、装备制造产业优势的耦合作用，苏州在新能源和智能网联汽车领域有很强的发展优势。为此，集群的创新质效，不仅取决于行为主体各自的高效运转，更取决于相互联动和合作，以及由此产生的创造性协同。

融合发展也是落实党的二十大精神的内在要求。围绕建设现代化产业体系和创新驱动发展进行部署，宏观层面，"坚持城乡融合发展"；中观层面，

"促进数字经济和实体经济深度融合""推动战略性新兴产业融合集群发展""推动现代服务业同先进制造业、现代农业深度融合";微观层面,"加强企业主导的产学研深度融合""推动创新链产业链资金链人才链深度融合",这些重要论述都体现了融合这一基本方法,对推进产业集群建设具有重要的指导意义。因此,还需更大力度推动产业集群建设从要素"相加"迈向要素"相融",加快构建深度融合的协同创新网络,努力打造具有全球竞争力的现代化产业体系。

(二)苏州产业集群高质量发展整体较好,奠定了向更深层次创新发展的坚实基础

从苏州产业集群建设现状分析,以及数字经济和实体经济的不断深度融合,可发现苏州产业集群发展具有坚实基础。首先,从战略政策引领视角,苏州产业集群发展的战略和举措相继出台,如《苏州市推进数字经济时代产业创新集群发展的指导意见》《苏州市推进数字经济时代产业创新集群建设2025行动计划》《2022年苏州市产业创新集群和新兴服务业发展白皮书》《苏州市生物医药产业创新集群建设实施方案》《苏州市人工智能产业创新集群行动计划(2023—2025年)》等,政策协同与分业施策显著完善,系统提供产业集群发展赋能的政策基础。其次,企业大力推进智改数转以及数字技术渗透到工厂、社区、学校、农村等各个领域,数字经济的蝶变正催生产业集群的聚变,成为苏州高质量发展的关键增量。最后,在主导产业和细分优势领域创新集群的带动下,苏州经济高质量发展进入新阶段,规模以上工业总产值稳居全国最前列、增加值持续攀升,产业体系日趋完整,实体经济基础更牢、质量更优,"制造苏州"被誉为"中国实体经济标杆样本"。此外,苏州实验室挂牌组建,在国家战略科技力量布局上实现重大突破,高校、科研机构、人才团队等创新资源要素呈爆发式增长态势,科技创新能力全面跃升,更有基础更有条件服务国家科技自立自强。环太湖科创圈、吴淞江科创带集聚效应初显,太湖新城、高铁新城、太湖科学城等重要节点功能不断提升,各类空间深度融合,集群

发展更具显示度更具吸引力。全市上下就产业集群建设达成共识,更加坚定了苏州产业集群发展的信心和决心。

(三)"数实融合"、打造产业科技创新主承载区、"上海—苏州集群"为苏州产业集群高质量发展提供重大的战略机遇

当前苏州发展面临着巨大机遇,一方面,数字经济为集群发展创造了条件,推动了要素快捷流动、市场主体加速融合;另一方面,全国统一大市场建设为企业带来更大商机,长三角一体化和全省区域协调发展为企业集聚配置资源创造更大便利,通苏嘉甬铁路、北沿江高铁、张靖皋长江大桥、海太长江隧道4条过江通道加快建设,苏州长三角区域枢纽中心城市的地位日益凸显,辐射带动能力进一步增强。

围绕打造具有全球影响力的产业科技创新高地,苏州积极谋划产业科技创新主城载体规划建设,目标是打造科技创新策源高地、打造产业集群高地、打造创新企业汇聚高地及打造创新创业生态高地,为了聚焦战略性新兴产业和未来产业集群融合发展提供了重大机遇。同时,2023年全球创新指数(GII)"科技集群"排名中,苏州与上海合并成为一个科技集群,排名上升至全球第五位。未来的竞争不再是全球城市(GlobalCity),而是全球创新区域(GlobalRegion),一个城市是无法把所有科创要素都建设起来的。下一步,苏州还需更加主动服务融入上海和长三角,做强上海—苏州科技集群,加快赋能产业集群发展。因此,苏州要抢抓发展重大机遇,实现产业集群发展整体跃迁。

三 加快推动苏州产业集群高质量发展的建议

(一)坚持战略与政策赋能,系统推动产业集群发展与"上海—苏州集群"深度协同,更大力度推动战略性新兴产业集群和未来产业集群纵深发展

一是推动产业集群发展与"上海—苏州集群"深度协同。世界知识产

权组织发布了 2023 年全球创新指数（GII）"科技集群"排名，"上海—苏州集群"排名上升至全球第五位，2022 年苏州首次与上海合并成一个科技集群时排名全球第六位。科技集群是城市或区域经济体创新表现最为关键的要素之一，通过聚集科学、企业和企业家建立生态系统，将科学创意转化为切实的影响力。"上海—苏州集群"涌现充分揭示了苏州开放创新格局和产业集群发展的显著成效，苏州还需在规划、产业、科技、交通、生态、公共服务等合作领域更加主动作为，以"上海—苏州集群"赋能产业集群发展迭代升级。

二是加快战略性新兴产业集群和未来产业集群发展。聚焦四大主导产业和智能网联汽车、集成电路、光子等 8 个产业细分领域，苏州产业集群融合发展整体政策体系较为完善。但对标上海、深圳等创新一线城市，如 2022 年上海印发的《上海打造未来产业创新高地发展壮大未来产业集群行动方案》、深圳发布的《关于发展壮大战略性新兴产业集群和培育发展未来产业的意见》等，其实质是更加前瞻地做强未来科技创新引擎，打造未来产业创新高地和壮大未来产业集群。苏州还需发挥国家实验室等高端载体、战略科学家、高层次创新创业人才引领作用，加快未来产业政策协同与分业施策，尽快实现产业集群融合发展向战略性新兴产业和未来产业起势突破。

（二）以"数实融合"与创新涌现的思路打造产业集群高质量发展优势

一是推动产业集群发展提质增效。党的十九大报告提出"推动互联网、大数据、人工智能和实体经济深度融合"，党的二十大报告提出"促进数字经济和实体经济深度融合"，江苏提出建设"数实融合第一省"。苏州具有实体经济规模大和数字化转型需求大的发展优势，还需以"数实融合"打造协同制造等新业态新模式，提高传统产业生产质效；同时，加快智能网联汽车等新兴产业集群融合发展，推动产业涌现突破和技术升级，释放融合发展活力和增长空间。

二是以"智改数转"和工业互联网为抓手，深入推进产业数字化发展步伐。工业互联网是产业数字化的重要引擎和支撑，以制造业智能化改造数字化转型为发展契机，鼓励龙头企业整合上下游、大中小企业，提升产业链供应链的协同配套和融通创新水平，加快工业互联网标识解析节点建设，通过全要素、全产业链、全价值链的链接，实现工业经济数字化、网络化、智能化发展，实现数实融合以及产业数字化发展的规模效应。

三是全面发力数字产业化。根据赛迪发布的《2022中国数字经济发展研究报告》，苏州位列第七，但与深圳、杭州等城市相比还有一定差距，其短板主要在数字技术应用业和数字要素驱动业，还需引育行业头部企业和在线经济平台型企业，提升苏州数字经济核心产业增加值；聚焦元宇宙、大数据、云计算等战略性新兴产业，引育更多旗舰型企业，建设一批数字经济特色产业园区；围绕新零售、文化、医疗等领域培育壮大在线新经济，建设集聚区、产业园、服务平台，形成整体发展合力。

（三）做强"两业融合"示范，持续激发产业集群高质量发展内在动力

当前苏州统筹制造业和服务业重点领域发展，加快"两业融合"示范建设，成为首批国家级服务型制造示范城市，国家级服务型制造示范企业（项目、平台）总数位居全国第一，省级"两业融合"试点、首批省"两业融合"发展标杆引领典型单位数量均为全省第一。但与先进城市"两业融合"相比还存在一定差距，主要表现为服务渠道影响力、产业生态控制力还不够强，生产性服务业发展依然相对不足。

一是突出制造业服务化在产业集群建设中的重要地位。推动制造业价值链由以产品制造为中心向提供产品、服务和整体解决方案并重转变；同时，加快知识产权、法律服务、现代商贸等新兴服务业发展，重点建设一批现代服务业集聚区，推动制造业与服务业互促互进、深度融合，激发产业集群融合发展内在动力。

二是大力引育生态主导型企业，支持企业走向产品制造服务商。苏州企业的比较优势在于提供中间产品（如电子信息、高端纺织等），与上海、深

圳等的创新型企业相比，面向C端和终端的产品及"拼市场"还存在不足。还需以C端和终端为重点，大力引育生态主导型企业，支持企业尽快从大量中间产品、零部件的供应商转为面向C端和终端的产品服务商，不断延长产业链，提升价值链。

三是聚焦重点领域加快突破，发挥好龙头企业的牵引力和带动力。发挥龙头企业对产业链关联企业的吸附和集聚作用，加快产业集群融合发展，如将汽车整车作为重点突破口，集聚一批零部件、软件、芯片等关键技术企业，率先打造一个新的万亿级产业；支持龙头企业牵头组建创新联合体和建设孵化器，构建以企业产品、产业发展为主导方向的创新生态圈，打造大中小企业融通型和专业资本集聚型创新创业特色载体，进一步提升资源配置质量和效率，培育更多专精特新"小巨人"企业。

（四）推动产学研金深度协同，着力强化产业集群高质量发展关键支撑

党的二十大报告首次把教育、科技、人才作为一个完整的体系统筹部署，一体推动实施科教兴国战略、人才强国战略、创新驱动发展战略。习近平总书记强调"坚持教育发展、科技创新、人才培养一体推进，形成良性循环；坚持原始创新、集成创新、开放创新一体设计，实现有效贯通；坚持创新链、产业链、人才链一体部署，推动深度融合"。

一是推动产学研金深度协同进入新阶段。产业集群融合发展实质是做好一个生态系统，瞄准产业集群融合发展的重大需求，发挥高校、创新型企业、研发机构、人才团队、金融机构、中介服务机构等协同作用，推动产学研金深度融合进入新阶段，促进要素相互配合、协同发力进而激发集群动力活力。

二是全力支持高校发展。学习借鉴上海临港"产业大学"等经验做法，大力推动高校学科建设与苏州产业发展紧密结合、精准对接，鼓励高校与企业建立联合实验室、开展人才培养，不断完善产教融合协同育人机制。

三是加快建设重大创新载体。全力服务和保障苏州实验室建设，积极争创一批全国重点实验室，聚焦国家战略需求进行原创性引领性科技攻关，用好先进技术成果长三角转化中心等重大平台，持续完善创新成果转化机制，让创新价值更快更好得到实现。

四是发挥资本纽带作用。用好苏创投、国家工业母机产业投资基金等平台，集聚更多股权投资、创业投资基金，用金融活水助力产业集群融合突破，让广大企业在苏州敢干敢闯敢投。

（五）大力营造产业集群高质量发展生态

推动产业集群发展，产业是动力、城市是空间、人是主体，还需坚持系统和以人为本观念，不仅要打造集群与区域相融合的"群区合一"空间形态，还要一体推进集群—城市—人融合发展，营造产业集群发展生态。

一是打造优势突出的细分领域产业集群。深入研究"三单一图"，大力度招引头部企业、领军人才，不断巩固苏州产业集群的优势和竞争力；全力支持各板块围绕主攻领域持续发力（张家港的新能源、常熟的声学、太仓的汽车零部件、昆山的元宇宙、吴江的纤维、吴中的机器人与智能制造、相城的智能车联网、姑苏的数字创意和高技术服务、园区的纳米、虎丘的光子），打造一批优势更突出、特色更鲜明的细分领域产业集群。

二是营造更多相对集聚的创新空间和产业空间。实践表明，创新要素空间上的相对集聚是催生创新的重要保障。推动形成"产业在沿江转型、创新在城区集聚"的发展格局，加快建设太湖新城、高铁新城、太湖科学城等重要节点，引导集聚更多创新资源要素，打造科技创新策源地、成果转化地、人才富集地；大力推动总部经济集聚区建设，发挥工业园区作为全省唯一省级外资总部经济集聚区的平台作用，吸引更多总部企业和功能性机构落地，加快楼宇经济发展；要全力打造一批特色产业园区，搭建一批共享研发平台，强化运营和招商团队建设，促进协作创新。

三是打造更高品质的宜居生活环境。建设新时代的"人间天堂"，推动更多按居住地、工作地提供公共服务的制度创新，抓好重点就业群体帮扶、人力资源发展、户籍制度改革等工作，不断提高对外来人口的吸纳能力；加快建设长三角国际研发社区、独墅湖科创湾、中新昆承湖园区等高品质人才社区示范点，给予创新创业者全生命周期服务保障，营造"近悦远来"的人才生态；始终做好保护古城、保护太湖等工作，让精致典雅的古城底蕴更加彰显，让锦绣江南鱼米乡尽收眼底，让创新创业者切身感受到"有一种幸福叫生活在苏州，有一种希望叫创业在苏州，有一种惬意叫休闲在苏州"。

四是推动各类人才集聚。积极争创高水平人才集聚平台，高标准办好第十五届苏州国际精英创业周暨第四届苏州科学家日活动，打造归国人才首选城市，全方位打响"人到苏州必有为"工作品牌。

农村篇

B.9
苏州农村新产业新业态分析与展望*

刘晓朦 沈明星 黄菊鑫 曾文杰 苏澄菲**

摘　要： 产业振兴是乡村振兴的重中之重。近年来，苏州农村新产业新业态快速发展，为农业增效、农村增色、农民增收注入了前所未有的新动能。本报告将苏州农村新产业新业态中具有代表性的行业总结为功能拓展型、产业融合型、高科技创新型，主要分析新产业的特点与现状，苏州农村新产业新业态在国家战略与政策红利、内需增加与需求多元化、科技创新与深化改革等多重利好背景下，发展前景广阔，综合来看，乡村休闲旅游业、生产性服务业、预制菜产业、生鲜产业、现代循环农业发展形势较好，现代种业、智慧农业、特色小镇与田园综合体等在当前条件下发展稳定，农产品电商产

---

* 本报告由江苏苏州干部学院、苏州市农业农村局共同完成，同时对支持本报告撰写的有关专家、同仁表示衷心感谢。

** 刘晓朦，江苏苏州干部学院讲师，科研处副处长（主持工作），主要研究方向为农村与区域发展；沈明星，江苏苏州干部学院副院长、研究员，新农智库负责人，主要研究方向为生态文明与农村发展；黄菊鑫，苏州市农业农村局合作经济与产业发展处处长，主要研究方向为农业经济管理与产业经济；曾文杰，江苏苏州干部学院讲师，主要研究方向为乡村治理、农村公共政策；苏澄菲，江苏苏州干部学院讲师，主要研究方向为产业经济与政策。

业发展存在一定瓶颈，农业农村碳减排碳固定、农村光伏储能、农村环保、生物产业等有可能成为苏州农村产业未来新的增长点。同时产业发展也面临更新动能不足、关键要素配置不充分、科技成果转化率不高、产品市场竞争力不强等问题，报告从政策规划设计、产业转型升级、科技创新赋能、资源要素集聚四个方面提出对策建议，助力率先基本实现农业农村现代化，推动苏州农村新产业新业态加速成长。

关键词： 农村产业　新产业　新业态　苏州

农村新产业新业态发展是产业振兴的关键，是农村经济壮大新的增长极。党的二十大报告指出，发展乡村特色产业，拓宽农民增收致富渠道。2023年中央一号文件指出，推动乡村产业高质量发展，培育乡村新产业新业态。江苏省发布《高水平建设农业强省行动方案》，推动乡村产业高质量发展。苏州贯彻落实中央、省委部署，加快建设农业强市，把产业振兴作为乡村振兴的重中之重，先后出台《苏州市全面推进乡村振兴探索高水平率先基本实现农业农村现代化行动方案（2023—2025年）》《高水平建设农业强市行动方案》，提出实施乡村产业振兴行动，做精新产业新业态。立足农业产业基础和创新能力，苏州推动农村一二三产业融合发展，积极延伸和拓展农业产业链，农村新产业新业态得到迅猛发展，取得了显著成绩。本报告分析了苏州市农村新产业新业态的发展现状，剖析风险挑战，展望发展趋势，提出发展建议，期望对苏州实现高水平建设农业强市、农村稳定发展、农民增收致富目标，为苏州全面推进乡村振兴，率先基本实现农业农村现代化提供有力支撑。

一　苏州农村新产业新业态现状与分析

（一）苏州农村新产业新业态概述

苏州区位优势明显、农业产业基础牢固、特色农产品资源丰富、科技创新潜力突出、知名品牌众多、冷链物流网络完善、消费市场需求强劲,为农村新产业新业态发展奠定了良好基础。苏州市立足自身资源优势和产业基础,明确政策导向,加大资金扶持力度,以产业融合发展为路径,依托科技创新优势,整合乡村资源要素,发掘农业新功能新价值,农村新产业新业态迸发出新的活力,产业规模增幅明显,产业融合度、创新度不断提高,农村未来产业崭露头角,有效促进了区域经济的发展壮大。本报告将苏州农村新产业新业态划分为功能拓展型、产业融合型、高科技创新型三种类型。

1. 功能拓展型新产业新业态

苏州乡村休闲旅游业发展势头迅猛,截至2023年9月,累计接待游客7365.12万人次,营业收入78.36亿元,游客数量与营业收入已超过2021年、2022年全年,13个项目成功入选江苏省乡村旅游业态创新示范产品和创新示范项目名单,数量位居全省第一。农产品电子商务2022年销售额较2019年增长近4倍,截至2023年9月农产品网上销售额124.47亿元,增速有所放缓。农业生产性服务业持续向好,粮食生产性服务业主体、规模持续扩大,蔬菜、果茶桑、畜牧业、水产养殖、农产品初加工等特色产业生产性服务业发展势头良好。

2. 产业融合型新产业新业态

围绕产业链的不断延伸与不断集聚,苏州当前已经形成了几种较为明显的形态,整体上呈现不断更新且蓬勃发展的势头。预制菜与生鲜产业作为典型的产业链延伸形成的新产业新业态,近年来产值逐年增加,相关企业规模不断扩大,形成了味知香、好得睐等有全国影响力的头部企业,生鲜产业同样实现了供应链市场从A端到C端的全覆盖,辐射范围囊括长三角主要城市。产业集聚方面,特色小镇与田园综合体不断发展,实现了本地特色产业的抱团式发展,形成了苏绣小镇、丝绸小镇等"一村一品""一镇一品"的特色产业发展格局,以及融合农业、旅游、社区、民宿等多元经济的田园综合体经济新模式,探索了一条农村产业融合发展的新方式新路径。

3. 高科技创新型新产业新业态

依托生物育种技术,现代种业规模不断扩大,行业集中度不断提高。

2023年上半年种业总产值达23.77亿元，同比增长23.52%；种业市场主体发展活跃，2022年超千万种业企业主体数量达到37家，总产值达到24.1亿元，占全市种业总产值的56.52%。智慧农业稳步发展。截至2023年10月，累计认定市级智慧农业场景41个，探索"创新链+产业链"双向融合机制，引入中国农业科学院华东农业科技中心，集聚创新资源，建设农业农村先进技术研发与产业孵化高地。现代循环农业具备较大发展潜力。2021~2022年共有7家建设主体入选国家生态农场，2023年有3家进入第三批国家级生态农场候选名单，总数量居全国地级市前列；太仓市东林村形成以新技术新装备为核心、组链增节式新产品为特色的现代循环新产业新业态，实现资源集约高效利用和环境友好协同，"东林路径"入选《乡村振兴战略规划实施报告（2018—2022年）》。

（二）功能拓展型新产业新业态现状分析

通过拓展产业功能，加快一二三产业融合发展，促进产业优势互补，功能拓展型新产业新业态在满足人民日益增长的美好生活需要的同时，不断提质增效，做精做优乡村休闲旅游业，做活做新农产品电商，做大做强农业生产性服务业，为全面推进乡村振兴、加快农业农村现代化提供有力支撑。

1. 乡村休闲旅游业发展态势好，新动能不断涌现

乡村休闲旅游发展势头迅猛，规模持续扩大。苏州坚持在守住传统村落的"根"与"魂"的同时，倾注新时代的"气"和"息"，将农业与旅游、科技、教育、文化、健康、养老等产业深度融合，不断催生新产业新业态，促进乡村休闲旅游业蓬勃发展。近年来，全市休闲农业综合收入、接待游客数量均呈上升趋势（见图1），2019~2021年年均增长率超20%，增长势头迅猛。受多重因素影响，2022年与2021年相比略有下降，但2022年的下降不应视为产业发展拐点。截至2023年9月，共计接待游客7365.12万人次，营业收入78.36亿元，二者均明显超过2021年、2022年全年，乡村休闲旅游业产业规模持续扩大。

平台载体类型多、数量大、覆盖面广。苏州立足农村特色产业、绿水青

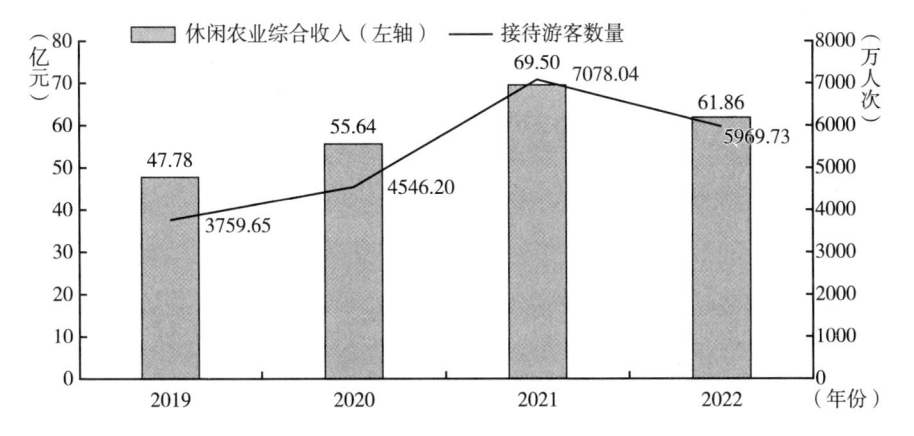

图1 2019~2022年苏州市休闲农业综合收入与接待游客数量

资料来源：根据苏州市农业农村局网站相关数据资料整理。

山、田园风光、乡土文化等资源禀赋，因地制宜打造旅游观光型、美食餐饮型、乡村度假型等多种形式特色休闲农业。截至2023年10月，成功培育全国休闲农业重点县1个（吴江区），创建中国美丽休闲乡村14个，全国乡村旅游重点村4个，江苏省乡村旅游重点村17个，13个项目成功入选江苏省乡村旅游业态创新示范产品和创新示范项目名单，覆盖全市各涉农区县，形成了多点开花、各美其美的良好局面。

发挥生态优势，打造共享农庄品牌。苏州全面践行"绿水青山就是金山银山"理念，充分发挥"两湖两线"区域（太湖沿线、长江沿线、环阳澄湖、环澄湖）生态优势，重点打造共享农庄（乡村民宿）农文旅融合品牌，持续做精做优乡村休闲旅游业。全市共培育共享农庄（乡村民宿）100家，空间分布呈现以集聚"两湖两线"为主、兼顾其他特色乡村的特征，2022年底创建完成，累计接待游客1056万人次，综合营收7.8亿元，激发乡村旅游产业发展新动能。

2. 农产品电子商务业进入高量平台期，自建平台效益优势明显

总体规模增长，增速明显下降，产业进入高量平台期。2019~2022年，苏州市农产品电子商务销售额持续增长（见图2），2019~2021年是行业高速发展期，3年增长了3.5倍，2021年销售额比2020年增长了143.26%，但2022年比2021年仅增长了4.73%,增速急剧下降;2022年,苏州市农产品网上销售总额为180.94亿元,截至2023年9月网上销售总额为124.47亿元,仅为2022年全年的68.79%,呈现小幅下降趋势。可以看出,苏州农产品电子商务业经历多年发展,至2023年已进入高量平台期,且有小幅下滑风险。

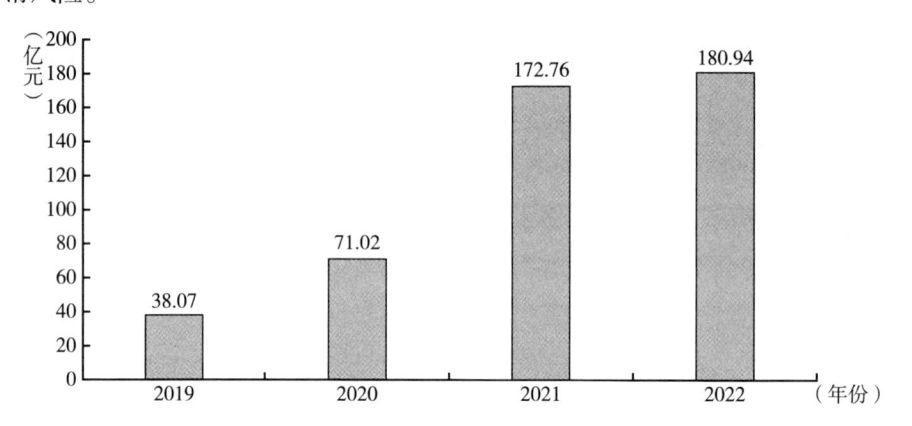

图2 2019~2022年苏州市农产品电子商务销售额变化情况

资料来源:根据苏州市农业农村局提供相关数据资料整理。

第三方平台网店数量多,销售规模大,但自建平台效益好。苏州市持续推动农产品电子商务平台建设,2022年全市农业电子商务网店数量达2155个,其中第三方平台网店数量1900个,占88.2%。在农产品网上销售额方面,第三方平台网上销售额为117.63亿元,占全市农产品网上销售总额的65%。苏州持续加大自建平台建设力度,先后有苏州东山电商产业园、苏州食行生鲜电子商务有限公司等7家产业园和经营主体被认定为省级农业电商示范基地。2022年,苏州市打造"苏农名品"零售新平台,首批入选平台的生产主体38家,其中绿色食品企业32家,有机农产品企业4家,地理标志农产品生产主体9家,省、市农业品牌目录中的企业14家。综合分析来看,第三方平台网店数量多、规模大,但自建平台效益更佳。

"电商+土特产"产业发展效果显著。电子商务产业发展助推苏州特色农产品销售,形成农产品+综合市场、生鲜电商、社区团购等多种电商销售模式，典型如阳澄湖大闸蟹产业与电商结合形成的多种经营模式。在阳澄湖地区形成"阳澄湖大闸蟹+生鲜电商"销售模式，线上销售量占市场的70%的同时，也助推建成1个国家农业产业强镇和4个全国"一村一品"示范村镇。在昆山巴城镇形成的"阳澄湖大闸蟹+电商综合市场"，依托华东地区最大的大闸蟹集散地（巴城阳澄湖大闸蟹排名全国生鲜品类前五[①]），衍生出农村电子商务村、电商产业园、大闸蟹市场等载体，带动了大闸蟹的产销两旺，并推动旅游、餐饮、零售等诸多行业整体提升。

3.农业生产性服务业持续做大做强，产业领域不断扩展

一方面，粮食生产性服务业基础好，服务主体数量、规模、内容不断扩展。苏州市粮食生产性服务业的产业基础好、发展潜力大，目前苏州市7个涉农区县均已被认定为"全国率先基本实现主要农作物生产全程机械化示范县（市、区）"。2022年，全市主要粮食作物耕种收综合机械化率达99.69%，拥有市级"全程机械化+综合农事"服务中心101个。省级"全程机械化+综合农事"服务中心认定数量持续增加，从2020年的5个增长到2023年的17个（见图3），经营主体实力也不断增强。如省级"全程机械化+综合农事"服务中心金香溢农机服务专业合作社，其对外服务面积从2009~2011年的1000亩扩大到2019~2023年的6000亩，增长了5倍；常熟市虞盛农产品专业合作社的服务内容从主要提供粮食作物生产服务，扩展至市场信息服务、良种培育、肥料和农药采购供应、粮食作物种收、粮食烘干和仓储保管、大米加工和销售等多领域多环节服务。综上，苏州市粮食生产性服务业在主体数量、服务规模和服务业务等方面都得到长足的发展。

另一方面，五特产业[②]生产性服务业先发优势显著，涉及领域广泛。在做大做强粮食生产性服务业的同时，苏州持续推动蔬菜、果茶桑、畜牧业等五特产业生产性服务业发展。2022年，全市五项特色农业机械化率达

---

① 农业农村部信息中心、中国国际电子商务中心：《2022全国县域数字农业农村电子商务发展报告》，2023年1月。

② 五特产业指蔬菜、果茶桑、畜牧业、水产养殖、农产品初加工等五项特色产业。

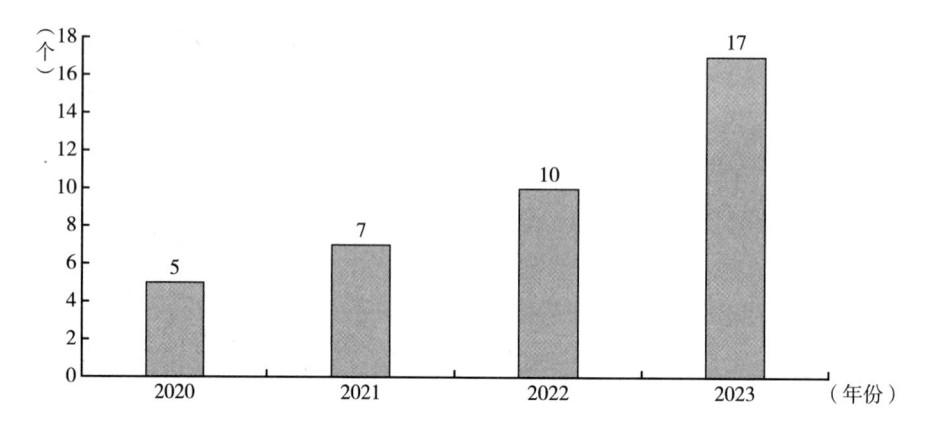

图3 2020~2023年省级"全程机械化+综合农事"服务中心认定数量

资料来源：根据苏州市农业农村局提供相关数据资料整理。

78.75%，较2021年增长10个百分点。在2022年、2023年公布的两批江苏省农业生产全程机械化智能化典型基地中，苏州市共有33家典型基地上榜（第一批13家，第二批20家），占全省总数的1/8，数量和规模呈上升趋势，产业先发优势较强。其中粮食生产"无人化农场"5家，畜禽养殖全程机械化标杆基地5家，蔬菜生产全程机械化典型园区11家，水产养殖全程机械化标杆基地7家，果茶桑全程机械化示范园区5家，各涉农区县均有分布，涉及领域较广。

（三）产业融合型新产业新业态现状分析

产业融合引起产业链的不断延伸与产业的规模化集聚，催生不同类型的新产业新业态，并不断形成产业竞争的新赛道。苏州主要存在两种形式的集聚，一类是产业链不断延伸形成的新产业新业态，如预制菜产业、生鲜产业等；一类是抱团式发展形成的新产业新业态，如特色小镇、田园综合体等。

1. 预制菜产业快速发展，头部企业数量领先全省

一方面，苏州预制菜产业发展前景广阔。从全国市场来看，据推算，2023年市场规模超5000亿元，涨幅超过20%，预计未来3~5年将突破成为下一个万亿级市场。苏州起步较早，先期培育了一批产品深加工企业，并配套建设冷链物流（2020年苏州进入第一批国家骨干冷链物流基地建设名单），基本形成了从生产到制作再到销售配送的一整套预制菜上下游配套产业链。截至2023年9月，全市现有各类预制菜及关联企业共1800余家，规模以上企业195家，入选全国百强榜的有3家。

另一方面，市场主体活跃，产业链辐射范围广。头部企业中，味知香、好得睐位列胡润研究院发布的"2023中国预制菜企业100强"榜单TOP10，味知香更是半成品菜上市第一股，在全国预制菜行业具有一定影响力。此外，苏州积极完善预制菜产业链建设，集中建设产业链中下游企业，打造了专业化预制菜类、速冻食品类、传统餐饮企业拓展类以及食品代加工类等四类企业，配套原料供应、预制菜加工、速冻食品、冷链配送、装备智造、连锁餐饮和零售服务等，销售市场逐步从长三角江浙沪地区向湖北、湖南、江西、安徽、山东、河南、河北等地拓展。

2. 生鲜产业渐趋完善，市场布局持续向外拓展

随着消费水平的提升和健康意识的增强，市场对生鲜食品的需求不断增长，生鲜产业的重要地位日益凸显。据市场统计，2023年生鲜电商交易规模预计达6427.6亿元，同比增长14.74%[①]，生鲜产业市场潜力巨大。苏州生鲜产业在B2B市场、SMB市场、B2C市场都有较充分的布局，涵盖冷链配送、农产品初（深）加工、电商市场销售等多个领域。

在B2B市场，典型企业有南环桥农副产品批发市场，作为大型综合性生鲜配送市场，建有蔬菜、鲜肉、水产等十大交易区，配套仓储冷库、加工理货、物流配送等商业服务，供货市场辐射长三角40多个县（市、区）。在SMB市场，苏州主要布局"中央厨房+统一配送+多点服务"的运行模式，为市场提供安全可靠的饮食服务，尤其是在社区助餐点建设上，截至2023年7月，全市建有助餐点2059个[②]，实现社区（村）全覆盖，95%设

---

① 《2023年生鲜电商交易规模预计超6000亿元》，https：//baijiahao.baidu.com/s?id=1773722563652992764&wfr=spider&for=pc。
② 《守护老人幸福"食"光 苏州已建有助餐点2059家》，https：//www.163.com/dy/article/IAEB632A0530QRMB.html。

置于综合为老服务中心和日间照料中心等社区养老服务设施内，配合"15分钟就餐服务圈"，基本实现城乡社区全覆盖。在B2C市场，苏州主要通过"生鲜超市"链接生产端与消费端，产业链上游涵盖农产品生产与物流配送，中游依托各类生鲜销售平台，下游直接对接市场消费，基本形成"实体超市+电商平台+社区团购"的运行格局，本土企业中，食行生鲜通过线上预订线下社区自助提货的采购模式，建立小区智能生鲜配送站，集采分销为居民提供生鲜产品。

3.抱团式发展升级迭代，资源要素加速聚集优化

苏州在推进产业抱团式发展过程中经历了从发展特色小镇经济到建设田园综合体，再到乡村振兴片区化建设不断迭代升级的过程，形成了很多具有特色的抱团式发展模式，并且在发展过程中，不断与乡村建设、百姓共富结合起来，孕育了新产业新业态，形成了很多可复制可推广的发展经验。

特色小镇经济助推地方特色产业集聚发展。2016年7月，住建部、国家发改委、财政部联合发布通知，在全国范围开展特色小镇培育工作；同年，江苏省发布《关于培育创建江苏特色小镇的指导意见》，明确了江苏特色小镇建设的总体要求、发展目标、创建路径和工作机制。近年来，苏州积极开展特色小镇培育，形成了一条产业特且活、生态优且美、功能聚且合的苏式特色小镇发展路径，2023年1月，省发改委《关于第一批江苏省级特色小镇拟命名名单的公示》，苏州苏绣小镇、昆山智谷小镇、苏州东沙湖基金小镇、苏州震泽丝绸风情小镇成功入选，是苏州特色小镇经济的典型代表。苏绣小镇集聚了120家企业、376家绣庄和刺绣工作室、9000名专业绣娘，实现75%以上的当地百姓家庭收入，小镇打造苏绣数字化基地，发展农文旅融合产业，发展"苏绣+"多元业态，众多苏绣文化载体形成了集文、博、展、研、游于一体的苏绣文旅新格局。苏州震泽丝绸风情小镇聚集上百家丝绸企业，形成"金花领衔、小花紧跟、百花齐放"的产业格局，年产蚕丝被400万条，年销售额突破20亿元，全国市场占有率达33%，行业年均增速连续多年保持在20%左右，依托7万平方米历史建筑群，形成全国特有的蚕丝文化休闲新走廊，古镇焕发出新活力。

田园综合体赋能农村多元经济集群发展。近年来，苏州在推进田园综合体建设的同时，充分结合农村人居环境整治、产业转型升级，重点打造了一批典型的田园综合体，广泛分布在苏州各个板块，形成了很多特色经济形态。太仓市电站村将农文旅产业与文明实践结合起来，催生出"原野露营基地""乡村漫市集"等乡村旅游项目，"文明公社""睦邻小家种植体验园"等乡风文明建设项目，以及中草药种植园、法治教育阵地等"文旅+"拓展项目，形成了独具特色的"文明+农文旅"新业态。2023年1月，电站村在获得"全国美丽休闲乡村"荣誉称号的基础上，获评"全国民主法治示范村"。吴中区林渡暖村，在保留原村文化的基础上，依靠民宿经济，大力发展文旅教育产业，开发了一系列体验式亲子教育课程，形成了教游住学一体的农村经营场景，截至2022年10月底，累计接待游客近30万人次。2022年9月开幕的长漾里田园综合体则形成新的发展路径，依托"长漾特色田园乡村带"、渔桑产业打造"现代农业+文化旅游+田园社区"的发展模式，培育了有机农业、采摘旅游、民宿度假、研学体验等乡村体验新模式，展现出苏式慢乡生活图景和沉浸式乡村生活场景。

（四）高科技创新型新产业新业态现状分析

科技创新是催生农村新产业新业态的关键，苏州农村高科技创新型新产业新业态以高技术、高成长、高附加值为特征，在现代种业、智慧农业、现代循环农业等新产业上获得新的突破，成为在全国率先实现农业现代化的"快车道""超车道"。

1. 现代种业总产值平稳增长，农牧渔种业结构均衡向优

种业总产值稳步增长。苏州种业总产值由2020年的19.61亿元增至2022年的42.64亿元（见图4），增幅达117.44%，2023年上半年全市完成种业产值23.78亿元，同比增长23.52%，其中种植业种业增长14.53%，畜牧业种业增长79.73%，渔业种业增长20.53%。从县区来看，常熟市种业产值超过10亿元，张家港市、昆山市、吴江区、吴中区均超过5亿元。

种业结构均衡发展。种植业种业总产值逐年增加但2021年后增幅较小，

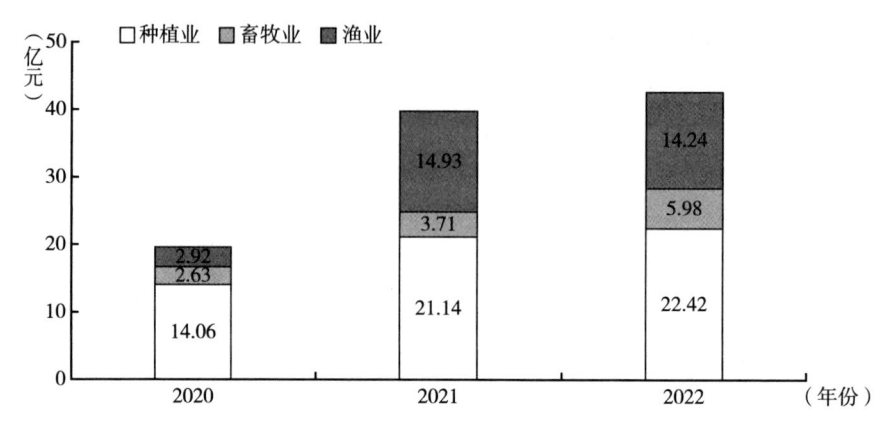

图 4 2020~2022 年苏州市种业产值变化情况

资料来源：根据苏州市农业农村局提供相关数据资料整理。

畜牧业、渔业种业产值占比逐年增大，由 2020 年的 28.3%上升至 2022 年的 47.4%，2023 年上半年占比 49.67%，体现出苏州现代农业结构的优化提升。截至 2023 年上半年，畜牧业种业连续两年保持 60%以上的增长，2023 年产值有望达到五年内最高，渔业种业受淡水养殖面积缩小影响，2022 年产值有所下降，2023 年回升态势明显，渔业种业发展势头抢眼。2023 年上半年种植业和渔业两项占种业总产值的比重达到 84.64%，充分彰显了苏州"鱼米之乡"的区域特色。

企业经营规模与创新能力全面提升。2022 年，苏州超千万种业企业主体数量达到 37 家、超 5000 万元 6 家、超亿元 6 家，37 家超千万企业主体的种业产值达到 24.1 亿元，占全市种业总产值的 56.52%。以水产种业为例，苏州市毛氏阳澄湖水产发展有限公司 20 多年来专注于罗氏沼虾、中华绒螯蟹等水产动物的繁育、养殖和研发，与多家高校、研究院所合作，培育出罗氏沼虾新品种，是第一批江苏特色优势种苗中心（企业），2022 年被评为苏州市质量奖，通过"公司+农户+基地"的发展模式，形成了一条集"种质创新—科学繁育—生态养殖—深加工及销售"于一体的完整产业链。

2. 智慧农业场景建设快，园区载体融合创新力增强

一方面，智慧农业示范生产场景数量上升快。2020 年以来，苏州大力

推进智慧农业改革试点各项工作，加速农业生产数字化改造和技术集成，构建覆盖生产、加工、流通、销售全产业链的智慧农业应用场景，实现农业生产场景在线化、可视化，生产流通过程全程可追溯，2021~2022年累计认定市级智慧农业场景41个，其中智慧牧场4个、智慧农场11个、智慧蔬菜9个、智慧渔场10个、智慧园艺7个（见表1）。

表1 2021~2022年苏州市智慧农业示范生产场景建设情况

单位：个

年份	智慧牧场	智慧农场	智慧蔬菜	智慧渔场	智慧园艺	合计
2021	3	3	7	7	2	22
2022	1	8	2	3	5	19

资料来源：根据苏州市农业农村局提供相关数据资料整理。

另一方面，"创新链+产业链"双向融合发力。引入中农院华东农业科技中心，联合建设昆山智慧农业技术和装备产业集群示范园，陆家未来农业示范园A+温室工场布局了植物工厂、潮汐育苗区、自动化设备包装区等8个功能区，项目应用多项智慧农业设施装备与自动化技术，植物工厂单位面积产量是露地单产的40倍，育苗工厂比常规育苗工厂可节约用水量50%以上，节约用肥量75%以上，节省劳动用工90%，品质达到绿色、有机标准，逐步形成现代设施园艺生产管理的全套规范、工艺、装备等体系，形成可复制可推广的模式，服务全国设施农业的提档升级。

3. 现代循环农业稳步发展，农牧循环典型路径获得认可

国家级生态农场建设成效显著。生态农场建设一直是苏州发展现代农业的重要抓手，围绕现代技术、现代装备、现代经营，培育生态农业市场主体，大力推进现代循环农业高质量发展。2021年，国家公布首批132家"生态农场"名单，苏州常熟市蒋巷农产品专业合作社、苏州太湖现代农业发展有限公司、吴江东之田木农业生态园等5家入选。2022年，江苏善港生态农业科技有限公司、昆山悦丰岛有机农副产品基地有限公司入选第二批国家级生态农场，2023年入选第三批国家级生态农场候选名单3家。

截至2023年9月,苏州入选国家生态农场的建设主体实现生态种植型、资源循环型、生态种养型、产业融合型全覆盖,居全国地级市前列。

现代农牧循环的"东林路径"。太仓东林村发展现代循环农业形成的"东林路径"入选规划实施协调推进机制办公室组织编写的《乡村振兴战略规划实施报告(2018—2022年)》,形成长三角地区可复制可推广的东林模式。"东林模式"以水稻秸秆饲料化利用为核心,构建了"稻麦生态种植、秸秆机械收集、草畜饲料生产、饲料养羊、羊粪堆肥、有机肥还田"的物质循环闭链,创建了以种养结合"一根草、一头羊、一袋肥、一片田"为主的循环产业链,现已拓展形成"一根草、一头羊、一袋肥、一片田、一粒米、一头牛、一根芽、一根菌"现代农牧循环产业小集群,实现了村域范围内农牧加等废弃物全部消纳及产业化利用增值,2023年1~9月,该村来自循环农业产业的集体经济收入高达1500万元,形成农产品品质改善、农村生态环境改良、农业效益增收的共赢局面。

二 苏州农村新产业新业态发展形势与展望

(一)苏州农村新产业新业态发展机遇与挑战

1. 苏州农村新产业新业态发展机遇

国家战略与政策红利带来更多发展机遇。强国必先强农,2022年12月在中央农村工作会议上,习近平总书记在对农业强国的论述中强调,要"注重开发农业产业新功能、农村生态新价值""真正建成产业、形成集群"。2023年7月,江苏省委办公厅、省政府办公厅印发《高水平建设农业强省行动方案》,多次提到乡村产业、新技术与现代农业融合创新等要求。2023年9月苏州出台《高水平建设农业强市行动方案》,细化乡村产业高质量发展推进措施。可以说,"产业发展"是贯穿农业强国、农业强省、农业强市建设的共性要求,为农村新产业新业态蓬勃发展提供了重大战略利好。此外,苏州还针对农村一二三产融合类项目专项出台补偿方案,单个项目最高补助250万元,并针对经济一般村给予相应比例的财政配套,确保新产业新业态能够落地生效,也为农业产业就地就近引入农村地区,丰富业态、集聚人气提供了更多的实践空间,为推进农业增值增收创造了更多的增量。

内需增加与需求多元带来更多市场空间。一方面,苏州得天独厚的区位优势创造了大量的国内消费市场。苏州是上海大都市圈和苏锡常都市圈重要城市,辐射范围包括沪苏浙皖等13个大中型城市,创造了大量的国内消费市场。另一方面,扎实的工业基础给城市带来大量的外来人口,创造出更加广阔的消费市场。截至2023年6月,苏州实有人口1619.69万人,户籍人口781.08万人,流动人口838.61万人。① 极为便利的交通条件也带来大量的人口流动,2023年上半年,全市2610家休闲农业经营主体接待游客超4600万人次,充分带动了周边的农产品和商贸消费。此外,苏州从Ⅰ型大城市发展到特大城市,人才人口红利、资源共享红利、新产业聚合红利、高科技研发红利将带来更多的发展机遇,为扩大高端消费、提升消费市场能级提供了有效助力,进一步助推集文旅、康养、研学、团建于一体的综合服务体建设,创造出"食、住、行、购、娱"等多要素多元化消费场景。

科技创新与深化改革提供更多实践优势。从全球视角来看,中国农业科技论文竞争力指数全球第一,农业专利竞争力指数全球第二,科技创新为更大范围探索、更大力度支持创新农村新产业新业态提供了坚实基础。苏州依托中农院华东农业科技中心、省市县农科院(所)等平台资源,不断推进新品育种、生产方式创新、农业场景创新等多种形式的创新,形成了A+温室工场、无人农场等生产新场景,为新产业新业态的发展奠定了技术基础。另外,苏州各级政府敢闯敢干的改革精神也为新产业新业态的发展提供了重要的作风保障,近年来围绕农业强市、强村富民、人居环境整治、特色农产品等方面出台多项政策方针,从乡村振兴片区规划顶层设计到《苏州市洞

---

① 《最新!苏州全市人口1619.69万人》,https://baijiahao.baidu.com/s?id=1774086869200092618&wfr=spider&for=pc。

庭山碧螺春茶保护条例》等特色鲜明、针对性强的条例措施，传承苏州"三大法宝"，凝聚干事创业精气神，为农村新产业新业态的发展提供不竭动力。

2. 苏州农村新产业新业态发展面临的挑战

产业发展更新动能不足。受基础设施条件不完善、资金供给不充分、市场信息不对称以及农村自然环境限制等因素影响，农村新产业新业态同样面临发展更新动能不足的问题，如需要大量资金投资的"新基建"还不够完善、农产品加工端关键核心技术供给不够充分、高科技成果落地生效难度大等问题依然较为突出，极大限制了农村新产业新业态的更新和发展。

产业发展关键要素配置不充分。土地、人才、资金依然是限制农村新产业新业态进一步发展的关键要素。苏州土地开发强度大，土地指标、空间指标依然是限制农村新产业新业态落地生效的直接因素，一定程度上限制了农村旅游、农产品精深加工、保鲜贮藏、冷链配送等设施的再投入再发展，存在农产品产业链生产端与加工端分离的情况。高端人才的引才用才留才困难和农村新产业新业态职业农民培育机制不够完善，农村急需技术、信息与知识导入。此外，受制于产权等因素，不够完善的金融政策无法常态化为农村新产业新业态提供担保贷款等服务，在产业投融资、保险等方面依然存在较大阻碍。

产业所需科技成果转化率不高。农村新产业新业态离不开持续不断的高科技成果转化，苏州虽然已经规划了技术集成、产业集群和科技创新三个示范产业园区，也引入中农院华东农业科技中心等专业化科研单位，但依然存在科技成果转化率不高的情况，主要表现在新型经营主体引进、消化、吸收科技成果能力不强，一些新产品缺乏先行先试的风险保障措施，导致产品替代困难，在种子产品的替代上表现尤其明显。另外，企业与企业、科研单位、农户之间的联合度不够，限制了新技术新产品的正常流通传导。

产品竞争力不强。产品认可度低也是制约农村新产业新业态进一步发展的重要因素。苏州虽然集聚了智慧农业、农文旅产业等新产业新业态，但整体实力不及长三角其他城市。"温室工厂"的高价值蔬菜较难获得市场占有率，当前尚不能实现盈利；预制菜产品同样面临不同的市场质疑，全市产业规模不及山东潍坊、烟台等市；农文旅产业的市场同质化严重，整体发展水平不及湖州。需要探索更多现代化、规模化生产经营和投资运营的渠道，形成品牌特色，拓展市场辐射范围，增强市场竞争力和抗风险能力。

（二）苏州农村新产业新业态发展展望

综合来看，苏州农村新产业新业态发展前景广阔，乡村休闲旅游业、生产性服务业、预制菜产业、生鲜产业、现代循环农业发展形势较好，现代种业、智慧农业、特色小镇与田园综合体等在当前条件下发展稳定，农产品电商产业发展存在一定瓶颈。

1. 功能拓展型新产业新业态市场不断释放

乡村休闲旅游业市场规模将持续扩大。苏州优越的地理位置、优美的生态环境、完善的基础设施、深厚的人文底蕴、丰富的业态种类将持续为乡村休闲旅游市场带来长久的发展红利，可以预见的是，农业+研学、农业+康养、农业+科普、农业+生态等"农业+"新产业新业态受到市场青睐，配套形成的新产业新业态在迭代升级过程中，不断与地方特色相结合，产生更具苏州特色的新产品新服务。

农产品电子商务有望形成产业集群。围绕农业生产标准化、农产品品牌化、农业数字化、电商人才专业化四个方面，形成一批具有区域竞争力和影响力的直播电商基地，借助农产品直播"风口"，到2025年农产品电子商务销售额占农业生产总值比重将达到25%，但是在没有新品类新市场新技术突破的情况下，农产品电商增幅存在不确定性。

农业社会化服务领域将不断拓展。服务内容上，从农机作业向前端农资供应、后端农产品流通销售等环节延伸，持续推动要素跨界配置和产业有机融合。服务类型上，粮食生产社会化服务将进一步发展，五特产业社会化服务数量和规模将持续扩大。服务范围上，全程托管模式将在耕地易于集中连片、农业生产条件较好、农户托管意愿较强的地区得到进一步应用，但跨省跨市服务难度较大。

2. 产业融合型新产业新业态发展能级提升

预制菜产业有望成为下一个万亿级市场，需要多方位扶持。随着消费者对预制菜的认可度提高，C端市场渗透率有望不断提升，市场潜力巨大，但存在市场竞争激烈、产品供应单一、标准体系不健全等制约因素，预制菜产业提档升级受到一定限制，亟须出台产业扶持政策。未来高端预制菜产业、预制菜+康养等将会成为新的发展方向，把握好细分领域机会，在产业布局上也会形成预制菜产业创新集群。

生鲜产业因供应链的优化和冷链物流系统的发展将成为重点。随着物联网、区块链、RFID等前沿技术的不断投入应用，生鲜行业的技术创新有望加速，帮助企业实现更加精细化的管理，提高运营效率，并满足消费者对产品品质和安全性的更高要求。生鲜社区零售企业需要建立完善的供应链体系，从源头上保证产品的质量，降低成本，提高企业的盈利能力。

乡村振兴片区发展将会成为农村产业集聚的新形态。在融合特色小镇、田园综合体发展优势的基础上，片区化发展有望进一步打破行政区划限制，调动更多发展资源和发展要素，在农文旅产业、飞地经济、农业园区等方面形成更多新形态。同时，片区化发展能够更好地把乡村经济建设同农村人居环境整治、农民共同富裕融合起来，形成苏州推进农村产业振兴的新方案。

3. 高科技创新型新产业新业态带来发展机遇

现代种业需要持续创新突破。苏州市种业产业发展取得了一定成效，经过多年研发积淀，特色水产种业具备一定发展潜力，产业规模与辐射范围将不断扩大。但整体上，龙头种业企业数量较少，地方种业品牌竞争能力不强，"水八仙"和太湖鹅等地方特色品种很难"走出去"，市场份额等有待拓展提升，仍然需要在种质资源、产业规模、市场开拓等方面进一步拓展创新。

智慧农业将成为苏州现代化转型升级的主要方向。在全球科技快速发展的大背景下，智慧农业必然是现代农业的发展趋势，智慧农业不断发展，市场规模持续增长。苏州依托比较完善的工业体系、较完备的科技装备，形成了具有代表性的智慧农业应用场景，苏州智慧农业可以围绕关键环节装备技术应用研究、主导产业与企业集聚、科技示范与落地应用等方面进一步探索，推动智慧农业以点带面逐步发展。

现代循环农业逐步推广应用。以"东林路径"为代表的苏州现代循环农业实践将从典型示范走向规模推广，适合在现代农业园区和大面积种植大户中推行生态循环种养模式，进一步促进有机废弃物的循环利用，延伸产业链、提升价值链，促进种、养、销、游一体，形成生态上与经济上两个良性循环，经济、生态、社会三大效益的统一。

4. 未来农村新产业新业态展望

国家"双碳"目标对农村产业发展提出了新的更高要求，以绿色发展为导向的新形势、新需求、新技术也给农村产业带来了新的发展机遇，以下四个产业有可能成为苏州农村产业未来新的增长点。农业农村碳减排碳固定产业方面，"双碳"目标将给发展方式、产业结构、能源结构、社会观念等方面带来全方面、深层次、系统性的变革，苏州固碳增汇最大的潜力在农业农村生态系统，可为城镇碳达峰碳中和作出重要贡献，围绕低碳零碳负碳建立低碳农业技术体系和资源节约型农业技术体系，如农机智能改造、农村电网提升、农村生活改善等未来具有较大发展空间，应前瞻部署负排放技术研发与示范工作，积极部署农业碳汇，充分挖掘碳库资源，提高自然固碳增汇能力。农村光伏储能产业方面，苏州市已出台《关于加快推进全市光伏发电开发利用的工作意见（试行）》，助推光伏项目建设，其是江苏省内首个市级分布式光伏专项补贴政策，光伏储能电站在农业生产场景应用、利益分配、联农带农富农方面迎来发展契机，常熟市蒋巷村、张家港常阴沙社区已部署完成，其建设经验可为苏州全市推广提供参考。生物产业方面，随着基因编辑技术、细胞工程技术等方面的应用和研究不断深入，围绕农产品产量提升、缩短育种周期、提高食品安全性、优化繁殖性能、增强抗病能力等方面的技术突破将带来新的增长空间。农村环保产业方面，随着环保领域技术的不断发展，城市源、农村源、水体源有机废弃物处理利用及农村人居环境整治、农业农村生态系统修复等新产业新业态将不断催生壮大，支撑人与自然和谐共生的农业农村现代化建设。

三 苏州农村新产业新业态发展对策与建议

（一）抢抓发展机遇，打造产业新高地

一是坚持顶层设计。加强对农村新产业新业态的组织领导和规划，及时出台新产业新业态专项规划，明确发展路径，制定行动方案，建立项目库，遴选优质产业，支持优先发展，并出台专项考核机制。二是鼓励先行先试。鼓励有条件的地方先行先试，"一事一议"，出台相应政策给予必要的专项支持，并搭建市级咨询平台，联动国内外著名学术机构、团体、专家学者，有针对性地解决新产业新业态发展过程中遇到的各类问题，对于示范性强、带动性好、普适性高的创新项目给予特殊奖励。三是加强部门联动。农村新产业新业态发展涉及科技、农业、工业、旅游业等多个部门，在实施过程中应建立长效常态工作协调机制，形成部门分工协作，区县、园区联动的推进机制，形成工作合力。

（二）巩固发展优势，提升市场竞争力

一是继续深化推广新产业新业态集群式创新发展模式。对标苏州产业创新集群建设路径，结合发展现状，继续推动预制菜、生鲜、农村电商等农村新产业新业态转型升级，形成产业创新集群。全力支持现代种业、生产性服务业集群发展，培育一批头部企业，发挥带动作用，提升产业链强链补链延链能力，推动产业链向集聚式、专业化和价值链高端延伸，形成全产业链式的产业集聚。二是完善农村"新基建"。继续实施"数商兴农"工程，加快乡村产业数字化转型，完善县域商业体系建设，加大农村公路、电力、水利、冷链物流等数字化智能化改造力度，着眼发展长远，加快5G、物联网、电子物流等设施建设，为农村新产业新业态发展提供孵化条件。三是发展苏州特色新产业新业态。提升苏州乡村旅游质效，建设美丽镇村经济共同体，在全市60条乡村旅游精品线路、共享农庄的基础上，进一步挖掘自然景观、

人文景观等乡村旅游资源，发挥苏州农村的生态优势与治理优势，形成更多融合产学研游康养的多元化旅游产品，打造锦绣江南鱼米乡的特色乡村旅游品牌。

（三）率先引领示范，布局战略性新兴产业

一是聚焦关键技术破题攻坚。实施生态伙伴计划，加快国家、省级创新平台落户苏州，促进碳汇、能源、生态环保、生物技术等农业先进科学技术的攻坚落地，以"科技化"发展思路重塑农村产业。二是以场景示范带动产业发展。适当放宽农村未来产业、产品、服务的市场准入，鼓励应用场景先行先试，不同区域分类开展试点，总结创建经验，探索苏州特色农村未来产业发展新模式。三是持续深化"万企兴万村"行动。把农业科研企业引入农村，通过对农业生产核心技术、服务、品牌、经验的集成创新，在更大范围内打造技术集成中心、示范推广中心和产业运营中心，形成乡村传统产业向现代化新兴产业转型升级的新增长点。

（四）集聚要素导入，培育发展新动能

一是大力培育科技示范主体。打通农技转化"最后一公里"，建立在苏技术研发企业、农业经营主体、高校及研究机构等各方利益联结和协同创新发展机制，促进科研成果的转化利用与作用发挥。二是强化乡村振兴人才支撑。继续深化"数字乡村、青春赋能"行动、"新农菁英"等专项培育发展计划，围绕新产业新业态技能培训、现代金融扶持、农电对接等，培养一批乡村复合型高素质人才。扩大农村科技服务超市、星创天地等农业创新服务平台的服务领域，围绕新产业新业态举办专题培训，形成创业创新典型。三是落实乡村振兴用地保障。完善新产业新业态项目库用地管理制度，遴选基础好、发展前景大的优先项目，各县级市（涉农区）每年单列一定比例的新增建设用地计划指标专项优先用于支持农村一二三产业融合发展和乡村振兴项目。四是拓展金融服务新产业新业态渠道。做强做优乡村振兴产业发展基金，加强乡村振兴子基金立项指导，为新产业

新业态发展提供资金支持。加强财政金融联动,为农业农村竞争性领域的经营主体提供优惠贷款支持。大力发展农村普惠金融,推广"苏农贷""小微贷""信保贷""惠农贷"等,稳步提升县域小微企业、农户贷款覆盖面和信用贷款占比。完善政策性农业信贷担保体系建设,做大政策性农业信贷担保规模。加快建成主体多元、功能完备、竞争有序、运行高效的农村金融服务体系。

参考文献

冯慧翎:《关于农村新产业新业态新模式蓬勃发展的分析》,《农业经济与科技》2018年第4期。

孔德议、陈佑成:《乡村振兴战略下农村产业融合、人力资本与农民增收——以浙江省为例》,《中国农业资源与区划》2019年第10期。

张伟:《乡村振兴背景下农村产业运营新模式优化提升对策研究》,《农业经济》2022年第2期。

云梦丽:《重庆金融支持农村产业发展的模式与路径研究》,《当代金融研究》2023年第3期。

社会篇

B.10 苏州生态治理分析与展望

王宝强 张艺宣 陈琦*

摘　要： 苏州市坚持生态优先、绿色发展，始终把生态环境保护放在更加突出的位置，推动经济社会发展全面绿色转型，促进生态治理水平不断提升。从生态治理成效来看，2023年生态环境治理攻坚成效斐然，大气、水、农村、土壤等生态环境质量明显改善；生态园林城市群建设、新一轮太湖综合治理、太湖生态岛、湿地保护与修复、生物多样性保护等生态保护与修复工程扎实推进，"绿美苏州"建设成效显著；绿色低碳发展稳步推进，绿色转型升级纵深推进；生态环境保护机制不断完善，监管力度持续加大。针对苏州生态治理面临的挑战，2024年要强化污染协同控制，提升大气环境质量；坚持系统治理，优化水环境治理；加强土壤污染防控，改善土壤和农村环境；推进碳达峰行动，促进绿色循环发展；加强生态保护修复，构建生态

---

* 王宝强，苏州科技大学建筑与城市规划学院副教授、硕士研究生导师，主要研究方向为城乡生态环境规划；张艺宣，澳门城市大学创新设计学院；陈琦，苏州科技大学建筑与城市规划学院。

安全格局；健全生态治理体系，实现生态环境水平跃升。

关键词： 生态治理　生态保护与修复　绿色低碳　绿色循环发展

2023年苏州市深入贯彻习近平生态文明思想、笃实践行"绿水青山就是金山银山"理念，深入打好污染防治攻坚战，协同推进降碳、减污、扩绿、增长，努力实现环境质量改善、绿色低碳发展、生态屏障建设、突出环境问题整改、促进高质量发展和环境治理现代化，积极推进中国式现代化美丽苏州新实践，全力打造人与自然和谐共生的美丽中国先行示范区，"美丽苏州"生态文化品牌优势彰显。2023年10月，吴中区入选国家第七批"绿水青山就是金山银山"实践创新基地，成为苏州市首个且目前唯一获此殊荣的县区，充分展现了苏州生态治理在2023年取得的卓越成效。

一　苏州生态治理现状分析

（一）生态环境治理攻坚成效斐然，生态环境质量明显改善

1. 强力推进蓝天保卫战，大气环境质量持续改善

2023年苏州市继续强力推进蓝天保卫战，扎实推进$PM_{2.5}$和O_3协同控制，全面开展工业深度治理、移动源污染整治、扬尘整治提升、科学精准治气专项行动，钢铁、火电行业全部完成超低排放改造，大气环境质量持续改善。

2023年苏州市出台了《苏州市2023年环境空气质量"首季争优"专项行动工作方案》《2022—2023年度苏州市臭氧污染"夏病冬治"工作方案》《苏州市2023年大气污染防治工作计划》，排定大气污染防治工程项目。春节期间，制定烟花爆竹燃放应急管控方案，改善节日期间环境空气质量；制定实施《关于配备工程扬尘技防设备的通知》，破解施工扬尘污

染防治难题；继续坚持精准治污、科学治污、依法治污工作方针，发扬"四敢"精神，狠抓企业排放，重点排放大户按照"一厂一人"实行驻场监管和巡查，加强对污染治理设施和在线监控设施的管理；为进一步强化工业涂装行业大气污染防治，推进企业挥发性有机物综合治理，组织治气专家上门"问诊"，启动全市工业涂装行业专项执法行动，加大专家精准帮扶力度，开展工业涂装企业的排查检查；严格实施轻型车和重型车国六b阶段排放标准；苏州市污染防治攻坚工作在全省深入打好污染防治攻坚战设区市成效考核中获得优秀等次，苏州污染防治工作连续五年位列全省第一。

截至2023年10月，苏州市未出现重污染天气，市环境空气质量优良天数比例为80.9%，同比上升2.6个百分点，位列全省第四。2023年上半年，各地优良天数比例为77.9%~84.5%，市区环境空气质量中$PM_{2.5}$平均浓度为31.9微克/米³，SO_2平均浓度为7微克/米³，NO_2平均浓度为27微克/米³，PM_{10}平均浓度为56.3微克/米³，CO评价值（24小时平均第95百分位数浓度）为0.9微克/米³；O_3评价值（日最大8小时滑动平均第90百分位数浓度）为175微克/米³。[1] 与2022年同期相比（见图1），$PM_{2.5}$浓度下降3.0%，CO评价值持平，SO_2浓度上升16.7%，NO_2浓度上升8.0%，PM_{10}浓度上升16.7%，O_3评价值下降0.6%，各县级市（区）优良天数比例均在79%以上（见图2）。全市开展空气质量监测的11个村庄，空气质量优良天数比例为82%。苏州市酸雨发生频率为4.9%，同比下降6.7个百分点；降水pH值为5.93。市区酸雨发生频率为2.7%，同比下降7.9个百分点；降水pH值为6.03。[2]

2. 深度实施碧水保卫战，水环境质量大幅提升

2023年苏州市按照《苏州市重点流域水生态环境保护"十四五"规划》《苏州市深入打好碧水保卫战实施方案》《重点湖泊综合治理工作方案》

---

[1] 苏州市生态环境局：《2023年环境质量报告（上半年）》，2023年7月25日。
[2] 苏州市生态环境局：《2023年环境质量报告（上半年）》，2023年7月25日。

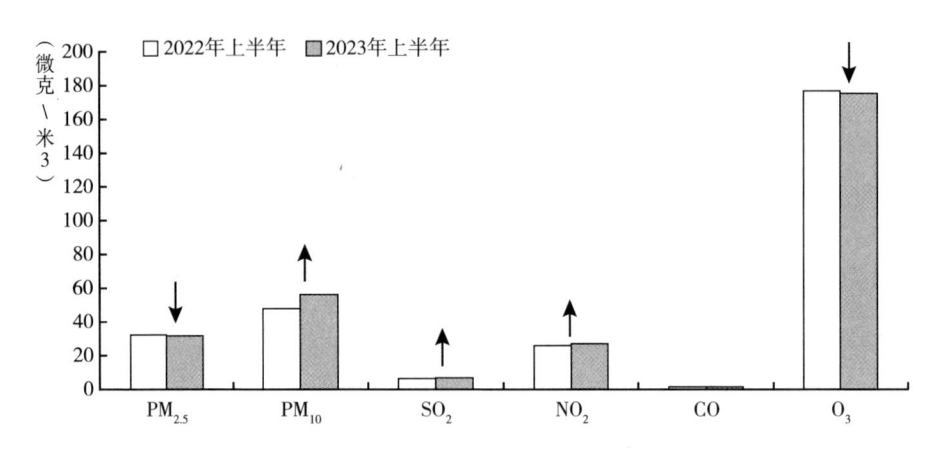

图1　2022年和2023年上半年苏州市环境空气主要污染物浓度

资料来源：苏州市生态环境局（http://sthjj.suzhou.gov.cn/）。

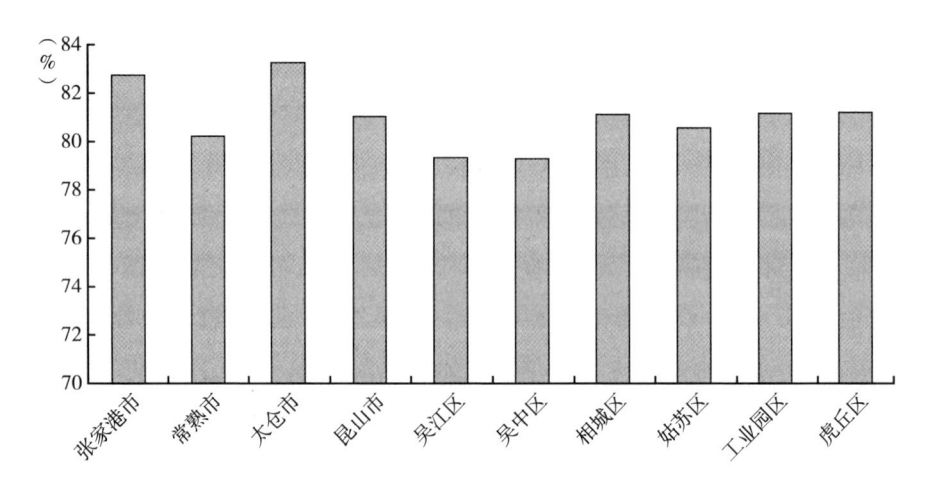

图2　2023年上半年苏州市各县级市（区）优良天数比例

资料来源：苏州市人民政府（http://www.suzhou.gov.cn/）。

的工作部署安排，继续推进实施碧水保卫战，全面落实河（湖）长制，推进流域系统治理，实施"一湖一策、一河一策、一断面一方案"，推进长江保护修复，持续开展太湖综合整治和阳澄湖生态优化行动，持续提升污水处理能力，水环境质量持续改善。组织实施饮用水水源保护项目、污染减排项目、水生态保护修复项目等五大类48个重点工程，共计投资100.24亿元。

苏州市出台《苏州市"一湖一策"工作实施方案》，推动实施"一湖一策"治理项目82个。开展水污染物平衡核算，推进提升污水集中收集处理率，推动工业废水、生活污水分质分类处置；组织开展重点断面"一断面一方案"溯源整治，强化汛期水环境保障，在沿太湖岸线（东山、西山和光福）增设107个通湖河流市级监测断面，创新流域管理模式，助推通湖河道水质全面达到Ⅲ类标准，完成劣Ⅴ类水体整治486条，建设幸福河湖630条；深入开展长江入河排污口溯源整治工作，按照《苏州市长江入河排污口分类整治工作方案》，制定排污口"一口一策"整治方案，全面开展工业、农业农村、城镇生活污水、港口码头、城镇雨洪等排污口的分类整治，逐步建立起完善的长江入河排污口监管长效机制。

苏州市13个县级以上集中式饮用水水源地水质全部达到或优于Ⅲ类标准水质，与上年同期相比持平。截至2023年9月，苏州市共有401座湖泊，其中太湖苏州辖区湖体平均水质为Ⅲ类，综合营养状态指数为50.3，处于轻度富营养状态，水质较上年同期有所好转，总磷浓度下降24.1%，总氮浓度同比下降23.4%。阳澄湖湖体总体水质处于Ⅲ类。长江（苏州段）总体水质优良。长江干流（苏州段）各断面水质均达Ⅱ类，主要通江河流水质均达到或优于Ⅲ类。京杭大运河（苏州段）水质全面达到或优于Ⅲ类。

截至2023年9月，在苏州市30个地表水国考断面中，达到平均水质或优于Ⅲ类的断面有28个，占93.3%，同比提高10个百分点；Ⅱ类断面有14个，占46.7%；Ⅳ类断面2个，占6.7%；Ⅴ类及以下断面0个（见图3）。在苏州市80个地表水省考断面中，达到或优于Ⅲ类的断面有76个，占95.0%，同比提高3.7个百分点；其中Ⅱ类断面有53个，占66.3%；Ⅳ类断面4个，占5.0%；Ⅴ类及以下断面0个（见图4）。苏州市每个月省考达到或优于Ⅲ类水质断面的比例均在80%以上（见图5）。在江苏省生态环境厅发布的纳入高质量发展监测评价考核的63个县（市、

区）1~9月地表水环境质量排名中，前三位分别为苏州市的张家港市、太仓市、常熟市，吴江区位列全省第六。

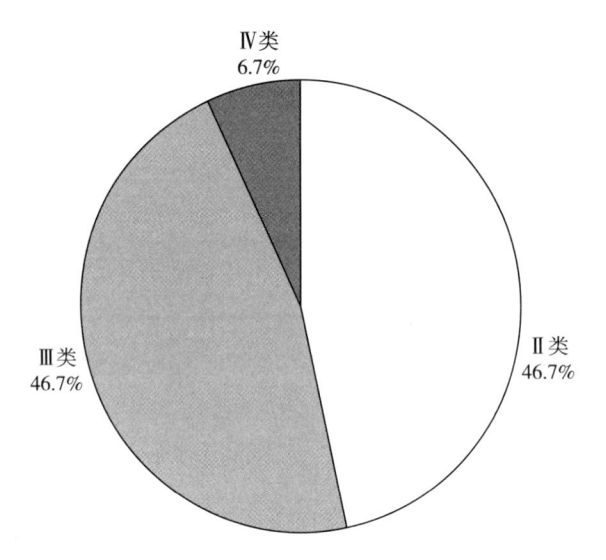

图3 2023年1~9月苏州市地表水国家级考核断面水质类别比例

资料来源：苏州市生态环境局（http://sthjj.suzhou.gov.cn/）。

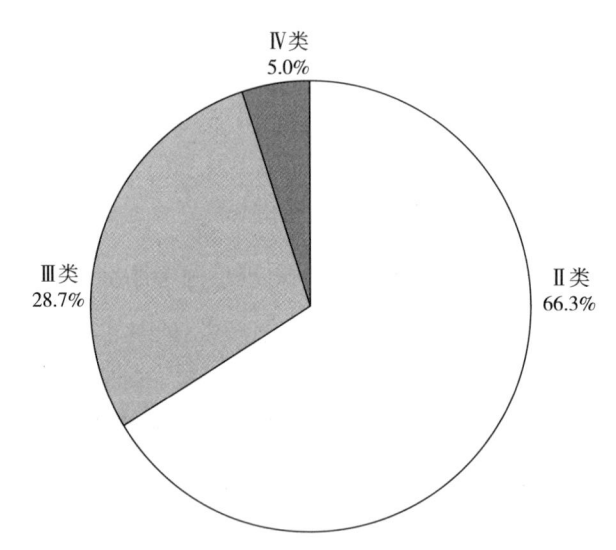

图4 2023年1~9月苏州市地表水省级考核断面水质类别比例

资料来源：苏州市生态环境局（http://sthjj.suzhou.gov.cn/）。

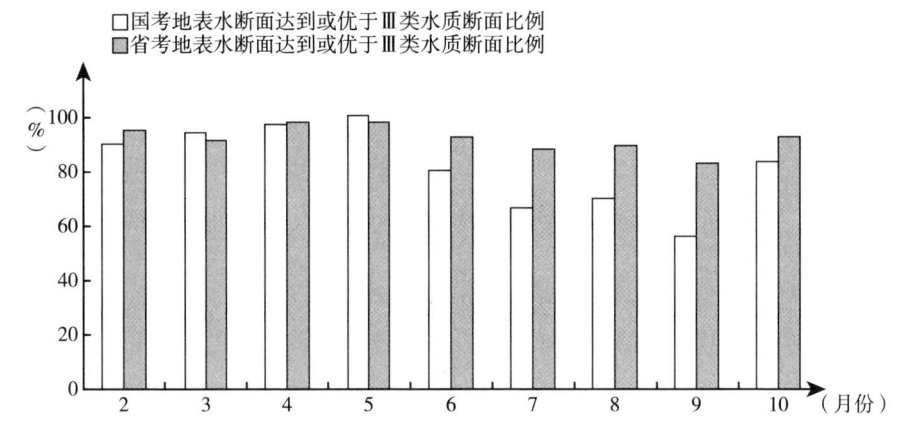

图 5　2023 年 2~10 月苏州市地表水断面达到或优于Ⅲ类水质断面比例

资料来源：苏州市人民政府（http://www.suzhou.gov.cn/）。

3. 稳步推进净土保卫战，土壤环境质量趋势向好

2023年按照《苏州市土壤污染治理与修复规划》，继续实施国控省控土壤监测点位布设、土壤污染重点行业企业筛选、关闭搬迁化工企业和涉重企业遗留地块排查等工作，土壤环境安全得到基本保障。[①] 苏州市每年召开土壤污染防治工作培训会，进一步加强土壤污染防治能力建设，推进土壤生态环境保护；同时提出强化"环保施肥、科学用药"理念，抓牢农药集中配送和测土配方肥推广两大政策，选优用精"双管齐下"，助力农村土壤环境改善和肥力提升。

4. 噪声污染防治专项启动，噪声环境整体达标

苏州市制定《苏州市治理噪声异味污染进一步提升人民群众获得感专项行动方案》，全市噪声、异味污染举报投诉量同比下降20%，通过8项重点任务、6项工作举措、4项保障措施，全面启动"两治一提升"专项行动，一些悬而不决的突出问题得到有效解决，省、市督办的重点噪声问题投诉量明显下降，全市各类功能区昼夜间噪声均全面达标。2023年11月，苏

[①] 苏州市生态环境局：《苏州市"十四五"生态环境保护规划》，http://www.jsjnw.org/news/230707-2976.html，2023年7月7日。

州市颁布《建设用地土壤污染状况初步调查监督检查工作指南（试行）》，进一步加强对全市建设用地土壤污染状况调查工作的监督管理。

5. 固体废弃物治理成效显著，"无废城市"建设启动

苏州市被列入"十四五"时期"无废城市"建设名单后，先后编制了《苏州市"十四五"固体废物污染防治规划》和《苏州市"十四五"时期"无废城市"建设实施方案》，从工业垃圾、生活垃圾、建筑垃圾和农业垃圾四方面明确治理路径，提升固体废物无害化处理能力，推动废弃物循环利用。2023年10月，苏州市印发了《苏州市新污染物治理实施方案》，从治理体系、源头管控、过程监管和末端治理等方面全方位推动全市新污染物治理工作，提出到2025年初步建立新污染物环境调查监测体系，保障生态环境安全和人民身体健康。苏州市牵头召开"无废城市"建设工作例会，制定《苏州市"无废城市"建设三年行动计划（2023—2025年）》，统筹推进各项建设任务，组织召开全省"无废园区"建设现场推进会，积极创建"绿色工厂"，试点开展"无废工厂""无废园区""无废供应链"建设，5个化工园区建立"无废园区"建设统筹协调工作机制，探索化工园区固废治理新模式。开展全市小微企业危险废物收集单位专项整治巩固提升行动，全市已建成投运9个小量危险废物集中收集点，集中收集能力达4万吨/年，新增15000吨/年危险废物焚烧处置能力，1800吨/年医疗废物焚烧处置能力，基本建成转运高效、服务优质、风险可控，覆盖全市范围的危险废物集中收集体系。苏州市积极推进省级以上工业园区（集中区）污染物排放限值限量管理，完成"一园一策"实施方案编制，工业园区污染物排放限值限量管理是江苏省生态环境厅推进生态环境治理体系和治理能力现代化建设的一项创新举措，对工业园区污染物排放限值限量管控体系形成长期稳定支撑。

（二）生态保护与修复扎实推进，"绿美苏州"建设成效显著

1. 生态园林城市群建设卓有成效

重要生态空间保护力度持续加大，划定生态空间保护区域3257.97平方

公里，占全市区域面积的比重达37.63%①，建成涉及自然保护区、风景名胜区、地质公园、森林公园、湿地公园等类型的自然保护地，为维系区域生物多样性、提升生态系统服务功能提供了坚实的生态网络支撑。纵深推进以太湖、阳澄湖和长江大保护为核心，湿地保护小区为主体，湿地公园为亮点的健康湿地城市建设，"绿美苏州"建设成效显著。常熟、昆山、张家港、太仓4个县级市全部建成"国家生态园林城市"，成为全国首个"国家生态园林城市群"，推动全市宜居水平不断提升。2023年苏州市推出"新增及改造城市绿地、公园"民生实事项目，截至2023年9月底，全市累计新增及改造城市绿地约245万平方米，城市公园3个，口袋公园32个，小微绿地163个，完成总体目标进度的87.73%，各县级市（区）也积极开展绿化民生实事工程且成效显著。2023年10月，吴中区入选国家第七批"绿水青山就是金山银山"实践创新基地，成为苏州市首个且目前唯一获此殊荣的县区。

2. 新一轮太湖综合治理持续推进

苏州市坚决贯彻中央和省决策部署，并结合苏州特点与实际，研究制定了太湖治理"1+N"苏州行动方案，印发《苏州市推进新一轮太湖综合治理行动方案》和太湖综合治理系列政策文件，建立太湖保护与发展市级协调机制，成立苏州市环太湖地区系统性保护和高质量发展领导小组，统筹推进太湖保护与发展。在沿太湖岸线（东山、西山和光福）增设107个市级监测断面，创新流域管理模式，助推通湖河道水质全面达到Ⅲ类标准。充分利用"水陆空天"立体化水质藻情监测监控网络，加强蓝藻监测预警，并开展重点湖区巡查。全域设有54支蓝藻打捞队伍，藻水分离设备20套，日处置能力13960吨，做到蓝藻"日生日清"，基本能够满足应急防控需求。太湖东部湖区水质稳定达到Ⅲ类标准，是太湖水质最好的区域，太湖6个饮用水水源地水质均稳定达标，太湖蓝藻发生面积、次数达有监测记录以来最好水平，发生次数同比减少48次，连续16年实现安全度夏。苏州继续开展

---

① 苏州市生态环境局：《苏州市"十四五"生态环境保护规划》，http://www.jsjnw.org/news/230707-2976.html，2023年7月7日。

太湖地区"一山一策""一湖一策""一岛一策"治理，组建太湖博物馆、太湖水文化馆和太湖研究院等工作，推动形成全方位、立体式、系统性的太湖保护发展新格局，促进生态保护与资源利用的协同发展。

3. 太湖生态岛建设成效显著

苏州市近两年持续推进太湖生态岛建设且成效显著。2023年，苏州市继续贯彻《苏州市太湖生态岛条例》和《太湖生态岛发展规划（2021—2035年）》要求，各项生态环境建设工程已从制度设计转向全面实施。太湖生态岛获批自然资源部首批生态产品价值实现机制试点，"太湖生态岛农文旅绿色低碳融合发展示范项目"获选国家第二批EOD模式试点。环太湖湿地带、碳汇林等一批生态项目陆续建设且成效显著，消夏湾生态安全缓冲区通过布置15.5公顷多功能湿地，治理了4平方公里范围内的面源污染，被列为农业面源污染防治典型案例，并获评全省生态安全缓冲区示范项目。在生态岛居山湾碳汇林片区，碳汇林林地面积达到200亩，已种植水杉、青枫等各类树木150亩；在张家湾、居山湾、乌峰顶等地，已种植2000亩成片树木，为生态岛增添了低碳生态本底；在居山湾开展增殖放流生态项目，2023年以来已有十几万尾鱼种放流太湖。

4. 生物多样性保护不断受到重视

苏州市切实加大野生动植物保护力度，在全省率先开展并完成陆生野生动物资源调查，积极开展各类野生动植物保护普法宣传活动，组织"严厉打击破坏野生动物资源违法犯罪专项行动""野生动物保护专项整治行动""盘羊四号行动"等各类专项执法行动。苏州一共记录到鸟类20目64科330种，在监测点还发现了黄腹山鹪莺、小蝗莺、白头鹎等5个苏州市鸟类新记录种。2023年苏州市积极编制苏州市自然生态保护修复等专项规划，生物多样性调查工作有序推进，市域生物多样性本底调查基本完成。

（三）绿色低碳发展稳步推进，绿色转型升级纵深推进

1. 促进产业绿色转型升级

苏州市一直坚持产业绿色化、绿色产业化，出台了一系列政策积极构建

碳达峰、碳中和政策体系，扎实推进传统产业绿色转型，积极培育绿色低碳优势产业集群，协同推进减污、降碳、扩绿、增长，促进产业绿色升级。苏州市继续组织开展2023年度苏州市"近零碳"工厂（第二批）入库培育工作，经审查拟认定"近零碳"工厂12家。同2022年相比，"近零碳"工厂数量增加一倍，总数占全省的35%，表明苏州市在推动工厂绿色低碳转型方面有所突破，构建了以"绿色工厂、绿色设计产品、绿色园区、绿色供应链"为主体的绿色制造体系。2023年耐克中国物流中心成为中国首个"风光一体化"零碳智慧物流园，张家港经开区、吴中经开区获评国家级生态文明建设示范区工业园区。

2. 扎实推动低碳城市建设

苏州以国家低碳城市试点为契机，锚定"双碳"目标，建立绿色、低碳、循环发展的产业体系和清洁、安全、高效的现代能源体系，促进经济绿色高质量发展。2023年，苏州市加快构建"1+1+6+12"双碳政策体系，积极开展低碳试点示范创建，持续开展"碳排放管控"工作，组织各地开展2023年"全国低碳日"主题活动。全市分布式光伏新增并网容量大幅提升且位居江苏省第一，常熟、吴江、吴中、相城入选全国整县（市、区）屋顶分布式光伏开发试点，全市绿色能源使用占比不断提高。2023年苏州试行基于国网智能物联电表架构的"电碳表"项目，实现了电力全环节碳排放量的实时精准计量，并根据《国务院关于印发计量发展规划（2021—2035年）的通知》和《省政府关于深入推进计量工作的意见》精神，深入推进计量工作，设立苏州市碳计量中心，加强碳排放关键计量测试、精密测量技术等相关领域研究，建立完善能源资源环境计量体系，进一步服务绿色低碳循环发展。苏州市按照《苏州市钢铁企业超低排放改造实施方案》的要求，推动钢铁行业超低排放改造，成为全省首个钢铁行业全部完成超低排放改造的城市；2023年10月公布的江苏省"2023年度绿色发展领军企业"名单中，苏州13家企业上榜。

3. 促进碳汇巩固提升

苏州市坚持人与自然和谐共生，严格保护修复生态空间，进一步巩固提

升生态系统碳汇能力，构建"三核四轴四片、多廊多源地"的生态保护格局，划定并严守生态红线，统筹山水林田湖草沙系统治理和空间协调保护，建立覆盖全市的"三线一单"生态环境分区管控体系。苏州市坚持提升森林生态系统质量，深入推进国土绿化行动，大力实施"绿美苏州"建设行动，严格各级湿地的占用管理，加强城市绿地建设，增强农业农村固碳能力。2023年2月，苏州市发布《苏州市公园管理办法》，提出"把苏州建设成一个处处皆景、城在园中的美丽城市"。根据遥感影像解译和InVEST模型计算，2023年苏州市生态碳储量为86425022.39吨，主要类型为湖泊碳汇与森林碳汇，主要分布在太湖沿线与沿江区域，是生态碳汇保护的重点区域。

（四）生态环境保护机制不断完善，监管力度持续加大

1. 生态环境治理保护机制日益完善

苏州市综合运用经济、法律、技术、政策等手段，聚焦共享共治，形成政企社共治合力，推动生态环境治理保护体制不断完善。"放管服"改革持续深化，审批服务进一步优化，推进开发区环境影响区域评估，推广应用环保管家服务平台。苏州市贯彻落实省生态环境保护例行督察反馈意见，依法依规推动全市生态环境保护督察整改，在2022年组织制定《苏州市贯彻落实省生态环境保护例行督察反馈意见整改方案》基础上，2023年进一步聚焦深入打好污染防治攻坚战、推动生态环境保护督察整改落实到位。

苏州市持续提升风险防控水平。通过危险废物处置收集体系建设、危险废物产生及经营企业达标督查、危险废物处置专项整治行动等活动，逐步建立了生态环境、应急管理信息共享、联合监管等工作机制。同时注重应用政策鼓励手段，2023年苏州各县级市（区）持续开展企业绿色帮扶工作，助力更多优质企业成为绿色高质量发展的示范样板，组织开展苏州市清洁生产审核法规宣讲培训，进一步提高企业清洁生产审核能力。

2. 生态环境监管力度持续加大

苏州市已经全面建成了涵盖环境空气、地表水、饮用水、地下水、底

泥、生物、土壤和噪声等的例行环境监测骨干网络，全面推动"用电、视频、工况和一园一档"在线监控系统建设，为环境治理监测和生态环境监管奠定基础。2023年相继印发《关于开展泄漏检测与修复专项执法的通知》《关于开展大气污染防治强化执法攻坚的通知》，对生产过程管理、材料使用等方面的执法监管细化部署、明确要求。在查处生态环境违法违规方面，组织开展第三方环保服务机构专项整治行动，严肃查处环境违法行为；制定了2023年"双随机、一公开"监管计划，联合多个部门执法检查，有效推动了跨领域、跨层级监管联动，维护公平有序的第三方环保服务机构市场环境。

二　苏州生态治理挑战与展望

（一）苏州生态治理面临的挑战

1. 大气环境质量持续改善压力较大

苏州市工业产业量大、分布广，对大气环境产生较大胁迫作用。尽管大气环境近年来得到较大改善，但随着复工生产，大气环境治理持续改善压力较大。以2023年8月为例，苏州市区空气质量优良天数23天，空气优良天数比例（71.9%）虽居全省第二，但对标国内同属经济发达地区的上海（83.9%）、广州（98.0%）、深圳（97.0%）等地还有一定差距，特别是O_3年均浓度未达国家二级标准，还需加大VOCs、机动车尾气等治理力度。

2. 水环境治理任务艰巨

苏州市水域面积达3205平方公里，贯通河道2万多条、湖泊300多个，河湖岸线较长，排污总量较大，使得水环境治理压力远远大于其他城市。[①]部分地区市政基础设施不完善，局部地区污水收集能力不足，仍存在污水管网覆盖不全面、管网错漏接、雨污混接等问题。面源污染尚未得到

[①] 谭译、李勤：《苏州市生态文明建设背景下的水生态环境质量改善措施探究》，《中国高新科技》2022年第23期。

有效治理，特别是农业面源污染广泛存在。全市湖泊生态系统均存在不同程度的退化，如阳澄湖、澄湖目前仍在进行湖体养殖作业，受其影响，湖水生态系统严重退化，固磷能力降低。[①] 此外，由于生态环境治理的邻避效应存在，跨市联合治水机制尚不完善，跨界地区水环境治理任务艰巨。

3.土壤环境治理难度较大

苏州市虽然开展了土壤环境监控工作，但各县级市（区）对土壤污染情况调查力度不足，土壤环境污染问题的监管力度还需加大，一些企业违规排放和违法占用土地等问题仍然存在。有关土壤保护的法律法规还不够完善，土壤污染的治理和修复技术还不够成熟，土壤污染治理成本较高。

4.生态环境治理能力亟须提高

苏州市工业门类众多，环境风险企业面广量大，生态环境治理的协同难度较大，对生态环境治理能力提出更高要求。一是危险废物产生企业数量多，飞灰、废盐、重金属污泥等特种危险废物的本地处置利用能力存在不足；二是电镀、化工等企业对土壤环境影响较大；三是污水处置系统有待完善，部分污水处理厂运行负荷不高，农村地区污水处理设施建设不足；四是生活垃圾收运体系不完善，垃圾资源化利用水平不高；五是生态环境监测监控信息化集成平台尚未建立，部门之间缺乏协同共享机制。

（二）苏州生态治理的新形势

1.习近平生态文明思想为苏州市生态治理提供根本遵循

党的十八大以来，以习近平同志为核心的党中央把生态文明建设摆在全局工作的突出位置，开展了一系列根本性、开创性、长远性工作，形成了习近平生态文明思想，推动我国生态环境保护与生态治理发生历史性、转折性、全局性变化。我国生态文明建设进入了以降碳为重点战略方向、推动减污降碳协同增效、促进经济社会发展全面绿色转型、实现生态环境质量改善

---

① 施晓婷、周德坤：《苏州市吴中区生态环境保护现状及修复对策研究》，《苏州科技大学学报》（工程技术版）2019年第3期。

由量变到质变的关键时期。这为苏州全面加强生态环境保护、提高生态治理水平指明了前进方向和奋斗目标,要牢牢把握实现减污降碳协同增效总抓手,大力推进绿色发展。

2. 多重国家级战略叠加加速苏州市绿色转型发展

长三角一体化发展、长江经济带建设、自由贸易试验区建设等国家重大战略在苏州叠加交汇并纵深实施,为苏州市绿色发展和高质量发展带来广阔前景,而长三角生态绿色一体化示范区建设更为苏州市绿色转型赋能。长三角一体化发展加强区域协调发展、积极践行绿色创新发展、夯实锚固自然生态基底,这些都为苏州市融入区域发展格局、提高生态治理水平奠定重要基础。长江经济带建设强调不搞大开发、共抓大保护的理念,苏州市具备打造生态治理样本和典范的先行优势。中国(江苏)自由贸易试验区确定苏州片区承担起建设世界一流高科技产业园区的发展定位,将有力促进低碳园区高质量发展。长三角生态绿色一体化示范区建设也带来空前的发展机遇,助力苏州市优化城市空间布局和产业结构,提升发展效能,加强区域统筹,破解区域性流域性环境问题。

3. 生态环境治理体系建设步伐加快促进生态治理效能提升

2020年8月,江苏省委办公厅、省政府办公厅发布《关于推进生态环境治理体系和治理能力现代化的实施意见》,为进一步提升全省生态环境治理水平提供有力支撑和政策依据。生态环境治理体系建设进一步加快,生态治理能力现代化日趋探索出符合我国国情的新路子,必将在生态文明制度改革领域释放更多红利和先机。苏州要深刻理解和把握国家现代化治理的要义,将生态治理作为国家现代化治理的主要内容之一,先试先行、探索创新、完善机制体制建设,破解制约高质量发展和生态环境保护的体制机制障碍,推动生态环境保护和治理工作始终走在全省乃至全国前列,打造生态治理的"苏州样本"。

4. 碳达峰、碳中和行动将助力苏州市绿色低碳和韧性持续发展

实现碳达峰、碳中和是全世界范围内一场广泛而深刻的经济社会变革,将有力推动经济社会粗放型发展向资源高效利用、绿色低碳发展全面转型,

为苏州实现经济社会高质量发展与生态环境质量改善提供了历史性机遇,由此带来产业结构调整、能源结构优化、交通运输结构优化、用地空间布局优化、韧性基础设施建设等一系列变革,同时也将形成碳汇水平提升、自然保护地建设、公园城市建设、水乡特色保护等新的发展动能,有力促进经济社会全面绿色转型和可持续发展。

5."十四五"规划发展目标为苏州市生态治理提供方向指引

苏州市国民经济和社会发展第十四个五年规划中提出,要把握人与自然和谐共生的本质特征,展现新时代"人间天堂"之美,让"美丽苏州"成为"强富美高"最直接最可感的实践范例;2025年苏州高颜值城市展现更美形态,城市功能展现更亮形态,"美丽苏州"建设的空间布局、发展路径、动力机制基本形成,生态环境质量、城乡人居品质、绿色经济发展活力位居全省全国前列;主要污染物排放总量持续减少,能源资源配置更加合理、利用效率提高,碳排放强度有所下降,生态环境质量不断改善,生态系统质量稳步提升,生态安全屏障更加牢固。这为苏州生态治理提供了明确的目标指引和美好蓝图,需要持续加强生态治理各项工作,走一条苏州生态治理的新路径。

三 苏州生态治理建议

2024年是实现苏州市国民经济和社会发展第十四个五年规划目标的关键一年,要继续深入践行习近平生态文明思想,压紧压实区域生态环境保护责任,坚持问题加目标导向,全面提升环境质量,加大自然生态保护修复力度,不断创新绿色发展路径,厚植绿色发展新优势,增强绿色发展新动能,建设"美丽苏州",谱写"美丽中国"的苏州范本。

(一)强化污染协同控制,提升大气环境质量

1.加强大气污染物协同管控

以大气环境质量目标为约束条件,以持续改善大气环境质量为导向,强化点源污染、交通流动源污染、面源污染综合治理,加强对污染物排放的源

头监测,加强达标进程管理和监控,巩固提升大气环境质量。推进$PM_{2.5}$和O_3"双控双减",将沿江地区、工业集中区作为O_3污染重点控制区,加强沿江地区$PM_{2.5}$和O_3污染区域传输规律研究,加强精细化差异化协同管控,协调工业生产与污染控制关系。到2025年,争取空气质量优良天数比例达到86%以上,$PM_{2.5}$年均浓度控制在28微克/米³以下,O_3评价值(最大8小时第90百分位数浓度)控制在160微克/米³以下。

2. 加大VOCs治理力度

加强苏州市产业特点研究,加强宏观层面指导和微观层面精细化管理。对企业含VOCs物料储存、转移和输送、设备与管线组件泄漏、敞开液面逸散以及工艺过程等各类排放源加强管理,有效削减VOCs无组织排放,逐步实施绿色材料替代。加强化工、石化、包装印刷、工业涂装、油品储运销售等重点行业VOCs深度治理和重点集群整治与精细化管控,实施VOCs达标区和重点化工企业VOCs达标示范工程等。

3. 提升重污染天气应对能力

落实"省级预警、市县响应"要求,制定重污染天气应急预案,完善重污染天气监测预警机制,根据预警信息建立区域快速应急联动机制,按级别及时启动应急响应措施,强化重污染天气应对,切实保障居民生产生活安全。

(二)坚持防治结合,提升水环境质量

1. 确保区域供水安全

以水资源全面保障、水环境质量持续改善、水安全防治为核心目标,实施水单元控制和精细化管理,推进水功能区与水环境区划体系和管控手段有机融合,建立统一的水生态环境管理区划体系、监测体系和考核体系。[1] 加强饮用水水源地保护,加强周边产业与城乡建设管控,推进饮用水水源地达

---

[1] 苏州市生态环境局:《苏州市"十四五"生态环境保护规划》,http://www.jsjnw.org/news/230707-2976.html,2023年7月7日。

标。加强供水保障能力，推进水厂及供水管网配套建设，加强区域供水体系建设，确保城乡生活生产供水安全。

2. 持续深化水污染防治

全面持续开展长江、太湖流域入河（湖）排污口排查、监测、溯源、整治工作，严格排污标准。加强工业企业废水排放整治工作，提高工业园区及重点企业污水处理水平，积极实施"一园一档""一企一管"，推进工业废水和生活污水分类收集、分质处理、分区统筹。加强农业农村水污染治理和农业面源污染治理，统筹推进农村生活污水治理设施建设，对主要湖泊周边的水产养殖、种植业加快推进高标准改造工程。到2025年地表水省考、国考断面优于Ⅲ类比例持续提升，确保长江干流水质稳定为Ⅱ类，主要通江支流水质稳定达到Ⅲ类，水污染物减排量达到省级下达要求。

3. 加强湿地生态修复保护

科学定位湿地缓冲带的功能，根据不同湿地划定适当宽度的缓冲带空间，防止陆地污染物进入湿地，适度种植挺水植物和浮水植物，同时考虑生物栖息的需求，保证湿地生态系统和生物多样性稳步提升。严格控制湿地周边生产废水、生活污水的汇入，加强面源污染防治，减少农业农药、肥料的使用。稳步推进湿地保护小区、湿地公园的建设管理和评价机制，实现湿地保护与管理规范化、科学化、精准化。[①]确保到2025年自然湿地保护率达到70%，重点生物物种保护率稳定在90%以上。

4. 持续加大重点河湖保护力度

全面贯彻"共抓大保护、不搞大开发"的方针，持续推进长江流域生态大保护，大力加快入江排污口整治，对主要通江河道水环境进行全面提升整治，重点加强长江岸线保护和生态修复，强化长江沿岸企业污染防治和环境风险防控。实施太湖、阳澄湖、太浦河等综合治理，创建美丽河湖。继续深入推进太湖系统治理，依循"外源减量、内源减负、生态扩容、科学调

---

① 张影宏、朱铮宇：《苏州市湿地保护现状与优化对策》，《现代农业科技》2016年第24期。

配、精准防控"的策略,确保太湖水质不断提升。推进大运河生态整治和文化带生态长廊建设,构建生态文化高度融合的新型经济带。加强太浦河水资源保障和水安全防护,对水源地加强污染防控和治理,提升河道两岸生态涵养功能,并逐步建立上下游协同的生态补偿机制。

(三)加强土壤污染防控,改善土壤和农村环境

1. 加强土壤和地下水污染防控

持续加强农业面源污染防治,继续开展土壤和地下水状况调查、监测与评估;加强耕地保护,减少农药、肥料使用,严防新增耕地土壤污染,加大高标准农田保护力度,适时增加土壤肥力,提高土壤质量。加强地下水环境监测与风险管控,划定地下水污染分区并明确防治措施,根据责任主体实施地下水污染源分类监管。到2025年确保地下水质量Ⅴ类水比例持续稳定在50%。

2. 全面推进土壤安全利用

加强受污染工业用地与耕地综合整治和治理修复,严格污染地块准入管理,加强建设用地污染风险管控,加强未利用地土壤环境保护,健全土壤环境治理监管制度。加大土壤污染修复的技术研究和监控力度,推进土壤监测信息化过程管理,构建地理空间数据库,联合多部门录入地块及周边区域相关资料,为调查机构采集信息、编制相关规划、土地整治与修复、制定污染防治对策等提供便利,提高土壤污染治理效率。[①] 到2025年确保受污染耕地安全利用率稳定在93%,污染地块安全利用得到有效保障。

3. 提升美丽宜居乡村环境

全面实施乡村振兴战略,分类推进乡村人居环境建设,特别是要加强农业面源污染防治,加快农药、肥料减量增效的研发与实践,深入实施测土配方施肥,鼓励使用有机肥、生物肥和种植绿肥,加强对农药科学使用

---

① 陆爽君、施维林、许伟等:《建设用地土壤污染状况调查监管存在的问题及对策探讨》,《环境监测管理与技术》2021年第2期。

的指导与培训，促进农业农村污染防控取得长足进步。加强农村环境问题生态化治理和农村基础设施建设，加大农田水利灌溉、生活污水处理、设施标准化运维等方面的投入，全面提升农村生态环境质量和治理水平。确保到2025年集镇区生活污水处理率达到92%，农村生活污水处理率达到96%。

（四）推进碳达峰行动，促进绿色循环发展

1. 深入开展碳达峰行动

全面落实国家、江苏省下达的温室气体排放约束性目标，将碳排放强度降低目标纳入苏州市高质量发展考核指标，落实碳排放总量和强度"双控"。①将碳达峰贯穿于经济社会发展全过程和各方面，重点实施工业重点行业达峰行动、能源绿色低碳转型行动、节能降碳提质增效行动、绿色低碳城乡建设行动、交通运输低碳发展行动、循环经济助力降碳行动、绿色低碳科技创新行动、碳汇能力巩固提升行动、绿色低碳全民共建行动、内外联动交流合作行动等"碳达峰十大行动"。②加强重点行业和企业监管，严格控制电力、纺织、造纸、钢铁、化工、建材等重点高耗能行业企业碳排放总量，根据碳排放清单积极开展碳排放对标活动，加强新工艺、新技术应用，有效降低单位产值碳排放强度。

2. 推动产业结构和能源结构优化调整

推动传统产业绿色转型和产业结构优化调整，加强绿色发展战略引导，加快绿色低碳产业体系构建，加强绿色创新企业培育行动，提高先进制造业集群绿色发展水平，重点发展高效节能装备、先进环保装备，推动生态环保产业与新基建、5G、人工智能、区块链、大数据、数字经济等创新技术融合发展，构建绿色产业链。加快构建清洁高效的现代能源体系，提高可再生能源利用比重，因地制宜发展光伏、风电、生物质

---

① 苏州市生态环境局：《苏州市"十四五"生态环境保护规划》，http://www.jsjnw.org/news/230707-2976.html，2023年7月7日。
② 苏州市发改委：《苏州市碳达峰实施方案（征求意见稿）》，2022年。

等可再生能源，推动钢铁、造纸、化工、纺织等重点行业提高能源利用效率。到2025年确保非化石能源占一次能源消费比重达到12%。

3. 加强碳汇效能巩固提升

深入推进森林碳汇提升和国土绿化行动，加强长江、京杭大运河、太湖等重点流域防护林体系建设，加强河流湖泊景观绿地系统恢复和多样性保护，提升重要公路绿色通道建设水平，加强城市公园绿地和防护绿地建设，加强挖掘立体绿化潜力，加强韧性基础设施建设和"海绵城市"建设，多举措促进苏州市碳汇效能巩固提升，提高生态环境治理水平。确保到2025年，林木覆盖率达到20.5%，生态质量指数保持稳定，生态系统服务功能显著增强。

（五）加强生态保护修复，构建生态安全格局

1. 加强自然生态系统治理与修复

按照山水林田湖草生命共同体的理念，统筹考虑苏州市自然地理单元的完整性、生态系统的关联性、自然生态要素的综合性、自然生态管理的权属等因素，开展自然要素整体保护、系统修复、综合治理、重点推进。根据自然生态系统受损状态确定合理的治理与修复对策，重点对湿地、湖泊、林地、耕地、采矿用地、废弃地等功能退化的自然生态系统加强国土综合整治和生态修复。探索建设自然生态修复试验区，促进生态系统自我调节和有序演化。到2025年确保自然湿地保护率达到70%，长江生态岸线比重达到50%，完成建成10个省级生态美丽示范河湖、推出2~3个有全国影响力的生态美丽河湖典范的目标。以自然生态保护和修复为核心，按照自然人工措施相结合的方法，以太湖、阳澄湖、长江沿岸、大运河、城市近郊等区域为重点修复区域，加强生态系统的恢复和重建。

2. 统筹国土空间保护开发，构建生态安全格局

根据资源环境综合承载能力和国土空间开发适宜性评价结果，统筹安排生态涵养、农田保护、城乡建设、产业布局、公共服务设施、市政基础设施和综合防灾工程等，推动苏州市构建"一主四副双轴、一湖两带两区"的

多中心、组团型、网络化的国土空间开发总体格局。① 贯彻落实主体功能区战略和制度，协调好城镇建设、生态保护与农业发展之间的关系，以《苏州市国土空间总体规划（2021—2035年）》为依据，落实生态保护红线、永久基本农田、城镇开发边界三条控制线，按照用途管控要求实施差别化的空间引导、管控要求与准入政策，促进全市国土空间高效保护与开发。

充分利用苏州山水环绕、襟江带湖的自然禀赋，在国土空间保护开发格局的基础上，依据全市生态敏感性分析，统筹自然生态空间协调保护，构建以"三核四轴四片"为主体的生态安全格局。加强江南水乡整体生态意向保护与营造，强化河流、湖泊、湿地、山体、森林、农田、交通绿化廊道、景观廊道、城市绿地、风景名胜区、自然保护区等生态斑块和廊道之间的联通，着力构建由山林组成的生态屏障、湖田组成的生态斑块、江河路组成的生态廊道、城乡组成的生态节点共同维系的网络化生态空间，通过生态保护与修复提升生态系统质量和稳定性。对不同类型的生态空间明确分级分类的管控要求、管控区域、管控措施。

（六）健全生态治理体系，实现生态治理水平跃升

1. 加强生态治理的部门协同机制建设

聚焦生态环境法规政策、专项规划、科学研究、环境治理与管理、执法监管、全民行动等重点领域，着力构建全要素、全链条、全过程、全市域的生态环境现代化治理体系。落实生态环境治理过程中各类主体责任，加强部门之间、部门与企业之间的协同机制建设，形成有机、协调、良性、互动、高效的运行机制，探索具有苏州特色的生态治理制度。加强生态环境部门、自然资源与规划部门、住房与城乡建设部门、农业农村部门、工业与信息化部门、园林绿化部门之间制度共建、数据共享、目标统一、行动有序的生态治理体系建设。确保生态环境治理能力取得新进展，公众对生态环境满意度

---

① 苏州市生态环境局：《苏州市"十四五"生态环境保护规划》，http://www.jsjnw.org/news/230707-2976.html，2023年7月7日。

稳定在91.8%。

2. 提升生态环境监测监管水平

加快提升生态环境监测监管能力，对重点监测区域和污染源头加大监测力度，补齐生态环境基础设施监测短板，加强动态、实时、精准监测，并将监测数据与生态治理紧密结合，高效反馈到生态环境治理的各个环节，全面提升生态环境监测效能。

3. 加强区域生态治理体系建设

以全面融入长三角一体化发展为导向，以区域生态环境治理水平整体提升为目标，创新区域生态治理体系，以跨流域、跨地区生态环境要素为核心对象，从生态空间共保共守、环境污染联防联控、环境管理共享协同、环境科研共同推进等方面发力，将苏州建设成为长三角区域绿色发展引领区、生态治理示范区、环境保护典范区。

B.11 苏州基层治理分析与展望

吴新星*

摘　要： 2023年，苏州积极打造"苏城善治"品牌，在基层党建引领、基层民主自治、基层法治建设、新时代文明建设、基层治理数字化等方面开展了一系列机制创新，民生保障水平和基层善治效能得到有效提升。对照新的历史阶段"在保障和改善民生、推进社会治理现代化上走在前列"的要求，苏州基层治理在价值、组织、机制、行动、技术等方面仍有较大的提升空间。作为一座特大城市，苏州需要深入分析超1600万人口的基本民情，在党建引领、治理机制、矛盾化解、服务共享等方面继续开展先行性的创新探索，从基层党建引领提升、村（社区）建设强化、社区服务精准供给、基层治理社会化和社会治理数字化五个维度综合施策，为推进基层治理现代化新实践提供苏州的样本经验。

关键词： 基层治理现代化　党建引领　治理机制　民情基础

　　基础不牢，地动山摇。基层治理是党和国家治理的基石。苏州围绕"苏城善治"主题，持续完善基层"五治"体系，实施"八心工程"系列治理项目，在党建引领基层治理现代化上采取了一系列举措，取得了一些成效。2023年10月，苏州被中央政法委确定为"苏州市域社会治理现代化试点合格城市"，"奋力打造市域法治化营商环境最硬核"被确定为"全国市域社会治理现代化试点优秀创新经验"。但应清醒认识到，苏州基层治理还

---

* 吴新星，苏州大学中国特色城镇化中心、东吴智库研究员，硕士研究生导师，主要研究方向为基层治理、数字治理。

存在诸多发展空间。在建设社会主义现代化强市的新阶段，苏州应回归初心，深入研究基本民情，以城乡居民的民生需求为出发点，重新定位基层治理提升社会民生保障水平的发展目标，理顺工作思路，在组织结构、制度机制、治理格局、治理技术等方面推出一系列新举措，不断探索以基层治理现代化持续提升社会民生保障水平的新经验。

一 苏州推进基层治理现代化的主要成效

近年来，苏州全力打响"苏城善治"特色品牌，实施"八心工程"系列治理项目，较好发挥了基层治理的民生保障功能。首批"枫桥式村（社区）"建设试点单位连续三年实现区内矛盾纠纷调处成功率99.5%以上。

（一）强化"政治"，健全基层党建引领功能

1. 强化基层治理中党组织核心地位

苏州制定出台党建引领"根系工程""1+5"制度体系，不断推进村（社区）、"两新"组织等党的建设，推广"大党委"、党建联盟、行动支部、功能支部等组织机制，形成了以党组织为核心的基层治理组织机制。工业园区纵向优化基层党建架构，逐步构建"1个街道党工委—12个邻里党委—57个社区党组织—325个邻治理网格—1202个金楒先锋微网格"五级组织架构，以街道班子成员兼任邻里党委书记、片区内社区党组织书记轮值副书记的方式，筑牢邻里党建的组织运行基础。高新区探索建设大院大所党建联盟，将区内优质科创资源引入社区服务体系，通过社区善治为院所企业营造优质营商环境。通过深化社区"大党委"运行机制，各地凝聚资源、抓取资源、变现资源，深化多方参与的协商议事机制，夯实了"倾听民愿、集中民智、化解民忧"的自治基础，实现机关党建、行业党建、"两新"组织党建和社区党建的联动共促。

2. 健全城乡基层党建网格治理体系

以社会综合治理网格体系为基础，将村（社区）网格架构与党的组织

体系同步理顺完善，厚植"街道党工委—社区党委—网格党支部—楼栋党小组—党员中心户"五级组织体系，实现全市网格党组织全覆盖，网格党支部占比达到93%。2022年起，苏州全面推进"精网微格4.0"工程，在综合网格基础上进一步推进楼道网格服务的深化。吴中区在全区镇（街道）党（工）委，村（社区）、产业园区党群服务中心，自然村、住宅小区、商务楼宇等党群服务站点分别建立一级、二级、三级枢纽共1062个，设立三级网格党支部828个，开展"一格一家""一格一账""一格一品"行动，依托网格抓管理、抓和谐、抓环境，做到小事不出网格、大事不出村（社区）。

3. 推进基层党群服务阵地规范化建设

继2018年苏州发布"海棠花红"党建先锋阵地群规范化建设标准后，全市积极推进党群服务中心和基层综合服务中心的一体规划建设和运营。目前全市共建立2780个党群服务中心，形成县级市（区）、镇（街道）、村（社区）、网格四级先锋阵地群。张家港将先锋阵地作为服务前哨，织密全市500多个"海棠花红"先锋阵地，以"党建+"理念整合各部门各条线资源，通过"一镇一品"打造了"百姓茶馆""海棠小栈""党群睦邻坊""埭上老家""偶俚乡邻"等群众欢迎的阵地集群。吴中区依托三级网格建设，推进小村化治理的"笃学堂"阵地建设，每个"笃学堂"都设有大家谈、小书坊、暖心屋、书记工作室，聘有专人管理，让群众在家门口就能享受到各种便利服务。

（二）强化"自治"，完善基层社区治理体系

1. 健全社区自治，推进社区民主协商共治

全市村委会、居委会依法自治达标率分别达99.2%、98.3%，开展了"有事好商量""人大（议政）代表进社区""社情民意联系日"等基层协商治理活动，形成了村（居）民议事会、恳谈会、协商共治小组等制度机制。2019年7月起，苏州全面实施街道议政代表会制度。这一由相城区率先试点探索的民主治理制度是新时代全过程人民民主在街道的生动实践。议

政代表会负责听取街道对本辖区内经济社会发展情况和重大问题的报告,讨论并提出意见、建议;反映人民群众对街道和各村(社区)、企事业单位各方面工作的意见和建议;对街道办事处及其职能部门开展满意度评价和工作评议。

2. 推进"多网合一",健全社区网格化治理

全市全面推进"并网工程",精细划分城乡社区网格12315个(其中综合网格10357个,专属网格1958个),组建15189名专职网格员队伍,建立了党建引领、多元共治,一网覆盖、全域联动,扁平管理、精准服务,智能支撑、法治保障的基层社会网格化治理模式。在网格化治理基础上,苏州各地积极探索"网格+服务"模式,如高新区枫桥街道充分发挥基础网格员队伍的专职优势,依托"住枫桥"智慧社区平台,推出23项网格不见面审批和代办服务事项。

3. 开展"五社联动",构建共建共享良好格局

全市进一步推进"政社互动"创新,探索新"五社联动"机制,各地建成一批街道—社区社会工作站点,因地制宜实施了多种全科社工服务模式,社会组织和专业社工已成为基层治理与服务的重要补充力量。特别是曾开创"政社互动"社会组织参与基层治理实践模式的太仓,近年来积极探索城乡社区"融合共治"政社互动4.0新模式,重点完善党建引领组织机制、清单管理运行机制、能动善治协商机制、五社联动服务机制,打造"共建共治共享"的城乡社区幸福生活共同体。吴中区出台《关于推进基层社会工作站(室)建设的实施意见》,将基层社会工作站(室)建设摆在基础性、长远性、战略性位置,区级社工总站、镇(街道)社工站、村(社区)社工室分别承担着"指挥员""多面手""排头兵"的角色功能。

(三)强化"法治",深化基层治理法治建设

1. 持续健全基层治理法制体系

聚焦基层治理需求,及时将基层治理实践经验固化为地方立法和工作规范,建成了基层治理法治化的"五大体系",在全国率先走出了一条基层治

理法治全覆盖的新路子。坚持运用法治思维和法治方式深化改革，通过加强统筹推进、动态管理、指导激励，每年开展"法润村居行动"系列活动等惠农法治服务2万多场次，累计培育村（社区）"法律明白人"2万余名、农村"学法用法示范户"1200余户。

2. 推进"枫桥式村（社区）"建设

学习践行"枫桥经验""浦江经验"，把加强"枫桥式村（社区）"建设摆在平安苏州建设的突出位置，积极开展以"无讼、无访、无案、无黑、无毒"为主要目标的"枫桥式村（社区）"建设，发布首批50个"枫桥式村（社区）"建设示范单位，取得良好成效。持续推进民主法治示范村（社区）、法治文化公园、法治一条街等建设，成功创建（保留）全国民主法治示范村（社区）20个、省级民主法治示范村（社区）1064个。

3. 推进基层社会矛盾纠纷调处"一站式"建设

2021年起，张家港市、吴江区、姑苏区作为全市首批矛调中心试点地区启动两级矛调中心建设。2022年以来，苏州市将社会矛盾纠纷预防化解工作摆在重要位置，围绕"市级统筹、县级终结、镇街主战、村社前哨"功能定位，以"只进一扇门、消解所有气"为目标，在全省率先全域推进县级市（区）、镇（街道）、村（社区）三级社会矛盾纠纷调处化解中心建设，构筑资源整合、功能融合、力量协同的矛盾风险防范化解阵地，努力实现矛盾纠纷"一站式接收、一揽子调处、全链条解决"。2023年上半年，全市各级矛调中心共受理调处矛盾纠纷112400件；全市两级法院诉前分流调解纠纷90334起，调解成功40266起。

（四）强化"德治"，厚植基层治理文明底蕴

1. 城乡基层志愿服务有序推进

基层党建为民服务专项推动基层社区改造、社区养老等重点问题的解决，"在职党员进社区"等系列活动有效补充社区治理服务力量，党员先锋参与社会治理的组织化、常态化、规范化水平有效提升。各地基本建成以党员志愿者为引领、乡贤能人为骨干的志愿服务队伍，在疫情防控、矛盾调

解、文明创建、垃圾分类、社区改造等方面发挥了重要作用。疫情期间，"红珊瑚"志愿服务队、"竹蜻蜓"志愿服务队、"小苑红心"爱心志愿服务队等党员志愿者组织深入基层社区，利用自身专业能力为居民群众提供高质量服务。部分社区党支部以"党建+网格"工作模式开展党员志愿者矛盾纠纷调解工作，助力矛盾纠纷"大事化小，小事化了"。

2.新时代文明实践中心高质量推进

进一步完善了现有新时代文明实践中心（所、站）功能定位，打造了一批特色站点，拓展志愿服务项目，共享各行各业文明实践资源，依托文明实践空间载体提升阅读、休闲、教育等公共文化服务水平。持续推进社会主义核心价值观融入法治建设、社会发展、日常生活，推动江南文化、吴文化活化传承，发挥乡风民约、家训家风的教化功能，不断探索将家庭、家教、家风建设融入基层治理的新路径、新方法。

（五）强化"智治"，推进基层治理数字化转型

1."一网通办"智慧服务平台有效推进

2020年11月上线以来，"苏周到"成为苏州一张闪亮的数字化品牌名片，通过不断优化、提升、迭代，开发上线了567个服务应用，汇聚了2200多万用户。2023年7月新版"苏周到"正式上线，创新推出"政务+生活""一体两面"新模式，实现政务服务移动端、城市服务聚集端和新闻资讯触达端"三端一体"，通过打造高频应用和数据赋能运营，构建"苏周到"平台新生态。与此同时，各板块推进了特色化的智慧街镇、智慧社区建设，涌现了"惠姑苏""住枫桥"等城乡公共服务平台。如"惠姑苏"平台2021年上线以来，累计接入各类服务事项123项，覆盖全区8个街道、169个社区，用户超25万人，实现了社区活动、民生地图、智慧菜篮、幸福助餐等惠民服务，以及水电维修、家电维修安装、居家清洁等生活服务"一键抵达"。

2.社会治理"一网统管"有序推进

"三整合"改革中，紧扣"大数据+指挥平台+基层治理"的思路，发

挥"三平台一终端"（市域社会治理现代化综合指挥平台、网格化社会治理大数据平台、政法跨部门大数据协同办案平台、"苏城网格通"手机App）集成效应。统筹推进市域社会治理"一网统管"。2022年苏州被列为江苏"一网统管"建设试点城市，2023年1月，"数字苏州驾驶舱"正式投运，数字技术赋能基层治理效益日益显著。"数字苏州驾驶舱"的"数字底座"接入苏州全市32个部门141个应用系统，对接高速、轨交、景区等19万路视频监控，联通危化品、污染源、河道水位等近4万台物联感知设备，汇聚24.8亿条城市运行数据，引入1.63亿条实时互联网数据，并在此基础上建立了43个算法模型。"数字苏州驾驶舱"已构建起"观（态势感知）、研（研判分析）、处（联动指挥）、督（监督考核）、赋（数据赋能）"五大核心能力，既增强了城市"一网统管"能力，也提升了苏州市民"一网通办"的效能。

二 苏州推进基层治理现代化的实践短板

面对打造"中国式现代化苏州样板"的新使命，按照"在保障和改善民生、推进社会治理现代化上走在前列"的新要求，苏州基层治理现代化道路还面临着价值、组织、机制、行动、技术五个方面的实践瓶颈，基层治理现代化提升民生保障水平的效能亟须强化。

（一）治理有余服务尚缺，需求分析有待加强

1. 基层治理的民生逻辑有待加强

基层治理现代化是"以人民为中心"的现代化，应深入研究和把握全市1619.69万[1]人口的需求。目前各类规划、计划、文件、总结等在制度创新、机制创新、方案举措等方面着墨较多，针对苏州千万级人口民生需求的

---

[1] 苏州市人民政府：《最新统计全市实有人口1619万 上半年共有8.97万人新迁入苏州》，http://www.suzhou.gov.cn/，2023年8月13日。

全面深入研究相对较少。条线部门、基层板块对基层民情的分析限于常住人口基数、流动人口数等数量情况，对民情内在的结构、动态发展的趋势等问题研究相对较少，对老百姓急难愁盼的民生问题很难以更深远、更全面的思路去解决。

2. 对美好生活需要的认识有待深化

整体上看，各级党委、政府较重视城乡居民生活硬件条件的满足，对居民生活的主观感受认识有待深化，存在重纵向生活质量的提高、轻横向比较产生的相对剥夺感，重事中事后补偿维稳、轻源头利益满足的问题。2023年前三季度，苏州城镇居民人均可支配收入达到63597元，同比增长4.2%；农村居民人均可支配收入达到34874元，同比增长5.8%；城乡收入比相对上年同期也有所下降。金融机构人民币住户存款19265.6亿元，比年初增长15.2%。① 相对于收入增长而言，人民群众就业、教育、医疗、养老、住房等需求的满足感仍有待提升，不同群体间差异化需求的均衡性满足仍有很长的路要走。

3. 精细治理有余而服务相对不足

通过权力体系向下延伸、网格化管理全面覆盖、"一网统管"等技术管控，基层社会平安稳定管控能力得到了加强，但"活力与秩序"内在张力矛盾凸显。数字技术在基层治理、城乡公共服务需求分析中应用的广度、深度、精度仍显不足，联动平台矛盾纠纷类信息占比较低，城市管理类信息占比较高，技术赋能公共服务供给的效能尚未彰显。

（二）队伍建设仍待强化，基层治理权小责大

1. 城乡社区队伍建设仍显不足

村（社区）书记队伍建设仍需加强。各板块45周岁以上的村书记比例较高。这些"老书记"擅长做群众工作，但在理论学习贯彻、社区治理创新、社区服务供给方面的能力有待增强。年轻工作人员学习能力虽强但存在

---

① 苏州市统计局：《苏州统计月报》，2023年9月。

群众经验不足的问题。社区工作人员普遍缺编，按每万人配18名社区工作人员的标准，除工业园区外，其他板块大多未能足额配置。混岗混编、同工不同酬问题突出，人员流动性较大。基层组织女性工作人员占比较大，社区工作人员"稳定"动机较高，工作上闯劲略显不足。

2. 基层承担社会治理压力较重

社区治理规模参差不齐，部分社区治理难度较大。2022年苏州全市已完成常住人口超3万人的12个社区拆分工作，2023年将完成常住人口超2万人的25个社区拆分工作。"三整合"改革后，县级市（区）相关审批服务执法事项下沉基层街道、乡镇，但人员、经费、资源等未能充分一并下沉，基层无权、无人、无资质、无资源的情况较多，属地管理的压力很大。村（社区）组织承担了大量的行政事务，社工被困在条线业务、台账材料中，社区的"机关化"问题较为突出。

（三）治理创新竞争激烈，治理主体有待统合

1. 治理品牌创新竞争压力较大

各地治理创新意识较强，对阵地载体、项目活动投入资源较多，但也存在"悬浮式""盆景式""数数式"（如"1+N""8+X"）创新的问题，基层人员建章立制的意识和能力有待提高，部分创新做法局限于一区一域，难以复制推广。服务资源重复投放在少数老年居民群体，中青年居民关心的物业服务、小区出行、子女托育、充电桩等问题未能得到及时有效解决。

2. 多元协同共治机制不顺畅

部门、板块之间协同仍需加强，多元协同共治的制度机制还不顺畅，跨部门、跨区域的协同治理难题仍客观存在。纵向上，县级市（区）、镇（街道）、村（社区）三级管理职权存在矛盾，镇级综合执法履职能力有限，难免有"能巡不能办"的尴尬问题。横向上，部门、板块之间协同不足，涉及违章建筑、环境整治等跨部门、跨区域的问题解决起来仍较困难。社区层面，物业公司与业委会之间矛盾突出，业委会成立后立即换物业公司的情况多有发生，社区协调业委会与物业公司之间矛盾的办法不多。

3. 网格化管理效能有待提升

综合网格和专属网格管理职责重叠，专业管理难到位。如部分基层板块将企业厂区、商业街区一并纳入综合网格，但网格员并不具备安全生产、市场监管巡查相关的资质、知识和能力。网格职能泛化问题普遍存在，除省定12项职责外，网格员不仅承担了文明创建、法制宣传、垃圾分类、心理疏导、矛盾调解等工作，甚至还承担着社区矫正、刑满释放等特殊人群的管控工作。

（四）治理主体复杂多元，行动困境有待破解

1. 群众参与社会治理的渠道待拓展

"民情恳谈联系日""人大代表进社区"等活动被基层组织者"剧场化"，老百姓关注度高、解决难度大的问题易被"选择性忽视"或"选择性执行"。线下集聚性群体性事件发生频次有所降低，但网络维权等舆情风险事件数量高涨。社区志愿者"一人多用"情况普遍，扮演了党员先锋、网格员、楼道长、垃圾分类协管员、法律明白人等多重角色。

2. 矛盾纠纷多元化解机制功效待提升

受疫情因素影响，"一站式"社会矛盾纠纷调处中心建设进度低于预期，入驻部门的职能、机制、人员仍需加强融合，离70%以上矛盾在村级化解、20%左右在镇级化解、少于10%在区级化解的目标还有一定的差距。少数网格员对民情了解不足，源头治理未能落实到位，一些矛盾在萌芽状态没有被及时排查，错失化解处置"黄金期"。人民调解队伍存在年龄老化等问题，法律素养有待提升，只能处理邻里纠纷、家庭矛盾等常规矛盾。

3. "五社联动"机制与功能待完善

社会力量参与基层治理与服务的渠道还不够畅通，社会组织管理运行的规范性、自我发展的独立性较弱，发展资源过度依赖公共财政。特别是近两年受财政支出缩减影响，基层政府减少了社会服务的采购项目数和采购额度，部分本地孵化发展起来的社会组织面临如何持续发展的巨大挑战。个别地区甚至出现因社会组织专业能力不足导致政府不得不"回购"的情况。

（五）技术治理融合不足，"一网统管"任重道远

1. 治理数据弥散、重复采集

地理、人口、法人等基础数据，电子身份、证照、交互等标准数据弥散于各层级、各部门、各业务终端，重复采集现象普遍存在，数据采集成本较高。网格化管理平台部分关键社会治理数据权限在省部级及以上部门，无法在苏州落地应用；由于各地各部门数据标准不同，平台沉淀的海量工作数据难以相互关联、比对分析，造成数据的闲置浪费。

2. 基层人员数字素养有待提升

调研发现，部分基层工作人员对基层治理数字化转型的认知，仍停留在将"政府上网"的工具思维，对数字治理中的价值、原理、场景、技术环节等知之甚少，未认识到政务数据对精准化服务、智能化决策的价值。数字治理运营专业队伍缺乏，对治理平台的运营仍局限于软件系统思维。

三 新阶段苏州推进基层现代化走在前的目标展望

2023年7月，习近平总书记在江苏考察时强调"在推进社会治理现代化上实现新提升"。这给苏州在新的历史阶段推进基层治理现代化指明了方向。保障和改善社会民生是基层治理的源头性工程，推动解决基本民生问题，可以从源头上预防和减少矛盾的产生；基层治理是增进民生福祉的保障性工程，没有和谐稳定的社会环境，再好的民生保障规划和方案都难以实现。

新阶段，苏州推进基层治理现代化，应着眼于特大城市市域社会治理现代化的发展基础，紧紧围绕城乡居民的美好生活需要，推进治理重心下沉至基层镇（街道）、村（社区）治理一线，完善基层治理制度体系，提高基层治理能力，不断提升社会民生保障水平，构建更高水平的善治之城。围绕此定位，新阶段苏州应在以下四个机制上开展一系列先行式创新，积极谱写推进基层治理现代化的苏州新篇章。

（一）率先建立基层民情搜集反馈机制

苏州的基层治理现代化是经济体量庞大、人口超千万的特大城市治理体系和治理能力的现代化。2023年前三季度，全市实现地区生产总值17655.22亿元，实际服务人口超1600万。各级政府、各个板块应深入研究辖区内的土地、人口、房屋、车辆、组织等治理基数，重点分析疫情之后、经济下行压力较大背景下民情结构的变化现状和发展趋势，确立对基层治理基础、问题、资源等各方面的理性认识，形成完善基层治理体制机制的科学思路。以人口为例，从户籍来源上要深入分析"老苏州人"、"新苏州人"、流动人口等群体的规模及其隐藏的治安风险。从年龄结构上要格外关注"一老一小"的需求，提高中青年居民的社区参与度和归属感，以家庭为基础促进社区善治、城乡善治。从职业背景上要深入分析高层次人才、传统就业群体、新就业群体、待就业群体、超龄劳动的劳动者等群体的民生需求，从全市高质量发展全局来推进基层治理和民生保障走在前。

（二）率先建立健全城乡基层治理机制

村（社区）是党的执政根基，是党联系人民群众的"最后一公里"。村（社区）不仅是行政治理单元，更是人民群众的治理共同体、生活共同体、发展共同体。城乡基层治理机制必须坚持以村（社区）为中心，不断健全城乡基层群众自治制度，推动全过程人民民主与社会治理的融合。坚持走群众路线，弘扬"枫桥经验""浦江经验"，着力打造"小事不出村，大事不出镇，矛盾不上交"的新时代"枫桥式村（社区）"。畅通和规范群众诉求表达、利益表达、权益保障通道，健全群众参与治理服务的渠道机制。持续完善城乡基层网格化管理机制，依托"精网微格"发展基层志愿服务力量。推进社会服务的社会化、市场化，培育社会组织，引入公益性社区服务市场主体，建设人人有责、人人尽责、人人享有的社会治理共同体。

（三）率先建立矛盾纠纷多元化解机制

基层治理与民生保障走在前，就是要坚持问题导向，推进基层矛盾纠纷多元化解机制的改革和创新。在新的阶段，苏州推进基层社会矛盾纠纷调处化解"一站式"建设，优化基层网格化治理模式，持续打造新时代"枫桥式村（社区）"，开展基层治理的数字化转型，既要关注到治理行动的创新度、治理制度的完备度、治理机制的畅通度、治理事项的解决率等问题，更要关注到基层治理系统是否提升了城乡居民的生活质量，是否提升了城乡居民生活满意度，是否促进了民生保障走在前，要尽全力避免治理系统"空转""内卷"的问题。

（四）率先建立以人民为中心的利益共享机制

人民群众对美好生活的向往，就是党委、政府的奋斗目标。我们要深度剖析基层治理现代化的民享主旨。人民群众的"美好生活需要"至少要包含三个层面：一是城乡居民客观层面的经济利益、政治权利、社会保障、文化需求、生态权益问题，可称为"利益五维"；二是城乡居民在基层治理过程主观层面的获得感、幸福感、安全感，可称为"民生三感"；三是城乡居民各类群体需求、各类利益、各种感受充分而均衡地实现的问题，也就是"一个都不能少"的"共同富裕"问题。苏州推进基层治理走在前列，应在评估指标上率先探索，建立涵盖客观生活质量和主观生活满意度等多维度的基层治理效能评价体系。

四 新阶段苏州推进基层治理现代化走在前的对策建议

聚焦新的历史阶段"在保障和改善民生、推进社会治理现代化上走在前列"的目标，苏州应在把准民情、关注民享、依赖民智、争取民心的基础上，进一步完善工作体系和制度机制，运用系统观念、整体思维推动基层治理和民生保障工作走在前。

（一）强化基层党建的引领功能

1. 加强基层党组织的组织引领效能

推进"根系工程"要注重久久为功，持续强化村（社区）党组织建设，补全小区、网格党组织建设短板，推动社区党组织与业委会、物业的人员互嵌。完善镇（街道）大党（工）委、村（社区）大党委工作机制。在城市，通过活动共联、资源共享、事务共商，构建街道社区、驻区单位、行业领域党建互联互动机制；在农村，突出党组织领导乡村治理，推动党建引领自治、法治、德治的"三治"有机融合。持续推进网格党组织的全覆盖，优化党建微网格与综合网格、专业网格的范围、机制、人员融合，健全"镇（街道）党工委—村（社区）党委—网格党支部—微网格海棠先锋"四级联动组织体系，提高先锋服务队伍资源保障水平。

2. 加强基层党组织的功能引领效能

探索党建引领片区化社会治理机制，鼓励属性接近、地缘相连、资源互补的社区、驻区单位、社会组织、厂区街区建立党建联盟机制，拓展村（社区）治理服务资源体系，形成共建共治共享的良好格局。完善党建为民服务项目的考核标准，优先资助群众关注度高的民生实事项目，加强资金使用绩效评估。聚焦主题特色、重点任务、难点问题组建行动党支部或功能党支部，建立定期巡查、协商共议、督办考评等机制，推动城乡居民急难愁盼问题的集中解决。提升党群服务中心（站、点）的服务功能，通过新建、改（扩）建、承租、共享等方式，建设一批集社区管理、便民服务、文化体育、养老托幼等多种服务于一体的社区综合体，至2025年城乡社区综合服务设施面积达标率达到90%，90%的城乡综合服务设施面积不低于每百户40平方米。

3. 加强基层党员先锋的行动引领能力

完善村（社区）书记培养选拔、教育培训、考核激励、监督管理相衔接的长效机制，拓展村（社区）党员干部职业发展通道。建立镇（街道）班子成员和机关党员下沉社区集体调研机制，完善干部下派和在职党员到社区报到机制，聚焦社会治理重点工作打造一批功能型党支部，提升村（社区）治理服务的党建赋能效果。通过微网格联络员、志愿服务队、楼道（村小组）长等机制，挖掘村（社区）党员骨干力量，充分发挥党员先锋在人民群众中的引领功能，至2025年社会文明程度测评指数达到98%。

（二）加强城乡村（社区）建设

1. 加强村（社区）自治组织建设

全面推进社区党组织领导，社区居委会主导，红色物业、红色业委会、社会组织等多元主体共建共治共享的社区共同体标准化建设。选优配强社区"两委"班子，实施"头雁"继任者培养计划，培养社区治理与服务优秀"带头人"，优化社区"两委"人员结构，至2025年社区工作者按照常住人口的1.8‰配置到位，持证社会工作专业人才数达到2.6万人。加强社区各类人才队伍建设，培育社区党员、楼道长、业委会成员等社区骨干力量，建立社区"能人库"。推进业主委员会规范化建设，探索建立业委会监事会组织机制，开展"红色业委会"示范创建。

2. 纾解村（社区）行政服务职能

借鉴上海、深圳等地"居站分离"的经验，在街道层面公共服务中心基础上，兼顾地理位置、服务半径、人口规模等因素，分片区设置为民服务中心。将目前下沉在社区的部分政务功能归到公共服务中心和为民服务中心，社区服务站以社区居务管理和服务为主，辅以特殊人群的代办服务。加强社区工作人员社区下沉常态考核，深化"村村到、户户进、人人访"工作机制，推行"提户知人、提人知事、提事知情"的"三提三知"工作法。健全"全科社工"服务模式，制定全科社工服务规范操作指引，开展"全科社工"业务技能培训。

3. 推动村（社区）矛盾源头化解

全面建成三级矛盾纠纷调处多元化解"一站式"综合平台，建立完善矛盾调处化解权责清单。至2025年，推动矛盾纠纷在乡镇（街道）、村（社区）以及企事业单位化解率保持在95%以上，基层法院总体实现民事、行政案件收案数下降，推动群众安全感达到98%以上，法治建设满意率达到93%以上，公众安全感达到98%以上。持续推进"枫桥式村（社区）"示范建设，健全社区议事会、听证会、评议会等协商机制，完善议题选择、议事规则、成果运用等程序，做好居民协商议事、资源动员、情绪管理等方面的引导和培训，充分利用乡贤、"老娘舅"等人民调解力量，发挥社会组织专业优势，联动"人大代表之家"标准化建设、政协"有事好商量"载体建设、党员干部"进社区"等资源，提升村（社区）矛盾纠纷源头预防、源头化解的能力。

（三）推进城乡社区服务精准化

1. 提升基层网格治理服务功能

发挥市、县级市（区）党委政法委和镇（街道）政法委员（政法书记）在网格化服务管理机构统筹协调、分工负责方面的作用。推进"精网微格4.0"工程，优化综合网格设置，从严设置专属网格。建立健全网格事项准入退出机制，未经准入的事项严禁纳入网格。梳理已纳入网格化联动机制的事项，建立市级、区级、镇级三级网格化服务管理清单。加强专职网格员队伍建设，推动城市和城乡结合部社区综合网格专职网格员配备率实现100%，城乡社区专职网格员100%纳入社会工作者管理和保障体系，不断提升群众对网格化工作的知晓度和服务满意度。完善网格员分类考核机制，从巡和办两个逻辑来优化考核，确保网格员下沉到位、响应及时、处置得力。

2. 建设全龄共享的社区共同体

推进村（社区）公共空间和独居、患病等老人家庭空间的适老化改造，建设一批医养结合服务项目，鼓励老年人自愿开展多种形式的互助式养老项目。到2025年，建成1000个省级老年友好社区，每个镇（街道）至少建成1个老年友好社区和1个社区综合性养老服务中心或社区嵌入式养老机构，城、乡标准化社区日间照料中心建成率分别达到95%以上和100%，接受上门服务的居家老人占比达到20%，人均期望寿命达到84岁。依托各类社区服务综合体，集中配套社区托育园所、社区儿童中心、家庭聚会中心、儿童运动场等设施，建立儿童工作者队伍，吸纳专业儿童服务组织，开展支持性儿童家庭服务。至2025年，婴幼儿普惠性0~3岁托育机构示范点县级全覆盖，每千人拥有0~3岁婴幼儿托位数不低于4.5个，全市儿童友好示范区达到100个。加强新就业群体社区服务驿站的常态化运营，探索"志愿服务积分银行"，不断丰富积分兑换资源，促进外来人口的社区融入。

3. 完善城乡社区生活服务体系

全面落实基层基本公共服务功能配置标准，做好与城乡社区居民利益密切相关的就业创业、社会保障、教育医疗、住房保障、文化体育、公共安全、法律服务、调解仲裁等公共事务向村（社区）延伸工作，加大供给力度，提升精准度和便利度。推进聚焦居民需求，通过政策扶持、租金优惠等方式支持各类组织面向居民提供公益性养老托幼、护理家政、休闲健身、文化培训等社区便民服务，年人均接受公共文化场馆服务次数达到15次以上，每千人口执业（助理）医师数达到3.85人，不断丰富"一刻钟便民生活圈"服务资源。鼓励家政企业与社区托育、养老服务等机构合作，促进居家养老、育幼和社区助餐等服务融合创新。

（四）推进基层治理社会化

1. 完善"五社联动"新机制

积极搭建各类平台，畅通社会组织、社会工作专业力量、志愿者、公益慈善资源进入社区的渠道，促进社会工作专业力量参与社会治理。整合枢纽型、资源型、支持型、专业服务型等社会组织的优势，协同社区各类主体和力量，形成社区治理的资源链、服务链和创意链，提升镇（街道）社会工作站服务效能，至2025年，村（社区）社会工作室和镇（街道）社区慈善基金（会）实现全覆盖。健全村（居）委会与社会组织之间的需求对接和资源链接机制，鼓励和引导村（居）委会与社会组织相互赋能。充分发挥社会组织资源，导入"三官一律"等队伍，面向特定群体提供心理咨询、司法援助、协商治理、矛盾化解等专业服务，丰富社区专业化服务的主体力量。完善"爱心银行""时间银行"等志愿服务回馈机制，引导慈善力量参与社区服务,优化"社工+义工"双工联动的社区志愿服务工作机制,促进居民之间的相互帮扶、互助共享。

2. 提升城市物业服务水平

要深入分析城市社区物业服务矛盾的内在机理,创新城市物业服务的供给内容。推进"红色物业"建设,改变业主委员会和物业公司管物、管硬件与居委会管人、管软件"两张皮"的局面,建立社区党组织领导下居民委员会、物业公司、业主委员会多方协调的运行机制。借鉴深圳等地"物业城市"经验,将城市整体作为一个"大物业",探索实行专业化的服务总包、模块化的服务划分,通过专业化的城市空间运营、公共资源经营、城市邻里经营来反哺社区物业服务。支持国有物业企业和行业知名企业探索"物业+社区服务"模式,面向居民提供养老、托育、维修、邮递、家政等服务,破解老旧小区物业管理资源不足、服务收益不多的难题。

3. 推进多元共建数字社区

在全市"数字政府""数字经济""数字社会"统一发展框架下推进智慧社区、数字乡村建设,建立政府主导、市场参与、共同运营、利益共享的智慧服务机制。拓展村(社区)智慧社会治理场景、智慧公共服务场景、智慧便民服务场景,提升城乡基层治理的智能水平。集约建设智慧社区服务平台,创新智慧社区建设运营的市场化、社会化模式,将现有基层智慧社区服务平台转化为本地化、生活化、特色化的服务平台。推进村(社区)智慧技防,推动雪亮技防工程向社区、农村延伸。推广应用智能物联网等技术,注重社会治理、公共服务和纠纷调解等平台的数据共享与智能分析,构造一体化的智能服务物联网系统。

(五)提升基层治理数字化

1. 建立"术—业"融合的治理体制

提升社会治理主体特别是基层组织"一把手"的数字素养,在综合考核中加强"一网统管"等内容的考核,引进、遴选一批有激情、善学习、肯思考、懂技术的干部,组建一支具备技术与治理综合素质的"数据官"

队伍。完善社会数字治理工作机制，理顺社会治理现代化指挥中心与城管、网格、12345等业务关联部门和民政、司法、应急、住建等协同部门，以及市—县级市（区）—镇（街道）三级中心的业务关系，建立事权动态调整机制，建立明确的规章制度、流程规范、工作机制、考督体系。

2. 确立"数—算"结合的技术内核

推进社会治理数据共享，以社会治理业务为抓手，牵引大数据局归集分散数据。民政、司法、应急等部门的业务系统与社会治理指挥平台在无法直接关联的情况下，可通过简洁事件接口工作台来实现业务流转和数据共享。促进社会治理数据集成，创新工作机制，加强社会治理部门内部统筹和外部联动，设立数据对接责任人和管理员，利用数字底座打通各部门数据壁垒，加强数据归集的业务应用，为各部门解决业务难点和数据难题，使数据贡献部门感受到数据要素的价值。借鉴上海等城市的经验，以"一网通办"的城市全景数据为基本资源，以全局即时分析为基本能力，建立以跨部门协同决策为应用场景的智能中枢系统，不断提高社会治理平台算力。

3. 确立"管—服"融通的发展路径

抢抓"一网通办""一网统管"两网融通前瞻优势，建立两网融通生态。具体包括一个数字底座、四个业务中台（"一网统管"中台、"一网通办"中台、"一网协同"中台和数字生活中台）、两个应用入口（"苏周到""苏商通"）、双实体中心（政务服务中心和社会治理现代化指挥中心）。在数字底座基础上，推进两网功能互补、系统互联、数据共享、流程闭环，在组织机制上推进人员复用、价值互利，建立社会治理、服务审批、政府办公三类应用的总入口，完善政务运行的数字底座，连接社会治理和政务服务队伍，发挥贯通治理与服务应用的桥梁功能，为党委、政府分析决策提供大数据支撑。

B.12 苏州法治建设分析与展望

刘铭 辛军[*]

摘　要： 2023年是全面贯彻落实党的二十大精神开局起步之年，也是实施"十四五"规划承上启下的关键之年。苏州市各县级市（区）各部门按照"一规划两方案"的部署，制定本年度重点任务和工作安排，在党对法治建设的领导、科学立法、严格执法、公正司法和全民守法方面积极作为，既做好打基础利长远的工作，也探索出许多新机制新模式，打造了许多苏州法治建设出圈亮点，为全面推进社会主义现代化苏州实践提供了有力的法治保障。主要体现在围绕苏州市委中心工作，服务苏州社会经济发展大局，具体包括六个方面：大力促进科技创新、积极优化法治化营商环境、加快涉外法治工作布局、促进新业态健康有序发展、以法治督察推动法治建设提质增效和以法治赋能优秀传统文化等。"一规划两方案"虽然没有明确2024年的任务要求，但作为截至2025年的规划和方案，2024年势必是重要的关键节点，要尽力尽量尽早尽快推进"一规划两方案"中工作任务的实施进度，更加侧重重点领域立法、基层法治建设、社会治理法治化、政务服务标准化规范化便利化建设、行政执法体制深化改革。

关键词： 法治建设　法治苏州　法治政府　法治社会

2023年7月，习近平总书记来江苏考察时强调，江苏要"在推进中国

---

[*] 刘铭，中共苏州市委党校法律和文化教研室副教授，主要研究方向为法治政府、政德文化和基层治理；辛军，中共苏州市委党校法律和文化教研室副主任、副教授，主要研究方向为信访、公司法、职务犯罪、社会矛盾化解。

式现代化中走在前做示范"。党的二十大报告提出："在法治轨道上全面建设社会主义现代化国家。"2023年以来，苏州将学习宣传贯彻党的二十大精神和习近平法治思想紧密结合，围绕"使法治成为苏州现代化建设的显著优势、核心竞争力和坚强保障"目标，充分发挥法治固根本、稳预期、利长远的作用，服务中心工作，突出重点工作，全面推进苏州各项工作法治化，在努力建设更高水平的平安苏州、法治苏州方面，取得了亮眼的成绩。苏州市三次捧得全国平安建设最高奖"长安杯"，全市刑事案件数连续6年下降，群众安全感达99.33%，[①] 再创新高。值得一提的是，苏州"以法治督察推动法治建设提质增效"的经验做法入选中央依法治国办关于市县法治建设工作实地督察的8个典型经验并予以全国通报。

一　2023年苏州法治建设现状与分析

科学立法、严格执法、公正司法和全民守法是全面依法治国的重要环节，也是苏州法治建设的重要内容。2023年，苏州坚持党的领导，深入领会法治建设重要环节的精神实质，持续推进法治领域改革，促进各环节法治工作相互贯通、相互促进，努力推动全面依法治市不断取得新成效。

（一）苏州法治建设概况

1.坚持政治引领，党对全面依法治市的领导不断增强

一年来，苏州坚持以习近平新时代中国特色社会主义思想为指导，按照省委深化法治江苏建设的决策部署，加强全面依法治市的宏观规划、总体布局、统筹协调、整体推进和督促落实，党对全面依法治市的领导不断增强。2023年3月3日，苏州市召开全面依法治市工作推进会，研究部署2023年重点任务，会上发布了《苏州市法治建设评价指引》，明确了推进市县法治

---

① 《苏州市委政法工作会议召开　全面推进政法工作现代化苏州新实践》，https://mp.weixin.qq.com/s/RY1jQUwEfYC8pCxExG0WTA，2023年2月5日。

建设目标任务，对立法、执法、司法、守法普法领域作出具体部署。8月23日，苏州市委依法治市办印发《关于深入学习贯彻习近平总书记对江苏工作重要讲话精神为中国式现代化苏州新实践提供坚强法治保障的实施意见》，以全面提升法治保障"四个新"重大要求的能力水平为着力点，以深入破解法治领域突出问题和群众"急难愁盼"为落脚点，持续擦亮"法治苏州"金字招牌，为苏州当好中国式现代化走在前做示范的排头兵提供坚强法治保障。全面依法治市工作机制不断优化。"一办四组"和市县级市（区）、镇（街道）三级法治建设组织体系不断健全，各协调小组各有侧重地开展了年度专项行动，效果显著。统筹推进依规治党和依法治市，进一步做好党内规范性文件制定工作。延伸督察网络，加强法治督察，重点围绕中央督察组反馈问题、法治建设"一规划两方案"实施、省委省政府和市委市政府领导重要指示落实、重点领域行政执法情况等方面开展专项督察，督察网络向市各直属单位、市属高校、市属国有企业延伸，确保应督尽督。强化法治能力的用人导向，加大述法工作统一部署和指导督促力度，将述法结果与干部考核、评价、使用相结合。2023年9月，苏州市委依法治市办首次举行法治建设约谈会，对行政诉讼败诉和存在败诉风险较多的6个镇（街道）政府主要负责人进行约谈，落实推进法治第一责任人制度。

2. 坚持立法先行，构建科学完善的立法格局

2023年恰逢苏州获得地方立法权三十周年，7月7日苏州召开了纪念地方立法三十周年暨新时代新征程法治苏州推进会。2023年立法计划安排了33件，正式项目13件，预备项目6件，调研项目14件；截至7月，已完成6件，剩余7件正在推进中。制定的法规和规章包括《苏州市科技创新促进条例》《苏州市智能车联网发展促进条例》《关于提高市人大常委会会议质量的实施办法》《苏州市残疾预防和残疾人康复实施办法》《苏州市公共资源交易管理办法》《苏州市连锁食品经营企业食品安全管理办法》。《苏州市乡村建设条例》《苏州市慈善促进条例》都在如火如荼地紧张推进中。其中，作为"小快灵"项目《苏州市洞庭山碧螺春茶保护条例》将于年底报

市人大常委会二审。修改的法规和规章包括《苏州市公共汽车客运管理条例》《苏州市人民代表大会常务委员会讨论、决定重大事项的规定》《苏州市城市市容和环境卫生管理条例》《苏州市教育督导条例》《苏州市长江防洪工程管理条例》。值得一提的是，将修改《苏州市制定地方性法规条例》由立法计划的预备项目调整为正式项目，同时加强组织领导，专门成立立法工作领导小组和工作专班，并研究提出了初步修改方案，拟提请2024年初召开的市十七届人大三次会议审议通过。废止的法规和规章包括《苏州市经济开发区管理条例》《苏州市有线电视条例》《苏州市外来流动人员管理规定》。

良法是善治的前提。2023年，苏州继续对规范性文件认真做好备案审查工作，并且对现行有效的地方性法规进行全面梳理。上半年，市人大常委会法工委对政府报备的《苏州市公园管理办法》等4件规章、《苏州市户籍准入登记管理办法》等10件规范性文件、县级市（区）人大报备的《太仓市人民代表大会常务委员会关于进一步加强新时代检察机关法律监督工作的决定》等4件规范性文件，合计18件开展审查。向省人大常委会报备《苏州市人民代表大会议事规则》《苏州市人民代表大会常务委员会关于加强市级预算审查监督的决定》《苏州市人民代表大会常务委员会关于加强国有资产管理情况监督的决定》《苏州市人大常委会关于进一步加强新时代检察机关法律监督工作的决定》4件规范性文件。

不断健全完善地方立法体制机制。一是充分发挥苏州市人大立法主导作用。不断拓展法规起草提前介入深度，不断加大法规实施前宣传力度。2023年上半年，分别就《苏州市数据条例》《苏州市城市绿化条例》《苏州市大运河文化保护传承利用条例》《苏州市科技创新促进条例》《苏州市终身学习促进条例》召开新闻发布会。对新出台法规的主要内容和特色亮点进行解读，动员部署实施工作，做到立法工作与学法、执法、守法无缝对接。此外，在2023年的《苏州市智能车联网发展促进条例》制定过程中，继续实行"双组长"负责制，压实人大、政府双方工作责任。二是推进立法践行全过程人民民主。起草《关于打造立法践行全过程人民民主苏州样板的实施办法》，明确要在全国率先打造一批高水平基层立法联系点示范点，建设一批高水平的苏州地方立法研究基地，完善法规草案重要条款单独表决制度；在全省率先建立代表挂钩联系法规制度；着力完善立法意见建议采纳激励机制。2023年是人大工作质效提升年，苏州积极推进基层立法联系点建设工作的探索、创新，为了深入总结经验，特别是昆山市人大常委会这一国家级基层立法联系点建设的经验，草拟了《苏州市高水平基层立法联系点示范点建设标准（初稿）》。

3. 健全体制机制，法治政府建设示范引领作用彰显

一是总体部署推进法治政府建设。2023年5月，苏州市人民政府办公室印发《2023年苏州市法治政府建设工作要点》，明确加强党对法治政府建设的领导、增强政府依法履职效能等8个方面32项具体任务。6月，《2023年姑苏区法治政府建设工作要点》《苏州市吴江区2023年度法治政府建设工作要点》《苏州市发展改革委2023年度法治政府建设工作要点》等各县级市（区）各部门法治化工作实施要点陆续出台，围绕各自中心工作，从科学民主行政决策、推进行政争议依法实质性化解等诸多方面，夯实法治政府建设基础。二是深化行政审批制度改革。2023年4月18日，正式印发《2023年苏州市深化"一网通办"改革工作要点》，将实现政务服务事项网上办件比例提升至40%。"一网通办"率提升至96%，推动政务服务应用与"苏服办"总门户应接尽接、应上尽上，市级"一件事一次办"事项数量累计达40个，基本实现高频政务服务事项"两个免于提交"，大力推进全流程网办，全市通办事项达200项。7月，发布《苏州市优化营商环境创新行动2023》，在深化审批制度改革、提升政务服务水平方面，制定了52项工作任务。三是强化行政执法规范化建设。深入推进综合执法体制改革，加强基层法治人才队伍建设，提升镇（街道）依法行政能力水平。2023年2月，由苏州昆山市千灯镇综合行政执法局先试先行、积极编制的苏州市市级地方标准《基层综合行政执法机构运行规范》（DB3205/T1059-2023）正式发布，成为江苏首个基层综合行政执法领域地方标准，以"小切口"牵引推动深化行政执法体制"大变革"，旨在加强行政行为源头规范，一方面较好地满足了规范基层综合行政执法机构的需求,另一方面有效地填补了全省基层综合行政执法行业标准的空白。4月,昆山市政府办公室印发《昆山市行政机关现场执法工作规程》,这也是江苏省首部专门规范现场执法活动的工作指引,从多个环节为现场行政执法提供规范化、标准化、精细化"实操指南"。

4. 全面做好审判检察工作,公正司法质效明显增强

一是强力护航经济发展。苏州法院先后设立苏州知识产权法庭、苏州破产法庭、苏州国际商事法庭、苏州劳动法庭、苏州互联网法庭五个国字号法庭,通过建设五庭协同机制,发挥法治最硬内核对营商最优环境的支撑作用。为贯彻落实习近平生态文明思想,加强示范区环境资源保护司法协作,服务生态环境区域协调发展,2023年9月8日,长三角生态绿色一体化发展示范区吴江汾湖法庭在吴江揭牌。2023年5月,江苏省市场监督管理局、江苏省发展和改革委员会印发《关于下达2023年江苏省战略性新兴产业和服务业标准化试点项目的通知》,确定苏州市中级人民法院为社会管理和公共服务标准化试点项目——"人民法院司法政务标准化试点"的承担单位,系全国法院系统首个省级标准化试点项目。二是化解矛盾定分止争。全市法院诉讼服务中心实现"诉讼与非诉讼对接中心""非诉讼服务分中心"全覆盖。加强与司法行政、住建、卫健委、消保委、妇联、教育、人社等行业主管部门及行业协会的联动,建立类型化纠纷协同化解机制。昆山市人民法院涉台纠纷、吴江区人民法院保险纠纷、相城区人民法院交通事故赔偿纠纷、苏州工业园区人民法院物业纠纷和价格争议纠纷调解工作成效突出,被省高院评为类型化纠纷诉调对接工作先进集体。三是"四大检察"融合履职。在刑事检察中,推动提升侦协办实质化运行质效。将侦查监督与协作配合工作机制延伸到国际案件中,建立危害国家安全犯罪侦查监督与协作配合工作机制。优化大数据审判监督模型,将发现的抗点及时转化为监督规则,以智能化监督方式辅助检察人员办案。上半年,新增10余条规则,通过大数据平台共成功发现13条抗诉线索。联合苏州中院出台的《关于涉案企业合规检法衔接的会议纪要》推出的6项创新举措中5项被江苏省相关纪要吸收。

在民事检察中，发布《发挥检察职能作用解决群众"急难愁盼"白皮书》及10个典型案例，苏州常熟市检察院民刑协同形成合力一体化推进，以债权转让逃避执行领域民事监督为切口，在内部通过刑事民事一体化履职，在外部探索公、检、法有效协作机制，惩治民事虚假诉讼行为效果明显，该机制被评为全省检察改革典型案事例。在行政检察中，构建行政争议案件"受理、反馈、评价、督办、跟踪"一揽子协作模式，以融入式监督开展行政争议诉前、诉中、诉后化解，提升化解质效。在公益诉讼检察中，通过了《苏州市检察机关在刑事、公益诉讼检察工作中发现和双向移送线索的工作办法》。市检察院统筹、指导基层院全力构建"江河湖海"公益修复基地体系，获《中国环境报》专题报道。在未成年人检察中，系统推进，探索罪错未成年人分级干预，联合公安、教育、民政、妇联、团委等单位在全省率先成立罪错评估委员会，对罪错未成年人进行全面评估，作出不同的教育矫治决定。

5. 大力推进法治社会建设，培育全民法治信仰

一是顶层部署年度法治社会建设。2023年5月，苏州市委依法治市办公室印发《2023年苏州市法治社会建设工作要点》，围绕大力培育全社会法治信仰、加快健全社会规范体系、充分保障社会主体合法权益、全面推进社会治理法治化、加强网络空间依法治理等5个方面部署19项重点任务。二是培育社会法治信仰。举办"法治开讲""百名法学家百场报告会""青年普法志愿者法治文化基层行"等多种形式活动，推动习近平法治思想不断向基层延伸、向群众贴近。全面实施"八五"普法规划，加强宪法、民法典学习宣传，分层分类实施精准普法，加强社会主义法治文化建设，弘扬社会主义法治精神。2023年4月，全面依法治市办正式启动2023年"关爱民生法治行"法治惠民活动，首次实现89家市级机关单位和10个县级市（区）全覆盖。三是推动社会诚信建设。2023年5月，苏州市社会信用体系建设领导小组办公室面向全市征集2023年社会信用体系建设典型案例，最终评选出25个社会信用体系建设典型案例。6月，市政府办公室印发《2023年苏州市社会信用体系建设工作要点》。9月，2023年度苏州"诚信

文化提升月"启动。四是创新深化非诉讼纠纷解决机制。2023年3月，苏州市司法局出台深化纠纷源头化解十项举措，在全省率先全域推进县、镇、村三级"一站式"矛调中心建设，2023年上半年，全市各级矛调中心共受理调处矛盾纠纷112400件，同比增长48.28%。① 吴江区是全市首批矛调中心试点地区之一，2022年，全区万人起诉率同比下降2.6%，法院新收一审民事案件数首次实现下降拐点。② 2023年11月，吴江区"一站式"分级解纷工作法入选全国"枫桥式工作法"。7月，发布了《苏州市"法治小区"建设工作指引（试行）》。五是推进基层社会治理现代化。实现公共法律服务平台四级覆盖，在全省率先推进村（社区）法律顾问工作并实现全覆盖，推动选派"法律明白人"充实到村（社区）"两委"等队伍，参与村（居）事务管理、乡村产业发展、人民调解、法律援助、综治维稳、基层民主法治示范创建等工作。苏州相城区黄埭镇冯梦龙村"四事工作法"、吴江区七都镇开弦弓村"事解江村"治理品牌等基层议事品牌等典型，成为推进乡村依法治理和"三治融合"的示范样本。六是加强网络空间依法治理。深入开展"清朗2023"系列专项行动，聚焦"自媒体"乱象、网络水军操纵信息内容、规范重点流量环节网络传播秩序等重点领域开展清理整治，压实网站平台主体责任，推进互联网违法和不良信息举报受理处置一体化机制建设。

（二）苏州法治建设现状分析

围绕苏州市委中心工作，服务苏州社会经济发展大局，苏州法治建设工作亮点频出，成效显著，同时也有可以完善和提升的空间。

1. 苏州法治建设工作亮点

一是为促进科技创新提供法治保障。2023年7月1日，《苏州市科技创新促进条例》正式施行。这是苏州第一部科技创新综合性地方法规，共11

---

① 《只进一房门消解所有气——苏州推进三级矛调中心建设 构筑矛盾风险防范化解阵地》，《法治日报》2023年7月19日。
② 《只进一房门消解所有气——苏州推进三级矛调中心建设 构筑矛盾风险防范化解阵地》，《法治日报》2023年7月19日。

章 70 条。该条例将"为科技创新提供全链条、全周期的法治支撑"的理念贯穿在制度设计之中，加大各类创新主体的赋权激励力度，保护各类创新主体平等参与科技创新活动，最大限度激发创新活力与动力，着力营造一流科技创新生态，为苏州"在科技自立自强上走在前"提供法治保障。2022 年，启动《苏州市知识产权保护和促进条例》立法工作，市市场监管局（知识产权局）与市法院、检察院、公安等部门发布《关于强化知识产权协同保护工作的实施办法》《关于办理商业秘密案件若干问题的意见》《加强商业秘密保护执法协作办法》，市检察院与市场监管、农业农村等部门共同制定《关于建立农产品地理标志保护协作机制的指导意见》等，为地方知识产权全链条保护提供制度支持。截至 2023 年 6 月，国家海外知识产权纠纷应对指导中心苏州分中心共指导 29 件海外知识产权纠纷案件，成功调解国内企业与瑞典阿尔法拉瓦尔、德国宝马格等一批国外企业的知识产权纠纷案件。[①] 深入推进知识产权纠纷诉调对接工作，推动"苏知最和合"知识产权多元解纷品牌建设。苏州知识产权仲裁中心推出"苏城存证"App 及"苏州存"区块链存证应用，累计实名注册个人用户 34825 人、企业用户 260 家，出具存证公证文书 3800 余件。[②] 2023 年 3 月，苏州市入选首批国家知识产权保护示范区建设城市。

二是为优化法治化营商环境提供保障。苏州市委、市政府始终坚持把法治诚信作为营商环境的最硬内核，持续推进法治苏州建设。2023 年 7 月 21 日，召开优化营商环境暨民营经济高质量发展大会，发布《苏州市优化营商环境创新行动 2023》。此次发布已是优化营商环境工作方案迭代升级后的 6.0 版本，推出了 126 条举措、239 项具体事项，持续巩固最优营商环境、最佳比较优势。其中，与法治相关的部分，主要从加强政务诚信建设、平等保护市场主体合法权益、加大知识产权促进和保护力度、深入推进严格规范

[①] 《苏州：奋力打造全国知识产权保护标杆城市》，https://baijiahao.baidu.com/s?id=1768845865728392142&wfr=spider&for=pc，2023 年 6 月 6 日。
[②] 《奋楫争先 开启国家知识产权强市新征程》，https://mp.weixin.qq.com/s/lOxjGvYvkDB-fyN1bgQyLQ，2023 年 5 月 5 日。

公正文明执法、提升破产办理质效五个维度提出23项具体举措、50项分解任务。在"苏州政法"微信公众号开设专栏，宣传介绍各板块各单位用法治力量保障企业专心创业、安心经营的经验做法。苏州高新区依法治区办将法治化营商环境作为执法监督和法治督察的重要内容，并且从各类市场主体需求侧出发，进一步完善法治化营商环境测评指标体系。创建"3+2+N"调解联盟，化解涉企纠纷。市市场监管局升级出台了《涉企轻微违法行为"免罚轻罚"4.0版清单指导意见》，发布114项轻微违法行为不予处罚及减轻处罚清单。

三是加快涉外法治工作布局。立足市域特点和外向型经济实际需求，建立党领导涉外法治、高质量涉外法律服务、涉外商事纠纷多元化解、涉外法治研究、涉外法治人才培养"五大体系"，加强公民、企业在"走出去"过程中的合法权益保护，全面提升涉外法治保障和服务工作水平。在对外经济贸易大学挂牌设立"苏州市涉外法治人才培训基地"，探索法学院校与法治实务部门共建共管的协同育人机制。建立苏州市涉外律师人才库，将涉外律师人才培养纳入律师人才队伍建设"百千万工程"。

四是促进新业态健康有序发展。成立苏州互联网法庭，这是全国第三家、全省首家互联网法庭，主要集中管辖关于数据、网络虚拟财产权属、新业态用工、个人信息保护等互联网案件，并且设置了"云审融诉驿站"，当事人可以去就近的融诉驿站，享受在线立案、开庭、调解等服务。保护新业态劳动者权益。为加快推进《苏州市规范新业态劳动用工管理指引（试行）》落实落地，2023年5月，市中院、市人社局、市司法局、市总工会、市交通局、市市场监管局、市邮政管理局、市委网信办等八部门共同签订《关于加强新就业形态劳动者权益保护合作框架协议》，树立了"大就业"理念，坚持"审慎监管、劳企双保护、因类施策、综合治理"四大原则，联合建立新就业形态用工综合治理体系。7月，在苏州劳动法庭成立两周年新闻发布会上，市中院发布涉新就业形态纠纷案件审判白皮书，推出涉新就业形态十大典型案例。苏州昆山市检察院积极落实最高检"外卖骑手权益保护公益诉讼案"，向行政审批局制发检察建议，推动个体工商户有序清退，向总工会制发检察建议，推动企业建会和外卖骑手个人网上申请入会，目前已推动辖区3家头部平台建会。

五是以法治督察推动法治建设提质增效。苏州通过充分发挥法治督察的督促推动、压力传导、责任落实作用，着力提升法治建设质效。这一做法入选中央依法治国办关于市县法治建设工作实地督察的8个典型经验并予以通报。首先，健全督察制度设计，出台《中共苏州市委全面依法治市委员会办公室督察工作办法》《关于加强法治政府建设与责任落实督察工作的实施意见》《法治政府建设与责任落实督察实施细则》《苏州市法治督察工作规程（试行）》《苏州市法治建设重大责任事项约谈和挂牌督办制度》，突出全面覆盖、着眼整改提升、强化反馈问责，系统规范督察对象、内容、方式、程序和结果运用，实现督察有章可循。其次，探索全面督察和专项督察相结合的灵活方式，全面督察原则上一年两次，每年7月和12月展开；专项督察是指及时落实上级安排任务，回应人民群众在法治领域的关切，实行跟踪式、机动式、调研式、点穴式督察。同时，聚焦法治化营商环境、安全生产执法监管、执法规范化建设、普法责任制落实及乡镇（街道）法治建设等重点任务，进行重点督察。2023年先后开展综合督察4次，专项督察7次，累计发现和纠正问题480余个。最后，压实法治建设第一责任人职责，将全市党政主要负责人履行推进法治建设第一责任人职责情况列入领导干部年度考核和法治建设监测评价内容，健全法治建设考核评价制度，探索建立党政主要负责人法治建设第一责任人"履责纪实"、履职全程留痕和可回溯管理机制，压实"关键少数"推进法治建设责任。此外，从全市各级各部门抽选168名法学专家学者、业务骨干组建督察专员库，储备督察人才，确保督察顺利开展。

六是以法治赋能优秀传统文化。苏州传统文化熠熠生辉，持续不断地为经济高质量发展提供丰厚滋养。2023年4月24日，苏绣品牌法治保障中心揭牌成立，这是高新区首个特色行业+法治品牌化法治保障中心。线下，由援法议事室、自助服务大厅、调解室等功能服务区组成，区政法部门及人民调解组织派员轮班常驻中心，为苏绣行业从业人员提供法治服务。线上，依托"苏高新公共法律服务"App链接汇聚法院、检察院法律服务职能资源，开通"苏绣一点通""苏绣E检通"，深化苏绣知识产权保护检察监督，并且打造版权交易服务平台，链接"江苏省作品著作权登记系统"数据库，便利苏绣版权保护。苏州市检察院联合姑苏区检察院发布《苏州市老字号企业合规指引暨检察服务指南》《老字号知识产权保护指引纲要》，在"老字号"等非遗文化保护上展现检察力量。

2.苏州法治建设短板不足

一是法治建设工作还存在不充分不平衡的地方。在立法工作方面，人大在立法中的主导作用发挥不够充分，重点领域和新兴领域的选题还不够多，"小快灵"立法占比还不够高，社会各界参与立法的方式和渠道还需要进一步拓展；部分行政立法后评估工作不够全面，部分地方立法宣传不到位。基层法治建设方面，不同镇（街道）法治建设水平不平衡，推动基层政府依法行政、依法决策的能力和水平差距较大，有的基层镇（街道）和部门的少数领导干部对法治建设的重要性、紧迫性缺乏足够认识，运用法治思维和法治方式深化改革、推动发展、化解矛盾、维护稳定的手段和措施不多。总体来看，镇法治建设水平好于街道，"强镇扩权"试点镇的开展情况明显好于其他一般地区。有的镇（街道）虽然设立立法民意征集点但连年没有征集到群众立法建议，有的镇（街道）重大行政决策件长期没有，有的镇（街道）规范性文件合法性审核工作力量不强。

二是法治助力社会治理效果需要进一步提升。在推动全面形成办事依法、遇事找法、解决问题用法、化解矛盾靠法的良好社会治理格局方面，法治苏州还可以做得更多更好，如检察建议。一方面，现有的部分社会治理类检察建议持续跟进监督力度不够。另一方面，检察机关参与社会治理的范围还可以再拓宽。目前检察建议集中的治理领域，主要包括安全生产、单位内部管理、未成年人保护、社区矫正、交通运输监管、个人信息保护六个领域，基本是以实践中常见、多发问题为基础，具有较强的制发必要性，参与社会治理的广度不够、覆盖范围不全面，对于金融、知识产权、互联网治理等新型领域参与不足，对于文物保护、历史文化资源保护等苏州特有的社会治理领域参与较少。

三是政务服务水平需进一步提高。部分行政审批改革措施落实不到位，工作人员岗位纪律、业务知识、服务质效和服务窗口及办事大厅设施配置方面仍有较大提升空间。具体涉及政务服务标准化建设还需加强，主要包括政务服务事项标准化、实施规范标准化、服务标准化体系建设；政务规范化水平还需提升，主要包括审批服务、线上线下融合发展和政务服务评估评价方面的规范化建设；政务服务便利化程度还需提高，主要包括政务服务集成化程度、"跨域通办"服务、政务服务向基层延伸水平、"审管执信"闭环管理等；"一网通办"平台服务能力还需全面升级，主要包括平台建设统筹、平台公共支撑、数据汇聚共享等。

四是行政执法监管服务还存在短板。依法行政工作还要加大力度，市、县级市（区）、镇（街道）综合执法体制改革尚需深入推进。截至2022年底，苏州市各类市场主体286.95万户，然而法治队伍力量保障、能力素质与新要求新任务不相适应，一定程度影响了对民营企业执法服务效率。

二 2024年苏州法治建设展望与对策建议

现代化国家必然是法治国家。2024年苏州法治建设要继续朝着法治现代化方向谋划发展，争创法治中国建设示范市，以法律之网、法治之力为苏州加快建设充分展现"强富美高"新图景的社会主义现代化强市提供重要保障。

（一）2024年苏州法治建设总体展望

全面依法治国事关长远，是国家治理方式的一次深刻革命，需要久久为功、绵绵用力，一年接着一年干，一些打基础利长远的法治建设工作既是2023年的工作内容，也是2024年苏州法治建设的重要内容。

1. 持续深入加强理论学习

深入学习宣传贯彻党的二十大精神，深刻领会党的二十大对法治建设的

决策部署，学习习近平法治思想，组织和推动高等学校、科研院所以及法学专家学者加强中国特色社会主义法治理论研究，为建设法治中国、法治江苏、法治苏州提供学理支撑。同时，注重思想转化，坚持用习近平法治思想指导法治苏州建设实践，立足市情，深入研究和总结推进苏州法治建设的成功经验和存在问题，推进中国特色社会主义法治体系在苏州实践完善。苏州市、县级市（区）、镇（街道）要加强联动协作，根据《关于深入学习贯彻习近平总书记对江苏工作重要讲话精神为中国式现代化苏州新实践提供坚强法治保障的实施意见》（以下简称《实施意见》）部署的重大任务，以项目化形式，节节推进，切实推动习近平总书记对江苏工作重要讲话精神在法治领域落地生根、开花结果，在法治保障中国式现代化新征程中创造新业绩、探索新经验，确保《实施意见》落地落实。

2. 持续推进法治政府与法治社会建设

《法治苏州建设规划（2021—2025年）》《苏州市法治政府建设实施方案（2021—2025年）》《苏州市法治社会建设实施方案（2021—2025年）》虽然没有明确2024年的任务要求，但作为截至2025年的规划和方案，2024年势必是重要的关键节点，所以，要尽力尽量尽早尽快推进"一规划两方案"中工作任务的实施进度。《苏州市法治政府建设实施方案（2021—2025年）》提出法治政府的建设目标是全面建设职能科学、权责法定、执法严明、公开公正、智能高效、廉洁诚信、人民满意的法治政府。具体到2025年，政府行为全面纳入法治轨道，职责明确、依法行政的政府治理体系日益健全，政府作用更好发挥，行政执法体制机制基本完善，行政执法质量和效能大幅提升，应对突发事件能力显著增强，人民群众满意度不断提升，各地区各层级各领域法治政府建设协调并进，更多地区和领域实现率先突破。所以，新的一年，苏州要持续从转变政府职能、加大行政立法制规工作力度、严格规范行政决策程序、完善行政执法工作机制、提升突发事件应对能力、完善矛盾纠纷行政预防调处化解机制、推进数字法治政府建设等方面入手，提升苏州法治政府建设水平。《苏州市法治社会建设实施方案（2021—2025年）》提出，法治社会的建设目标是打造信仰法治、公平正义、保障权利、守法诚信、充满活力、和谐有序的社会主义法治社会。具体到2025年,"八五"普法规划实施完成,法治观念进一步深入人心,系统完备、科学规范、运行高效的社会领域制度规范日益健全,社会主义核心价值观要求融入法治建设和社会治理成效明显,公民、法人和其他组织合法权益得到进一步保障,社会治理法治化水平显著提高,形成符合苏州实际、体现时代特征、人民群众满意的法治社会建设生动局面。法治社会建设是法治苏州建设的基础性工作,需要全社会共同参与。新的一年,苏州法治社会建设要从培育全社会法治信仰、健全社会规范体系、保障社会主体合法权益、全面推进社会治理法治化、加强网络空间依法治理等方面持续发力,大力弘扬社会主义法治精神,加强社会主义法治文化建设,让社会主义法治精神转化为全市人民的自觉行动,努力使尊法学法守法用法在全社会蔚然成风。

(二)2024年苏州法治建设对策建议

2023年苏州法治建设稳扎稳打,取得了令人瞩目的成绩,但也存在一些短板和不足,根据"一规划两方案"和《实施意见》的安排,结合2023年工作情况,2024年法治苏州建设还要部署具体的重要工作。

1.更加侧重重点领域立法,健全立法工作机制

2024年苏州法治建设在立法层面需要抓好以下两方面工作。一是科学制定2024年度立法计划项目。从服务国家区域战略大局、围绕市委中心工作、回应群众关切、立足地方实际出发确定2024年立法计划,切实做到党中央和省、市委决策部署到哪里,立法工作就跟进到哪里,法治引领保障作用就发挥到哪里。大力加强"小切口""小快灵"立法,需要解决什么问题就立什么法,需要几条就定几条,能用三五条解决问题就不搞"鸿篇巨制",确保每件法规都有几条"干货",能够体现苏州的特色,切实解决苏州的问题。具体来说,要继续聚焦高质量发展,贯彻新发展理念,为苏州建设高质量经济、造就高品质生活、打磨高颜值城市、实现高效能治理,加快提升城市能级和核心竞争力提供法治保障。在具体重点领域立法方面,加强对权力运行的制约和监督,研究制定苏州市行政程序规定;培育最强比较优

势,加快推进营商环境立法;加强信息技术领域立法,及时跟进研究苏州市数字经济、智慧城市、大数据、云计算等相关法规制度,抓紧补齐短板,引领和保障数字化发展;强化坚持生态优先、绿色发展法规政策保障,完善太湖生态保护制度,推动建设国家级生态文明建设示范区和打造"世界级湖区""水乡客厅",提升"美丽苏州"建设新形象;全力推进"江南文化"品牌建设法治保障,焕发历史文化名城魅力,增强城市文化软实力;加强长三角区域一体化国家重大战略实施的法治保障,助力深度融入长三角一体化,全面推进沪苏同城化发展。二是健全立法工作机制。充分发挥人大在立法中的主导作用,找准人大在法规立项、起草、审议、实施和监督各个环节的职能定位,把人民需不需要、满不满意作为衡量立法必要性、条款科学性的重要依据。健全立法征求意见机制,拓宽社会各方有序参与立法的途径和方式,推动增加基层立法联系点数量,扩大公众参与的覆盖面和代表性。健全立法机关和社会公众沟通机制,加强立法协商,充分发挥政协委员、民主党派、工商联、无党派人士、人民团体、社会组织在立法协商中的作用。重视听取专门机构和专家意见,鼓励有条件的机构加强地方立法研究。完善以立法前评估、立法中协商、立法后评估三大制度为支柱的行政立法全过程质量监控体系,实现立法质量的全过程、全链条规范管理和监控,避免流于形式。

2. 更加侧重加强基层法治建设

基层法治建设是法治建设的基础。从2022年中央依法治国办关于市县法治建设工作督察可以看出,市县法治建设工作在法治中国建设中的重要地位,这也是苏州2024年法治工作重点。要深入落实中央全面依法治国委员会《关于进一步加强市县法治建设的意见》和省委依法治省办通知的精神,推动基层法治建设实现新的跨越发展。一是完善法治建设第一责任人体制机制。苏州市探索建立了党政主要负责人法治建设第一责任人"履责纪实"、履职全程留痕和可回溯管理机制,接下来,在姑苏区等地率先探索基础上,需要健全党政主要负责人履行法治建设责任的"履职记实"机制,实现"落实—记录—督察—反馈—整改—推进"工作闭环,用确实的履职记录压实"关键少数"推进法治建设责任。同时，健全考核制度，加强典型选树。特别是针对法治政府建设任务，要增加法治建设考核权重，注重运用法治督察等方式，把计划、组织、控制、协调、监督、考核制度优势发挥出来，凝聚各方力量共同推动基层法治建设。二是切实发挥司法所"基础平台"作用。2017年，中共中央办公厅、国务院办公厅印发《关于实行国家机关"谁执法谁普法"普法责任制的意见》，要求行政执法人员在行政执法过程中，要结合案情进行充分释法说理。普法任务的下移，使得基层法治工作的量和质的要求都在增加。针对苏州基层法治建设2023年反映出来的不足，要进一步明确司法所职能定位，建立健全依托基层司法所具体负责协调推进、督促检查基层法治建设的工作机制，引导基层党政办等机构参与协调法治建设工作，建立司法所长列席镇长（主任）常务会议制度，推动法治镇（街道）、法治政府、法治社会一体建设取得新进展。三是加强基层法治阵地和法治人才队伍建设。扩大基层立法意见征集工作范围，延伸基层立法联系点进居民小区、田间地头、辖区单位、团体学校，不断织密联系网络，吸引越来越多的主体参与到法治苏州建设中来。持续开展城乡基层"援法议事"活动、法治乡村、法治小区建设。加大法治人才资源和力量配备向基层倾斜力度，注重发挥政府法律顾问作用，引导法律专家、律师到基层提供法律服务。加大人员培训力度，培育越来越多、越来越专的基层"法律明白人"，尝试探索法治人才上岗前进入司法所等基层一线实践的组织培养方式，促进法治专业水平有效提升。

3. 更加侧重推进社会治理法治化

法治是国家治理的基本形式，社会治理是国家治理的重要内容。习近平总书记强调："法治建设既要抓末端、治已病，更要抓前端、治未病。我国国情决定了我们不能成为'诉讼大国'"，"坚持把非诉讼纠纷解决机制挺在前面，从源头上减少诉讼增量"，这为我们全面推进社会治理法治化提供了根本遵循。一是用好司法建议和检察建议。在司法建议方面，司法建议是法院介于裁判和教谕之间的现实选择，是法院承担的社会责任，弥补司法裁判存在的不足的重要方式。人民法院主要通过对案件审判执行过程中发现的

问题及时发声和在类案梳理中给相关职能部门提供意见建议，促进源头治理。新的一年，苏州法院要进一步延伸审判职能，深度参与社会治理，以高质量司法建议做实"为大局服务、为人民司法"。为保证司法建议质量高、分量足、针对性强，需要人民法院提前做足沟通调研工作，从而为司法对象提供有效指引，助推社会治理取得良好效果。在检察建议方面，2018年以来，最高人民检察院以上率下，围绕校园安全、公告送达、金融监管、窨井管理、虚假诉讼等问题向有关部门发出第一至八号检察建议，为检察建议参与推动社会治理现代化提供了方向和指导。目前，苏州人民检察院检察建议主要集中在实践中常见、多发领域，接下来，通过更加注重分析研判案件背后存在的其他领域社会治理问题，运用检察建议、专项分析报告推动诉源治理，凝聚市域社会治理合力。二是加快构建非诉纠纷化解综合体系。坚持把非诉纠纷解决机制挺在前面，整合行政机关、专门机构、社会组织、民间人士等多方力量，加快构建非诉纠纷化解综合体系。苏州市在全省率先全域推进县、镇、村三级"一站式"矛调中心建设，平台框架已建成，运行机制已初步建立，"有没有"的问题已经基本得到解决，接下来，要强化运行规范化，让"矛盾纠纷化解在基层"的实效凸显，扩大品牌影响力，让老百姓遇到矛盾找"矛调"的意识增强，在实战检验中回答"好不好"的问题。此外，要进一步加强非诉与诉讼的衔接融通，注重人民调解、行政调解、行政裁决、行政复议、仲裁、公证、律师调解等各类非诉解决方式之间的联动互补，变"单打独斗"为协同作战，实现对家事、商事、行政、民事等各类纠纷化解的全面覆盖、高效对接。要坚持区别对待、分类调处，常见小矛盾小纠纷，依靠基层人民调解组织从快就地化解，专业领域矛盾纠纷，依托行业性专业性人民调解组织及时有效化解。三是营造清朗网络空间。21世纪以来，网络空间与人类社会关系越来越密切，现实社会中各种现象逐渐向网络空间"转移"，为社会治理注入强大动能的同时，也带来前所未有的冲击和挑战。接下来，2024年苏州在网络空间的有效治理方面，要统筹协调涉网立法立规工作，推动现有法规规章制度向网络空间延伸适用。实施网络内容建设工程，深入开展"清朗""净网"行动，加大对网上突出问题的整治力度，坚决依法打击谣言、淫秽、暴力、迷信、邪教等违法和有害不良信息在网络空间传播蔓延。深入实施网德建设工程，强化网上行为主体和行业的自律意识，落实互联网企业主体责任，建立自媒体服务管理工作规范。加强网络社交平台、各类公众账号管理，建立健全网络舆情通报研判等机制，加强对热点问题和突发事件的有效引导，组建网络文明志愿者队伍，批驳违反社会公德、公序良俗现象，让主旋律、正能量充盈网络空间。

4. 更加侧重加强政务服务标准化规范化便利化建设

《苏州市加快推进政务服务标准化规范化便利化的实施方案》提出，"2024年底前，政务服务标准化、规范化、便利化水平大幅提升"。据此，一要加快推进政务服务标准化。从明确政务服务事项范围、全面实行政务服务事项清单管理、建立健全政务服务事项动态管理机制三方面入手，推动政务服务事项标准化建设；要从同一政务服务事项实施规范的受理条件、办理流程、申请材料、办理结果等要素标准统一等方面入手，推进政务服务事项实施规范标准化；要从推动政府跨部门跨区域数据互通互认和共享等方面入手，加强政务服务标准化体系建设。二要加快推进政务服务规范化。从规范审批服务行为、规范审批监管协同、规范中介服务三个方面入手，规范审批服务；要从规范政务服务场所设立、规范"一门"办理、规范"综窗"设置、规范窗口业务办理四个方面入手，规范线下办事服务；从统一网上办事入口、规范网上办事指引、提升网上办事深度三方面入手，规范网上办事服务；要从规范政务服务办理方式、优化升级"政务服务数字地图"两方面入手，规范政务服务线上线下融合发展；要从全面落实政务服务"好差评"制度、健全政务服务督查考核机制两方面入手，规范开展政务服务评估评价。三要加快推进政务服务便利化。具体包括：深化政务服务集成化办理、推行"免证办"服务、推动政务服务事项"网上办、掌上办"、拓展"跨域通办"服务、推动政务服务多元化向基层延伸、加快惠企政策直达市场主体、推行告知承诺和容缺受理服务、探索"审管执信"闭环管理、优化市场主体登记与注销、提升工程建设项目审批服务水平、推进公共资源"不见面"交易、打造"一号"响应总客服等12个方面。

5.更加侧重进一步深化行政执法体制改革

一要推动执法重心向基层政府下移。进一步整合行政执法队伍,市和市辖区原则上只保留一个执法层级,市辖区能够承担的执法职责由区级履行;落实国家有关行政执法装备配备标准,加大执法人员、经费、资源、装备等向基层政府倾斜力度,实现执法力量和重心同步下移。二要创新完善行政执法机制。继续探索实行跨领域跨部门综合执法,探索打造"大数据+指挥中心+综合执法队伍"综合执法新模式;完善行政执法机制,严格落实行政执法公示、执法全过程记录、重大执法决定法制审核"三项制度";建立行政执法案例指导制度,定期发布指导案例。三要规范执法行为。动态调整各行政执法行为的行政裁量权基准,不断细化量化裁量范围、种类、幅度等并对外公布;按照行政执法类型,细化行政执法程序要求,坚持处罚与教育相结合原则,广泛运用说服教育、劝导示范、警示告诫、指导约谈等方式,全面推行轻微违法行为依法免予处罚清单,让行政执法既有力度又有温度;规范涉企行政检查,对涉企现场检查事项进行全面梳理论证,通过取消、整合等方式,压减重复或者不必要的检查事项;实施统一的行政执法案卷、文书基本标准,提高规范化水平。

B.13
苏州党的建设分析与展望

王海鹏*

摘 要： 全面建设社会主义现代化国家、全面推进中华民族伟大复兴，关键在党，必须以自我革命精神深入推进全面从严治党，进一步加强新时代党的建设新的伟大工程。2023年，苏州以习近平新时代中国特色社会主义思想为指导，深入贯彻党的二十大和二十届二中全会精神，全面贯彻落实习近平总书记关于江苏、苏州工作重要指示精神，认真贯彻落实新时代党的建设总要求，全市各级党组织和党员干部领悟"两个确立"的决定性意义更加深刻，各类别党组织建设坚强有力，全市党员理想信念更加坚定、奋斗精神更加主动，党员干部素质能力进一步提升，人才发展水平优化提升，基层党组织政治功能和组织功能得到有力释放，在正风肃纪和反腐败斗争中进一步推进廉洁苏州建设，党的建设质量稳步提升。2024年，苏州要不断提高党的建设质量，在落实新时代党的建设总要求上走在前、做示范，深入推进新时代党的建设新的伟大工程，以党的自我革命引领社会革命，更好地团结带领全市各级党组织和广大党员干部群众奋进新征程、建功新时代。

关键词： 全面从严治党 党建实践 党建质量 党建部署

党的二十大报告指出，要坚定不移全面从严治党，深入推进新时代党的建设新的伟大工程。2023年，苏州以更强的政治意识和责任担当落实新时

---

* 王海鹏，中共苏州市委党校党史党建教研室副教授，兼职担任江苏省第八届中共党史学会理事、苏州市委宣传部基层理论宣讲名师，主要研究方向为党的建设规律和党的执政规律。

代党的建设总要求，弘扬伟大建党精神，以党的政治建设为统领，落实管党治党政治责任，全面加强党的建设，着力把坚持和加强党中央集中统一领导落到实处，坚持不懈用习近平新时代中国特色社会主义思想凝心铸魂，全面推进制度治党、依规治党，完善党的自我革命制度规范体系，坚持党管干部、党管人才原则，努力锻造堪当现代化建设重任的高素质干部人才队伍，不断强化和严密党的组织体系，增强党组织政治功能和组织功能，始终坚持严的主基调，持之以恒正风肃纪，一体推进不敢腐、不能腐、不想腐，坚决打赢反腐败斗争攻坚战持久战，不断提高党的建设质量，自觉担起中国式现代化建设新江苏的排头兵任务，以党的自我革命引领社会革命，为建设社会主义现代化强市提供坚强政治保证。

一 2023年苏州党的建设具体实践与成效

在2022年党建工作取得成效的基础上，2023年苏州按照党的二十大报告关于深入推进新时代党的建设新的伟大工程的工作部署，结合党建工作实际持之以恒全面从严治党，以党的政治建设为统领，推动全市各级党组织从严从紧从实抓好党的各项建设，全市党员干部的政治判断力、政治领悟力、政治执行力不断提高；坚持不懈用习近平新时代中国特色社会主义思想凝心铸魂，广大党员干部的理想信念更加坚定、奋斗精神更加主动、担当意识更加增强；坚持党管干部、党管人才原则，落实新时代好干部标准，加强对党员干部进行全方位教育、管理、监督，实施对人才工作的全面领导；突出大抓基层的鲜明导向，不断加强基层党组织政治功能和组织功能建设；持续深化纠治"四风"，加快推进廉洁苏州建设，严格执行中央八项规定及其实施细则精神，持续深化整治群众身边的不正之风和腐败问题，运用信息化手段强化对权力运行的监督制约，不敢腐、不能腐、不想腐一体推进的综合效能持续提升，使新时代苏州党的建设质量得到显著提升。

（一）以党的政治建设为统领，坚决维护党中央权威和集中统一领导

习近平总书记反复强调："党的政治建设是党的根本性建设，决定着党的建设方向和效果。"全面从严治党，最根本的是加强党的政治建设；加强党的政治建设，最关键的是坚持和加强党的全面领导，维护党中央集中统一领导，切实做到"两个维护"，深刻领悟"两个确立"的决定性意义。

2023年，苏州认真贯彻执行《中共中央政治局关于加强和维护党中央集中统一领导的若干规定》和《中共中央关于加强党的政治建设的意见》，以党的政治建设为统领，坚持和落实学习习近平总书记重要讲话精神、重要指示批示精神、"第一议题"制度，完善市委常委会专题调研县级市（区）机制，推动全市各级党组织和党员干部深刻领悟"两个确立"的决定性意义，增强"四个意识"、坚定"四个自信"、做到"两个维护"，坚定不移地把习近平总书记重要指示和党中央、省委决策部署不折不扣落地落实。同时，各级党组织和党员严明政治纪律政治规矩，加强政治忠诚教育和党性教育，不断提高全市党员干部的政治判断力、政治领悟力、政治执行力，并持续深化政治机关意识教育，加强模范机关、廉洁机关建设，确保机关党的建设始终走在前列、做示范。

（二）全面加强党的思想建设，坚持不懈用习近平新时代中国特色社会主义思想凝心铸魂

党的思想建设是党的基础性建设，基础不牢，地动山摇。党的十九大以来，全党高度重视党的思想建设，始终把马克思主义中国化时代化的理论创新成果武装全党作为党的思想建设的根本任务。

一是紧紧把围绕宣传贯彻党的二十大精神作为当前和今后一个时期的首要政治任务。2023年，苏州坚持理论强党，分期分批深入开展集中轮训，举办市管主要领导干部学习贯彻习近平新时代中国特色社会主义思想和党的二十大精神研讨班，集中开展市管干部学习贯彻习近平新时代中国特色社

主义思想和党的二十大精神集中轮训，对全体在职市管干部实现全覆盖培训。

二是把学习贯彻习近平总书记参加十四届全国人大一次会议江苏代表团审议时的重要讲话精神和总书记在江苏、苏州考察指示批示精神作为重要任务。2023年7月5日、6日，习近平总书记到江苏苏州、南京考察，明确提出"在科技创新上取得新突破；在强链补链延链上展现新作为；在建设中华民族现代文明上探索新经验；在推进社会治理现代化上实现新提升"，苏州把习近平总书记的重要指示精神作为重大政治任务，纳入各级党员干部教育培训教学内容，纳入各级党校（行政学院）和干部教育培训机构必修课程，做到学深悟透、融会贯通、笃信笃行，切实把学习贯彻习近平新时代中国特色社会主义思想引向深入。

三是深入实施党的创新理论学习教育计划，把深化理论武装和常态化长效化开展党史学习教育相结合，引导广大党员干部群众学习掌握习近平新时代中国特色社会主义思想的世界观和方法论。2023年5月5日，苏州在马克思诞辰纪念日前后，创新设立苏州"干将学习节"，向全市领导干部推荐《习近平著作选读》等10本在职自学书目，举办4场菜单式讲座，市、县两级联动集中举办一批读书沙龙、艺术党课、精品课程观摩活动，在全市党员干部中兴起大学习热潮，激励各级干部以学铸魂、以学增智、以学正风、以学促干。同时，实施党的创新理论传播工程，加强在苏高校马克思主义学院建设，不断提高机关、企事业单位青年党员干部理论素养，依托苏州干部在线学习平台开设党的二十大精神在线学习专栏，举办学习贯彻党的二十大精神网上专题培训班。

（三）聚焦树牢造福人民政绩观，认真开展习近平新时代中国特色社会主义思想主题教育

2023年4月3日，习近平总书记在学习贯彻习近平新时代中国特色社会主义思想主题教育工作会议上发表重要讲话，提出"学思想、强党性、重实践、建新功"的总要求，对习近平新时代中国特色社会主义思想主题

教育进行总体部署。9月12日,苏州按照中央和省委统一部署,以县处级以上领导干部为重点,启动全市范围内习近平新时代中国特色社会主义思想主题教育,制定主题教育实施方案,要求各级党委和领导干部认真开展习近平新时代中国特色社会主义思想读书班,集中研学、个人自学《习近平著作选读(第一卷)》《习近平著作选读(第二卷)》《习近平新时代中国特色社会主义思想专题摘编》《习近平新时代中国特色社会主义思想学习纲要(2023年版)》《习近平新时代中国特色社会主义思想的世界观和方法论专题摘编》《习近平关于调查研究论述摘编》《论党的自我革命》等重要文献材料。

在深入开展学习的基础上,各级党员领导干部坚持问题导向,重点围绕习近平总书记关心的五个方面突出问题和市委提出的开展"千村万企、千家万户大走访"活动要求开展调查研究,制定调研方案、确定调研专题,在真调研问题、调研真问题中注重建章立制,检视整改真问题、真查实改见成效,从"解决一件事"上升为"解决一类事",努力把主题教育关于"学思想、强党性、重实践、建新功"的总要求落到实处,树牢造福人民的政绩观。

(四)聚焦完善党的自我革命制度规范体系,全面加强制度治党、依规治党

党的二十大报告提出要完善党的自我革命制度规范体系。2023年,苏州统筹推进新时代新征程党内法规制度建设,严格落实《中央党内法规制定工作规划纲要(2023—2027年)》,认真贯彻执行《中国共产党纪律处分条例》《中国共产党党内监督条例》《中国共产党巡视工作条例》《中国共产党支部工作条例(试行)》等党内法规,围绕制度全贯通,督促各级党组织加强制度建设,及时将实践中务实管用的管党治党措施提炼总结上升为具体的制度规定。增强党内法规权威性和执行力,用严格的党内制度更好地保障事业发展。同时,聚焦完善权力监督制约机制建设,探索对"一把手"和领导班子监督更有效、更管用的方式方法,在职能部门的业务系统

中嵌入监督制约，推进政治监督具体化精准化常态化，牢记"国之大者"，开展经常性监督，深入查找问题，及时纠正偏差，坚决纠治打折扣搞变通、不精准不到位等问题，确保党中央和省委的各项决策部署不折不扣落地见效。

（五）聚焦党管干部、党管人才工作，努力锻造堪当现代化建设重任的高素质干部队伍

2023年，苏州严格落实新时代好干部标准，做深做细做实干部政治素质考察，以党的二十大报告提出的"建设堪当民族复兴重任的高素质干部队伍"要求为依据，大力选拔政治过硬、适合时代要求、具备领导社会主义现代化建设能力的干部，围绕党中央重大决策部署，结合国家重大战略需求，分领域分专题学习培训，着力打造政治过硬、专业过硬、担当过硬、斗争过硬、纪律过硬的"五过硬"干部队伍，不断增强党员干部的时代适应性，不断提升苏州干部建设中国式现代化的本领能力。同时，苏州继续坚持党管干部原则，认真执行《推进领导干部能上能下规定》，做深做实干部政治素质考察，从严把好政治关、廉洁关，持续抓好换届后各级领导班子建设，强化干部思想淬炼、政治历练、实践锻炼、专业训练，注重斗争精神和斗争本领养成，切实练就干事成事的宽肩膀、硬本领，推动形成能者上、优者奖、庸者下、劣者汰的良好局面。

一是认真贯彻执行《干部教育培训工作条例》和《全国干部教育培训规划（2023—2027年）》。苏州将上述两部党内法规要求融入全市深入学习贯彻习近平新时代中国特色社会主义思想全过程，坚持不懈用党的创新理论凝心铸魂、强基固本，组织开展"新时代苏州干部教育培训针对性有效性"调查研究，结合本地干部教育培训实际需要，教育引导干部树立正确的权力观、政绩观、事业观，进一步增强干部教育培训的系统性、针对性、有效性。同时，坚持严管和厚爱相结合，加强干部全方位管理和经常性监督，落实"三个区分开来"，完善担当作为激励保护机制，优化综合考核评价体系，推动干部能上能下、能进能出，引导各级干部牢固树立和践行正确政绩观，在新时代新征程上勇于担当、敢为善为。

二是落实培养选拔优秀年轻干部常态化工作机制，大力加强优秀年轻干部培养式交流。苏州认真贯彻新时代党的组织路线，聚焦造就忠诚干净担当的高素质干部队伍，聚集爱国奉献的各方面优秀人才，抓好后继有人这个根本大计，扎实推动年轻干部到基层一线和艰苦岗位锻炼成长，从严加强教育管理监督，确保干部队伍的源头活水始终是一泓清泉。

三是持续擦亮"人到苏州必有为"工作品牌。结合习近平总书记关于党的人才政策的重要指示批示精神，苏州以更大力度集聚各类创新人才，主动出击、积极作为，围绕推进数字经济时代产业创新集群融合发展，聚焦高端装备、电子信息、先进材料、生物医药等战略性新兴产业以及光子、元宇宙等未来产业，用好用足吸引人才的优势，把苏州打造成为海内外人才最向往的城市。

四是苏州将自主培养作为人才来源的"主渠道"，贯彻落实《关于进一步加强青年科技人才培养和使用的若干措施》，以更大力度推动在苏州高校建设，全面深化名城名校、大院大所融合发展，优化高校学科布局和人才培养结构，最大限度地把各方面优秀人才汇聚起来，充分激发各类人才创新活力，努力在人才强国、人才强省建设上展现苏州担当、作出苏州贡献，持续不断为苏州高质量发展蓄势赋能，为加快实现高水平科技自立自强增添更多"底气"。

（六）不断加强党的组织体系建设，努力增强党组织政治功能和组织功能

2023年，苏州聚焦增强党组织政治功能和组织功能，统筹加强各领域基层党组织建设，突出大抓基层鲜明导向，深入推进新时代基层党建"五聚焦五落实"深化提升行动，把《关于实施高质量党建引领基层治理现代化"根系工程"的意见》落在实处，实施高质量党建引领基层治理现代化"根系工程"，不断健全村、社区党组织联系服务群众的组织体系末梢"根系"，常态化整顿软弱涣散基层党组织，推动全面进步、全面过硬，不断构

建党建引领基层治理新格局。

一是加强城市社区党建工作，调整优化城市社区规模，强化社区工作者队伍建设，建强基层党组织骨干队伍，持续深化"三个一线"行动，加快培育造就一大批新时代优秀基层带头人，真正做到"一个支部就是一座堡垒，一名党员就是一面旗帜"。

二是加强混合所有制企业、非公有制企业党建工作，不断推进新经济组织、新社会组织、新就业群体党的建设，不断扩大党在新兴领域和新就业群体中的影响力、号召力。

三是全面加强机关党建工作，提升机关党建质量，聚力深化"放管服"改革，实施党建引领优化营商环境专项行动，制发《关于进一步深化市级机关党建品牌建设的实施意见》《市级机关先进典型培育管理办法》《关于进一步深入推进市级机关、国企党组织与姑苏区社区党组织结对共建助力基层治理的实施方案》，做优"红炬优才""科创360""众创空间"等党建服务品牌。

四是2023年9月，苏州召开全市国有企业党的建设和改革深化提升工作会议，制定实施《苏州市国有企业改革深化提升行动实施方案（2023—2025年）》，以提高国有企业核心竞争力和增强核心功能为重点，系统谋划国资国企改革发展思路，稳步推进国有企业在完善公司治理中加强党的领导，理顺国有企业党建管理体制机制，加强国有企业领导人员队伍建设，全力优化国有经济布局结构、完善国有企业科技创新机制、提升国有资本配置效率、提高公司治理水平、健全国资监管体制、营造公平竞争环境。

五是苏州坚持和完善高校党委领导下的校长负责制，健全公立医院、中小学校党的领导体制和工作机制。总的来说，2023年苏州持续建强基层战斗堡垒，全面提升农村、城市、机关、国企、学校、医院、非公组织、社会组织等各领域党建质量，推动党组织全面进步、全面过硬。深化"行动支部"和"海棠花红"先锋阵地建设，做优做亮"海棠花红"基层党建品牌，围绕"美美与共·海棠花红"党建品牌，全面推动美美乡村、美美社区建设，切实将基层党组织的政治优势、组织优势转化为治理效能。选优配强基层党组织带头人队伍，深化基层干部专业化体系建设，围绕锤炼"忠诚、干净、担当"政治品格，加强干部斗争精神和斗争本领养成，强化"推动高质量发展、服务群众、防范化解风险"工作本领，夯实"七种能力"等方面加以努力，通过教育培训不断提升干部推动高质量发展本领、服务群众本领、防范化解风险本领。

（七）以严的基调强化正风肃纪，坚决打赢反腐败斗争攻坚战持久战

党的二十大胜利闭幕后，习近平总书记带领中央政治局常委同志专程赴延安瞻仰革命纪念地，宣示新一届中央领导集体赓续红色血脉、传承奋斗精神，释放出作风建设不停步、再出发的鲜明信号。2023年，苏州始终坚持严的主基调不动摇，加快推进廉洁苏州建设，坚持不懈强化正风肃纪，持续加固中央八项规定堤坝，深化整治形式主义、官僚主义，积极构建具有苏州特色的监督体系，不断巩固反腐败斗争压倒性胜利。

这一年，全市认真贯彻落实《关于加强新时代廉洁文化建设的意见》，持之以恒锤炼政德，推出冯梦龙、范仲淹等苏州贤吏微视频，开展"走馆访廉"、家风故事访谈活动，制作出品廉政锡剧《雪篷送米图》并在全市巡演展播，用好"清廉百馆"廉洁文化阵地群，引导干部明大德、守公德、严私德，深化"廉居共筑"品牌建设，以优良家风涵养清朗党风政风。苏州市联动开展开发区高质量发展专项巡察、深化巡纪协作等工作得到中央巡视办充分肯定。

二 2024年苏州党建工作的展望与思考

推进中国式现代化苏州新实践，关键在党。2024年是习近平总书记在江苏首次提出"全面从严治党"后的第十个年头。苏州作为江苏省的排头兵，自当在全面从严治党上有力作为，以习近平总书记关于党的建设重要思想为指导，深入推进新时代党的建设新的伟大工程，在落实新时代党的建设

总要求上走在前、做示范，为现代化建设提供坚强保障。

全市要深入学习贯彻习近平总书记关于党的建设重要思想，坚定拥护"两个确立"、坚决做到"两个维护"，把"两个确立"的决定性意义变成各级党员干部的政治自觉和行动自觉；要深入总结第二批习近平新时代中国特色社会主义思想主题教育成果和经验，坚持不懈用党的创新理论凝心铸魂，自觉做习近平新时代中国特色社会主义思想的坚定信仰者和忠实践行者，深化以学铸魂、以学增智、以学正风、以学促干的实践成效；要打造堪当现代化建设重任的高素质干部队伍，让谋事讲政治、干事有激情、做事高标准、处事能坚韧、遇事敢担当、成事守规矩成为苏州干部的鲜明特质；要持续建强基层战斗堡垒，提升农村、城市、机关、国企、学校、医院、非公、社会组织等各领域党建质量，推动党组织全面进步、全面过硬；要驰而不息正风肃纪反腐，坚持不敢腐、不能腐、不想腐一体推进，持之以恒纠治"四风"，严肃整治损害党的形象、群众反映强烈的形式主义、官僚主义问题，努力形成一心为公、一身正气、一尘不染的风清气正政治生态。

（一）坚决维护党的团结统一，不断提升广大党员干部的政治判断力、政治领悟力、政治执行力

苏州要坚决贯彻中央政治局关于加强和维护党中央集中统一领导的若干规定，胸怀"两个大局"、牢记"国之大者"，健全完善落实机制，加强监督检查，始终坚持把习近平总书记关心的事、强调的事，党中央和省委部署的事、交办的事，作为苏州最应该干、必须干好的事一抓到底、抓出成效。主要体现在以下几方面。

一是充分发挥党委（党组）总揽全局、协调各方的领导作用，严格执行民主集中制，健全科学民主依法决策机制，切实加强对重大工作的领导，积极创新和改进领导方式，不断提高把方向、管大局、作决策、保落实的能力。坚定拥护"两个确立"、坚决做到"两个维护"，维护习近平总书记党中央的核心、全党的核心地位，维护党中央的权威和集中统一领导。

二是严明政治纪律和政治规矩，增强党内政治生活的政治性、时代性、

原则性、战斗性，推动政治监督具体化、精准化、常态化，教育引导全市各级党组织和党员干部不断提高政治判断力、政治领悟力、政治执行力，恪守"五个必须"，严防"七个有之"，自觉在政治立场、政治方向、政治原则、政治道路上同以习近平同志为核心的党中央保持高度一致。

三是落实各级党委（党组）主体责任，坚持科学执政、民主执政、依法执政，贯彻民主集中制，创新和改进各级党委领导方式，提高党把方向、谋大局、定政策、促改革能力，调动各方面积极性，勇于承担政治责任，对"国之大者"了然于胸，使党员干部自觉同党的理论和路线方针政策对标对表、及时校准偏差，无条件执行党中央作出的战略决策。

（二）深化习近平新时代中国特色社会主义思想主题教育成果，充分用党的理论创新成果武装头脑

2024年1月，第二批习近平新时代中国特色社会主义思想主题教育将接近尾声。我们要深刻认识和系统总结这一轮主题教育的成果，继续深入贯彻"学思想、强党性、重实践、建新功"的总要求，做到认识与实践相结合、理论与实际相联系、改造主观世界与改造客观世界相统一，从新时代中国特色社会主义思想中汲取奋发进取的智慧和力量，熟练掌握其中蕴含的领导方法、思想方法、工作方法，不断提高履职尽责的能力和水平，凝心聚力促发展，驰而不息抓落实，立足岗位作贡献，努力创造经得起历史和人民检验的实绩。

一是按照党中央和省委部署要求，结合苏州实际，组织各级各类党员干部深入学习习近平新时代中国特色社会主义思想和习近平总书记视察江苏、苏州重要讲话精神，特别是认真领悟"四个走在前""四个新探索"精神实质和核心要义，加强宣传阐释，更好推动习近平新时代中国特色社会主义思想深入人心、见行见效，为实现中华民族伟大复兴作出更大的苏州贡献。

二是把党的创新理论教育与党史学习教育相结合，组织实施党的创新理论学习计划，引导广大党员干部群众学习掌握运用好习近平新时代中国特色社会主义思想的世界观和方法论，深刻体悟蕴含其中的真理力量和实践伟

力，时时对表、事事对标，及时纠正理念偏差、思想偏差、方向偏差，自觉成为习近平新时代中国特色社会主义思想的坚定信仰者和忠实践行者。

三是加强理想信念教育，教育引导党员干部特别是领导干部坚持以人民为中心的发展思想，树牢造福人民的政绩观，把学习成果转化为推动高质量发展走在前列的实际行动，切实做到以学铸魂、以学增智、以学正风、以学促干。

四是深入开展"习近平新时代中国特色社会主义思想指引下的苏州实践"和"千村万企、千家万户大走访"的调研活动及课题研究，深入开展重大理论问题研究、重大现实问题研究和重大实践经验总结，深入推进苏州高质量发展。

（三）加强干部教育培训和实践训练，着力建设一批堪当现代化建设重任的高素质干部队伍

2024年，要认真贯彻中共中央政治局审议通过的《干部教育培训工作条例》和《全国干部教育培训规划（2023—2027年）》，弘扬伟大建党精神，加强干部实践训练，不断增强党员干部党性修养，教育引导干部树立正确的权力观、政绩观、事业观，进一步增强干部教育培训的系统性、针对性、有效性。

一是牢牢把握干部教育培训规律和干部成长规律，实施基层基础固本培元计划和教学质量高标创优计划，加强干部教育培训阵地、课程、师资、方法建设，健全完善全市干部教育培训体系。

二是坚持党管干部、党管人才原则，把新时代好干部标准落到实处，对标建设堪当民族复兴重任的高素质干部队伍，推动干部加强斗争精神和斗争本领，选育一批政治素质过硬、工作实绩突出的干部。

三是健全培养选拔优秀年轻干部常态化工作机制，统筹用好各年龄段干部和女干部、党外干部。加强国有企业、事业单位与机关干部互动交流。严格执行领导干部个人有关事项报告制度。

四是坚持和完善领导干部上讲台制度，引导领导干部、市级机关和县级

市（区）"一把手"上讲台，推动领导干部政治能力、专业能力双提升，完善年度综合考核制度体系，持续推进"三项机制"落地见效，着力推动干部能上能下，激励干部敢为善为、奋发有为。

五是不断赋予苏州"三大法宝"新的时代内涵，推动干部能上能下常态化，落实好"三个区分开来"要求，完善担当作为激励和保护机制，旗帜鲜明为担当者担当、为负责者负责、为干事者撑腰、为创新者鼓劲。坚持严管和厚爱结合，严肃整治拈轻怕重、躺平甩锅、敷衍塞责、得过且过等消极现象。

六是聚焦爱国奉献优秀人才建设，全力推进苏州吸引和集聚人才平台建设，打造若干特色产业人才集聚区，实施人才政策优化提升工程，增强政策的精准性和竞争力，不断提高育才、引才、用才、扩才能力水平，营造人才竞相发展的良好局面。

（四）持续增强党组织政治功能和组织功能，提升党建引领基层治理现代化水平

立足苏州基层党建工作实际，把加强党的组织体系建设作为长期任务，严密党的组织体系，持续推进"五聚焦五落实"深化提升行动，聚焦党建引领高质量发展，不断提高全市基层党建工作质量，推动全面从严治党向基层延伸。

一是全面实施村（社区）党组织"六强六好"功能提升、薄弱村千村攻坚提升、基层干部专业化体系建设提升、党建引领城市基层治理提升、产业链党建提升等"五项行动"，以点带面牵引提升基层党建工作的整体效能，构建起苏州基层党建工作的亮丽风景线。

二是加强城市社区党建工作，调整优化城市社区规模，强化社区工作者队伍建设，建强基层党组织骨干队伍，持续深化"三个一线"行动，加快培育造就一大批新时代优秀城市社区基层带头人。

三是持续推进新经济组织、新社会组织、新就业群体党的建设，加强混合所有制企业、非公有制企业党的建设，重视推进互联网企业党建工作，不

断扩大党在新兴领域和新就业群体中的影响力、号召力。

四是提升机关党建质量，全面加强机关党建工作，实效监测机关党员思想动态，全面夯实基层基础，深化锻造引领发展"强堡垒"，围绕产业创新集群探索党建赋能"最优解"，聚焦优化营商环境强化党建惠企"连心桥"，着眼区域协同深化党建联动大格局。

五是加强党对国有企业的全面领导和党的建设，深入贯彻执行《苏州市国有企业改革深化提升行动实施方案（2023—2025年）》，稳步推进国有企业在完善公司治理中加强党的领导，全力打造"对党忠诚、勇于创新、治企有方、兴企有为、清正廉洁"的高素质专业化国有企业领导人员队伍，以改革创新推动苏州国企持续做强做优做大。

六是坚持和完善高校党委领导下的校长负责制，健全公立医院、中小学校党的领导体制和工作机制，积极探索新时代医院类别基层党组织建设，努力造就一批高素质专业化医疗系统党建工作队伍。

七是加大推进新业态、新兴领域党建工作力度，重视互联网企业党建工作，以党建"红色引擎"激活互联网产业新动能，通过深化实施"党建惠企"专项行动，走出了党建赋能企业高质量发展的互联网篇章。

（五）驰而不息正风肃纪反腐，持续推进廉洁苏州建设

2024年，苏州要坚持党性党风党纪一起抓，一体推进不敢腐、不能腐、不想腐，同时发力、同向发力、综合发力，坚决打赢反腐败斗争攻坚战持久战。锲而不舍落实中央八项规定及其实施细则精神和省、市有关要求，抓"关键少数"以上率下，发挥大数据赋能增效作用，健全常态化督查检查机制，驰而不息纠治"四风"，重点纠治形式主义、官僚主义，坚决破除特权思想和特权行为。

一是继续坚持严的主基调不动摇，全面加强党的纪律建设，深化运用监督执纪"四种形态"，督促党员干部自觉遵规守纪，坚持党性党风党纪一起抓，从思想上固本培元，提高各级党员干部党性觉悟，增强拒腐防变能力。

二是健全党统一领导、全面覆盖、权威高效的监督体系，以党内监督为

主导，强化各类监督统筹衔接，增强监督全覆盖有效性，深化用好巡察利剑和问责利器，提高对"一把手"和领导班子的监督实效，减少权力对微观经济活动的不当干预，从制度上铲除腐败滋生蔓延的土壤。

三是始终以零容忍态度反腐惩恶，更加有力遏制增量，更加有效清除存量。坚持"三不腐"一体推进，坚持受贿行贿一起查，坚决惩治新型腐败和隐性腐败，坚决惩治群众身边的"蝇贪"，既抓惩治腐败，又抓追赃挽损，形成狠抓落实的好局面。

四是健全党员干部澄清保护制度，及时还清白者清白，营造"敢想敢干、敢闯敢试"的环境。继续推动"有强度"的激励手段和"有底线"的包容举措落到实处，妥善用好容错纠错机制，注重以案析理、突出见人见事，让基层干部增强直观感受，做到容一人而激励全体、纠一错而澄清全局。

五是扎实深入推进新时代廉洁文化建设，常态化加强党性教育、政德教育、警示教育和家风教育，教育引导广大党员干部共同维护好发展好苏州风清气正的政治生态。统筹推动廉洁机关、廉洁学校、廉洁医院、廉洁村居、廉洁企业等建设，让人民群众在廉洁苏州建设中拥有更多获得感。

三 不断提高新时代苏州党的建设质量的建议思考

办好中国的事情，关键在党。推进中国式现代化建设的苏州实践，关键在于把苏州党的建设抓好抓实抓深，不断提高新时代苏州党建质量。因此，要更加紧密团结在以习近平同志为核心的党中央周围，以习近平新时代中国特色社会主义思想为指导，深刻领悟"两个确立"的决定性意义，增强"四个意识"、坚定"四个自信"、做到"两个维护"，坚持把抓好党建作为最大政绩，切实强化管党治党政治担当，层层落实管党治党政治责任，推动管党治党各项任务落到实处，确保全面从严治党取得过硬成效，以党的自我革命引领社会革命，更好地团结带领全市各级党组织和广大党员干部群众奋进新征程、建功新时代,努力在"扛起新使命、谱写新篇章"中争当排头兵!

(一)压紧压实管党治党政治责任,以上率下狠抓责任落实

各级党委(党组)要强化主责、主业、主角意识,坚持把抓好党建作为最大政绩,不断加强对组织工作的领导,定期研究解决党的建设和组织工作重大问题、重点任务、重要事项,切实把党建责任传导到"神经末梢",真正管到位、管到底。各级党组织书记要认真履行第一责任人责任,重大政策亲自研究、重大工作亲自部署、重大事项亲自督办、重要环节亲自过问。要带头落实党建工作联系点、基层党建工作述职评议、"书记项目"等制度,大兴调查研究,经常深入基层,帮助解决党建工作中遇到的实际困难。压实班子"一岗双责",各级领导干部不当旁观者、不做局外人,确保业务工作延伸到哪里,党的建设就跟进到哪里、保障到哪里。组织部门是管党治党的重要职能部门,是党员之家、干部之家、人才之家。基层党组织要继续深化以党建引领基层治理现代化"根系工程",将其纳入党的建设总体规划,纳入党建考核,每年至少专题研究1次,推动工作落实,各镇(街道)党(工)委要发挥"一线指挥部"作用,加强具体指导;村(社区)党组织要履行主体责任,根据辖区自然村、小区特点,分类指导,示范先行,推进落地见效。

(二)持续深化习近平新时代中国特色社会主义思想

要推动习近平新时代中国特色社会主义思想学习走深走实,把政治能力建设贯穿干部教育培训全过程,充分发挥各级党校、干部学院主渠道作用,实施"三提三强"工程,使两者形成协同合作、优势互补、错位发展的工作格局,努力把干部学院建设成全国一流的党性教育和干部培训基地,充分发挥全市党系统为党育才、为党献策的功能作用,充分挖掘提炼习近平新时代中国特色社会主义思想指引下的苏州实践等不同时期产生的教育资源、生动实践,赋予苏州"三大法宝"新的时代内容。

（三）以党的组织体系建设为重点，增强组织功能提升队伍能力

全面加强基层党组织建设，全面落实全省"五聚焦五落实"深化提升行动计划，统筹推进城乡基层党组织专项整顿，持续开展针对服务业的"党建惠企"纾困帮扶专项行动，充分发挥国企党组织引领保障作用，推动国企高质量发展。健全新业态新就业群体组织体系和关爱体系，持续建强党在基层的战斗堡垒。坚持党管干部原则，落实新时代好干部标准，从严从实把好政治关、廉洁关，着力打造政治过硬、专业过硬、担当过硬、斗争过硬、纪律过硬的"五过硬"干部队伍，推动干部加强斗争精神和斗争本领养成。坚持严管和厚爱并重，落实"三个区分开来"，完善担当作为激励保护机制，优化高质量发展综合考核评价体系，健全配套督察问责机制，推动干部能上能下、能进能出，真正让能者上、优者奖、庸者下、劣者汰，在新时代新征程上勇于担当、敢为善为。

（四）驰而不息正风肃纪，打赢反腐败斗争攻坚战持久战

严格执行中央八项规定及其实施细则精神和省、市有关要求，抓住"关键少数"以上率下，带头弘扬党的光荣传统和优良作风，带头严于律己、严负其责、严管所辖，促进党风政风持续向好。坚决防反弹回潮、防隐形变异、防疲劳厌战，重点纠治形式主义、官僚主义，持续巩固拓展基层减负工作成效，深化运用监督执纪"四种形态"，推动作风建设常态长效。坚持"三不腐"一体推进，始终以零容忍态度反腐惩恶，抓好国有企业、金融、政法、开发区等权力集中、资金密集、资源富集领域的重点整治，坚决查处政治问题和经济问题交织的腐败，坚决惩治新型腐败和隐性腐败，坚决惩治群众身边的"蝇贪"，进一步铲除腐败滋生的土壤。既抓惩治腐败，又抓追赃挽损。健全监督体系，用好巡视巡察利剑和问责利器，提高对"一把手"和领导班子的监督实效。加强新时代廉洁文化建设，深入挖掘传统文化中的廉洁元素，弘扬"清、慎、勤"作风，努力形成广大党员一心为公、一身正气、一尘不染的风清气正政治生态，努力建设人民满意的廉洁苏州。

（五）聚焦苏州党建实践，深入系统研究新时代十年苏州党建经验

新时代十年苏州党的建设需要开展进一步的具体化研究，在现有研究成果的基础上继续深入分析农村、社区、机关、国有企业、高校、非公企业等各类别基层党组织的具体实践，总结各类别党组织建设的主要成就和基本经验，把苏州党的建设研究引向深入。从机关、社区、农村、企业、高校等架构上分析苏州在奋力开展"强富美高"伟大实践中党的建设实践及经验，深入提炼苏州的党建贡献，针对性地回答外地班学员来苏州"取经"的"真经"问题，把苏州的"经验"具体化、条线化，以党的建设为主线加以提炼，旨在为全国各地来苏州学习考察高水平实现社会主义现代化提供具体、可操作的方法。同时，对表对标习近平总书记赋予江苏全面从严治党的使命任务，紧紧围绕党建引领高质量发展这条主线，重点开展党建引领经济、政治、文化、社会、生态等方面的研究。

文化篇

B.14
苏州文化产业发展状况分析与展望

周永博 周进 王宇环 伍萱 王宇轩*

摘 要： 文化产业是以精神消费为生产目的，以符号生产为主要生产内容的新型产业形态。2023年，苏州市始终坚持文化产业高质量发展的基本方向。2023年苏州文化产业总体发展良好，稳中求进。具体表现为文化产业规模持续增长，贸易进出口增长迅速，文化产品规模不断攀升。同时苏州市下辖各个区块的文化产业发展各具特色，但就文化产业规模而言，各个区域目前梯度分布明显。总体而言，苏州市在重大文化产业项目具体落实方面取得了不错的成效，但在文化产业创新、配套设施建设、文化产品供需结构和多产业融合等多方面仍有待改善之处。基于此，在新的人文经济时代背景下，报告从人文经济创新实践、文化产业数字化、场景体系化建设和文化产业品牌建

---

* 周永博，苏州大学社会学院旅游管理系教授、博士研究生导师，东吴智库副院长，苏州大学地方品牌化协同创新中心主任，教育部人文社科重点研究基地"中国特色城镇化研究中心"研究员，主要研究方向为地方营销、文旅融合场景、大运河文化带；周进，苏州大学社会学院旅游管理系；王宇环，苏州大学社会学院旅游管理系；伍萱，苏州大学社会学院旅游管理系；王宇轩，苏州大学社会学院旅游管理系。

设等多方面提供了战略思考方向。此外，结合苏州市文化产业的发展情况和新的发展背景，针对苏州市2024年文化产业进一步发展，从人才培养、创新产业培育、品牌建设、产业融合和顶层设计五大方面提出了具体的对策建议。

关键词： 文化产业 文化产品供需 人文经济 产业融合 苏州

《中华人民共和国国民经济和社会发展第十四个五年规划和2035年远景目标纲要》，将"健全现代文化产业体系"作为"发展社会先进文化，提升国家文化软实力"的重要内容，这为文化产业的高质量发展带来了新的契机。苏州市始终牢牢把握文化产业高质量发展的正确方向，把谋划文化产业高质量发展放在全局工作的突出位置。因此，苏州市不断推动长江文化、运河文化、吴文化、古城文化、江南文化等创造性转化和创新性发展，以多元的优秀文化为动力，实现文化产业高质量发展目标。在"率先建成文化强市"目标任务的指引下，苏州市现已初步建成涵盖数字文化、文化旅游、创意设计和文化娱乐等多个领域的文化产业体系。与此同时，在全市各个区块形成了各具特色的文化产业分区。如在姑苏区形成了以文旅融合为核心的文化旅游特色产业，在高新区形成了以科技文化为核心的数字化特色产业，在相城区形成了以创意设计为核心的创新型产业，在昆山市以数字文化和文旅融合为特色打造了文化制造业特色优势，其他区块同样也利用地方文化与产业优势，打造了各具特色的文化产业业态。

一 苏州文化产业发展的主要成效

（一）总体发展状况

苏州市2023年上半年文化产业总体发展状况良好。[①] 第一季度受疫情

[①] 本报告正文数据和图表数据均来自苏州市统计局和苏州市文化广电和旅游局提供的《苏州2023年文化产业主要指标》。

影响发展呈现较为弱势的状态,规模大幅降低,第二、三季度较第一季度以及2022年同时段,文化产业机构规模、文旅经济规模、文化产业贸易进出口规模、文化产品规模均有不同程度的增长,而文化产业基础设施建设规模及文化体验数量与2022年基本持平,未出现明显变化(见表1、表2、表3)。

表1 苏州市第一季度文化产业规模

分类	指标	总数	增长值	增长率(%)
文化产业机构规模	法人单位数(家)	1409	123	9.56
	就业人数(万人)	24.31	−0.91	−3.61
	资产总额(亿元)	4748.66	289.79	6.50
	营业收入(亿元)	707.47	−2672.57	−79.07
	文化创意产业园数量(个)	96	−5	−4.95
文旅经济规模	旅游总收入(亿元)	804.7	−1058.7	−56.82
	国内外游客总量(万人次)	4551.8	−5371	−54.13
	住宿企业数量(家)	4465	0	0.00
文化产业贸易进出口规模	贸易出口量(万美元)	431	−1589	−78.66
	贸易进口量(万美元)	430	−2472	−85.18
文化产品规模	版权登记量(件)	35874	−80666	−69.22
	电影总票房(亿元)	2.6	−2.9	−52.73
	城市观影人次(万人次)	549.8	−742.52	−57.46
	电影放映场次(万场次)	52.3	−107.89	−67.35
文化产业基础设施建设规模	电影荧屏数(块)	1296	−17	−1.29
	文化文物单位机构数(家)	3778	0	0.00
	重点文保单位数(家)	61	0	0.00
	博物馆数(家)	45	0	0.00
	博物馆藏品数量(件/套)	134054	0	0.00
	A级景区数(个)	58	0	0.00
文化体验数量	国有文艺院团(个)	17	0	0.00
	非遗名录项目(个)	336	0	0.00
	非遗代表性传承人(名)	657	0	0.00

表2 苏州市第二季度文化产业规模

分类	指标	总数	增长值	增长率(%)
文化产业机构规模	法人单位数(家)	1413	4	0.28
	就业人数(万人)	24.36	0.05	0.21
	资产总额(亿元)	4876.49	127.83	2.69
	营业收入(亿元)	1484.45	776.98	109.83
	文化创意产业园数量(个)	96	0	0.00
文旅经济规模	旅游总收入(亿元)	1592.6	787.9	97.91
	国内外游客总量(万人次)	9107.8	4556	100.09
	住宿企业数量(家)	4465	0	0.00
文化产业贸易进出口规模	贸易出口量(万美元)	822	391	90.72
	贸易进口量(万美元)	1028	598	139.07
文化产品规模	版权登记量(件)	60008	24134	67.27
	电影总票房(亿元)	4.6	2	76.92
	城市观影人次(万人次)	1077.8	528	96.03
	电影放映场次(万场次)	110	57.7	110.33
文化产业基础设施建设规模	电影荧屏数(块)	1296	0	0.00
	文化文物单位机构数(家)	3778	0	0.00
	重点文保单位数(家)	61	0	0.00
	博物馆数(家)	46	1	2.22
	博物馆藏品数量(件/套)	134054	0	0.00
	A级景区数(个)	58	0	0.00
文化体验数量	国有文艺院团(个)	17	0	0.00
	非遗名录项目(个)	336	0	0.00
	非遗代表性传承人(名)	657	0	0.00

表3 苏州市第三季度文化产业规模

分类	指标	总数	增长值	增长率(%)
文化产业机构规模	法人单位数(家)	1430	17	1.20
	就业人数(万人)	24.91	0.55	2.26
	资产总额(亿元)	5100.2	223.71	4.71
	营业收入(亿元)	2415.57	931.12	62.72
	文化创意产业园数量(个)	96	0	0.00

续表

分类	指标	总数	增长值	增长率(%)
文旅经济规模	旅游总收入(亿元)	2121.6	529	33.22
	国内外游客总量(万人次)	12245.4	3137.6	34.45
	住宿企业数量(家)	4465	0	0.00
文化产业贸易进出口规模	贸易出口量(万美元)	1183	1033	125.67
	贸易进口量(万美元)	1855	827	69.91
文化产品规模	版权登记量(件)	85474	25466	42.44
	电影总票房(亿元)	8.6	4	86.96
	城市观影人次(万人次)	2041	963.2	89.37
	电影放映场次(万场次)	171	61	55.45
文化产业基础设施建设规模	电影荧屏数(块)	1343	47	3.63
	文化文物单位机构数(家)	3778	0	0.00
	重点文保单位数(家)	61	0	0.00
	博物馆数(家)	46	0	0.00
	博物馆藏品数量(件/套)	134054	0	0.00
	A级景区数(个)	58	0	0.00
文化体验数量	国有文艺院团(个)	17	0	0.00
	非遗名录项目(个)	336	0	0.00
	非遗代表性传承人(名)	657	0	0.00

1. 文化产业规模持续增长

2023年第三季度，苏州市文化产业企业1430家，比上年末增长144家。包括文化制造业企业、文化批零业企业、文化服务业企业等九大类别，其中文化辅助生产和中介服务企业增长最多，无论是总量还是增量，均处于第一位。文化产业资产总额达5100.2亿元，比上年末增长641.33亿元。就业人数和营业收入在第一季度有所下降，但在第二、三季度均有回升，整体仍呈稳步上升趋势。

2. 文旅经济不断发展

苏州文旅经济2023年第一季度处于短暂的低迷状态，旅游总收入为

804.7亿元，比2022年第一季度降低56.82%；国内外游客总量为4551.8万人次，比2022年第一季度降低54.13%。第二季度文旅经济明显开始回温，旅游总收入为1592.6亿元，国内外游客总量为9107.8万人次，比一季度成倍增长，分别增长了97.91%和100.09%。第三季度仍在稳度提升，旅游总收入为2121.6亿元，国内外游客总量为12245.4万人次。

3. 贸易进出口增长迅速

苏州市文化产业贸易进出口2023年第一季度比上年末有所下降，进口量为430万美元，较2022年第一季度下降85.18%，出口量为431万美元，较2022年第一季度下降了78.66%。贸易进出口于第二季度增长迅速，进口量为1028万美元，增长率高达139.07%，出口量为822万美元，也有90.72%的增长率。第三季度贸易进出口继续增长，进口量1855万美元，增长率为69.91%，出口量1183万美元，增长率为125.67%。

4. 文化产品规模不断攀升

苏州市2023年前三季度版权登记量持续增加。电影总票房15.8亿元，比2022年末增长10.3亿元。第一季度电影总票房2.6亿元，城市观影人数549.8万人次，电影放映场次52.3万场次，比上年末均有下降。第二季度电影总票房4.6亿元，城市观影人数1077.8万人次，电影放映场次110万场次。第三季度电影总票房8.6亿元，城市观影人次2041万人，电影放映场次171万场次，文化产品整体规模不断攀升。

5. 基础设施规模基本持平

苏州文化产业基础设施建设规模，包括电影荧屏数、文化文物单位机构数、重点文保单位数、博物馆数、博物馆藏品数量以及A级景区数，整体均平稳发展，大体与上年末数据持平，其中电影荧屏数第一季度减少17块，第三季度增加47块；博物馆数第二季度增加1家，增减不显著。

6. 文化体验数量保持不变

苏州拥有国有文艺院团17个，其中市级国有文艺院团9个；非物质文化遗产代表性名录项目336个，其中人类非遗名录项目7个，国家级非遗名录项目33个；非物质文化遗产代表性传承人657名，其中国家级非遗传承人 50 名。2023 年第一、二、三季度文化体验数量均保持不变，与上年末持平。

（二）区域发展情况

2022~2023 年苏州市下辖区文化产业规模纵向对比来看：文化企业数量与就业人数在第一季度与第二季度无明显变化，基本维持现状。苏州市各下辖区营业收入第二季度较第一季度明显增长。其中昆山市增长量最大，由 160.71 亿元增长至 341.57 亿元，第三季度达到 584.56 亿元（见表4）。

表 4 苏州下辖区文化产业对比

下辖区	文化企业数量（个）			就业人数（万人）			营业收入（亿元）		
	一季度	二季度	三季度	一季度	二季度	三季度	一季度	二季度	三季度
姑苏区	179	181	182	0.85	0.85	0.80	28.83	61.21	95.12
吴中区	103	103	103	1.24	1.21	1.19	42.59	95.77	158.84
相城区	131	131	134	1.24	1.25	1.25	63.43	130.39	216.40
高新区	120	118	119	2.84	2.92	2.95	79.38	168.94	261.41
工业园区	197	198	199	3.69	3.70	3.69	148.82	315.52	508.11
吴江区	107	107	108	1.52	1.51	1.56	39.53	89.08	141.09
常熟市	112	113	113	1.91	1.86	2.14	72.85	128.89	218.16
张家港市	118	118	118	1.65	1.67	1.63	36.55	76.31	115.93
昆山市	251	253	260	8.33	8.37	8.65	160.71	341.57	584.56
太仓市	91	91	94	1.03	1.03	1.06	34.78	76.77	120.85

苏州市下辖区文化产业规模横向对比来看：①文化企业数量呈现昆山市>工业园区>姑苏区>相城区>高新区>张家港市>常熟市>吴江区>吴中区>太仓市的规律。昆山市文化企业数量最多，约占苏州市总数量的 17.9%（第一季度、第二季度平均占比，下同），工业园区与姑苏区次之。太仓市文化企业数量最少，仅占苏州市总数量的 6.4%。②就业人数呈现昆山市>工业园区>高新区>常熟市>张家港市>吴江区>相城区>吴中区>太仓市>姑苏区的规律。昆山市就业人数最多，约占苏州市总数量的 34.3%，工业园区、高新区次之。姑苏区

就业人数最少,仅占苏州市总数量的3.5%。③营业收入呈现昆山市>工业园区>高新区>常熟市>相城区>吴中区>吴江区>张家港市>太仓市>姑苏区的规律。昆山市、工业园区营业收入最高,分别占苏州市总营业收入的23%、21.3%。姑苏区营业收入最低,仅占苏州市总营收的4.1%。

从整体发展情况来看:苏州市下辖区第一季度、第二季度、第三季度文化企业数量与就业人数基本持平,但营业收入大幅增长,说明文化产业生产端基本结构不变,但消费端规模大幅上涨。疫情结束后,人们对于文化产业、服务行业的需求大幅增加,高度依赖人群聚集的线下文化消费正缓慢恢复。文化消费主要是指人们为了满足自己的精神文化生活而采取不同的方式来消费精神文化产品和精神文化服务的行为,而文化旅游、观影、音乐节、演唱会等线下文化活动,在疫情后均呈现井喷式增长态势。

(三)项目推进情况

围绕市委、市政府加快发展文化产业的决策部署,扎实推进重点文化产业项目建设和投资计划,苏州市确定了81个项目列入年度重点文化产业建设(见表5)。

表5 苏州市2023年度重点文化产业项目建设投资计划表节选

单位:万元

所属地区(单位)	项目名称	建设性质	项目建设内容	计划总投资
张家港市	国泰创新中心	续建	项目致力于构建集研发设计、文化创意、大数据中心、办公集群等于一体的一站式平台	100000
常熟市	常熟尚璟数智文化产业园	续建	项目新建研发中心、智能工坊、人才公寓等	64600
太仓市	太仓复游文旅城	续建	项目拥有阿尔卑斯雪世界、狼队运动公园、欧风街等三项核心旅游资源,Club Med Joyview度假村、Cook's Club&Cook's Home系列酒店以及配套高端国际社区	2000000
昆山市	"艺+1"艺术品鉴证智能大数据平台	续建	项目面向艺术市场品牌企业和部分国资民营文交所,提供认证备案、检验鉴定、价值评级和交易金融服务	1000

续表

所属地区（单位）	项目名称	建设性质	项目建设内容	计划总投资
吴江区	太湖苏州湾度假乐园	续建	项目建设度假酒店、户外水乐园、室内水乐园、大型温泉馆、水上风情街等文旅业态	1000000
吴中区	快手苏州电竞场馆	续建	利用电竞中心场馆，承接快手全年所有赛事及数十场线下大型比赛/晚会	8500
相城区	苏州市展览展示馆项目	新建	项目功能定位为苏州市城市文化中心和科技文化中心，展现城市发展历史和产业发展成就	29000
姑苏区	苏州华贸文创中心	续建	规划建设成为集文创研发设计、孵化、培训教学、文创展演等于一体的高端文化产业聚集区	230000
苏州工业园区	开心麻花苏州喜剧舞台剧开发运营中心	续建	开心麻花将喜剧舞台剧在苏州落地开发、运营及拓展	1000
苏州工业园区	三维动画《闪耀女孩》	续建	以梦想为主题的原创三维动画，共26集	1000
苏州工业园区	动画电视剧《百年英雄》	新建	讲述建党百年以来，发生在抗日战争、解放战争以及建国后依旧为国家奋战在前线的战士、科学家、人民英雄的故事	1000
虎丘区	中国移动云资源新型基础设施建设项目	续建	项目采用超大规模组网与云原生等技术搭建云资源新兴基础设施，组建安装大型服务器等设施，推动5G与云计算深度融合，构建多场景入云能力，为客户提供丰富的云服务能力，实现数据中心装机能力超百万架	1610000

文化产业项目主要包括文化创意产业园区、历史文化片区修缮与改造更新工程、文化旅游主题公园、文化研究中心、博物馆建设、电影、游戏、动画等，81个项目中多为续建，仅17项是新建，且大多集中于吴中区。

文旅产业融合项目投资较高；动画、电影、文艺表演等演艺影视产业投资较低。各项目总投资大多位于1亿~100亿元，仅虎丘区中国移动云资源新型基础设施建设项目、太仓市太仓复游文旅城、吴江区太湖苏州湾度假乐园总投资高于100亿元，分别为161亿元、200亿元、100亿元。昆山市"艺+1"艺术品鉴证智能大数据平台、工业园区开心麻花苏州喜剧舞台剧开发运营中心、工业园区三维动画《闪耀女孩》、工业园区动画电视剧《百年英雄》总投资最低，均为1000万元。

在81项文化产业项目中，除苏州广电传媒集团、苏州名城保护集团等企业单位外，常熟市、昆山市、太仓市、张家港市、吴江区、吴中区、相城区、姑苏区、工业园区、虎丘区均有所涉及，其中工业园区项目数量最多，共9项，相城区项目数量最少，共5项。

二 苏州文化产业发展存在的问题

根据数据分析苏州市文化产业发展规模整体呈现不断增长的趋势，但在产品投入程度、产业融合深度、区域发展等方面还存在一定的问题。

（一）第一季度较为低迷，第二、三季度略有回温

由于疫情的影响，2023年第一季度文化产业发展较为低迷，除文化产业基础设施建设规模及文化体验数量基本持平、保持原状外，机构规模、经济规模、贸易进出口及文化产品规模均大幅下降。第二、三季度各文化产业规模略有回升，但增长速度相对较缓慢，尤其是文化产业机构规模，法人单位数、就业人数、资产总额较2022年第二季度未有明显增长，基本持平。

（二）基础设施扩展规模萎缩，体验项目建设缓慢

苏州市2023年第一、二季度文化产业基础设施建设规模及文化体验数量较之2022年进入了停滞状态，第三季度略有好较。除与历史遗存相关的重点文保单位、A级景区无增加外，文艺院团、非遗名录项目、非遗代表性传承人均无数量及规模上的增长，仅2023年第二季度增加了1家博物馆，而电影荧屏数因经营不善减少了17块。

（三）创意产业发展薄弱，创新驱动力不足

2023年上半年，苏州市文化创意产业园数量较2022年未发生明显变

化，可以看出苏州文化产业在内容、技术及业态等方面创新驱动能力不足。苏州文化品牌原创能力较弱，内涵深刻、富有创意、形式新颖、技术先进的知名文化品牌较少。随着文化和科技深度融合，部分传统文化业态、服务形态以及文化企业还不能适应科技发展和时代要求，转型比较缓慢，生存面临严峻挑战。例如苏州古典园林，作为世界文化遗产，对青年人的吸引力不足，如何从传统文化中发掘新的吸引点是未来文化发展中亟须解决的问题。

（四）文化产品供需结构失衡，文化内涵挖掘深度不足

从姑苏区文化企业数量位居全市第三，但就业人数、营业收入却较为弱势可以看出，姑苏区文化企业数量虽然多，但大多产业处于发展初期，规模较小，缺乏龙头文化企业支撑苏州市文化产业总额。

姑苏区作为苏州市古城区的核心区域，文化、旅游资源丰富，却未被充分利用，说明苏州古城文化品牌建设较弱，体系化不足，文化产业生产结构与市场需求结构不平衡，出现了低端供给过剩与中高端供给不足并存的现象，现阶段的文化产品还停留在仅有数量、缺乏质量的层面，传播苏州价值观念、体现江南文化、反映江南古典审美追求的高品质文化作品、产品还比较少，不能满足广大人民群众多样化、多层次、多方面的精神文化需求，抑制了文化消费，未达成利用软文化拉动经济增长的目标。

（五）文化产业多方融合不足，亟须拓展多方融合深度

从苏州市文化产业构成要素现状来看，旅游业与文化产业已经做出了一定程度的融合，并取得了相应的经济效益与文化效益，使旅游业得到了更高层次、高水平的发展。但文化产业与其余产业的融合发展还相对弱势。文化产业的融合发展还要考虑文化要素与科技、经济、体育等各领域更广范围、更深程度、更高层次的融合创新，推动业态裂变，实现结构优化，提升产业发展内含的生命力，达到1+1>2的效果。

（六）文化产业区域发展不平衡，资源优化配置势在必行

通过分析苏州市下辖区文化产业规模可以看出，昆山市文化企业数量、就业人数、营业收入均在苏州全市占有较大的份额，工业园区次之，在文化产业发展方面具有较大的优势。太仓市、姑苏区则较为弱势，但存在的问题具有一定差异：太仓市文化企业数量、就业人数、营业收入均呈弱势，发展水平较低；姑苏区文化企业数量位居全市第三，但就业人数、营业收入却较为弱势。文化产业还是新兴产业，发展时间短，基础较为薄弱，正处于从政策推动到市场驱动的动力转换过程中，市场机制在资源配置中的积极作用还没有得到充分发挥，因此多数城市未做到各区域协同发展，造成文化产业规模在不同区域具有较大的差异性，在未来的发展中应利用文化产业发展较好的区域带动弱势区域，达到全域发展的目标。

（七）重点文化产业项目建设投资失衡

通过对苏州市2023年度重点文化产业项目建设投资计划表的分析发现，文旅产业融合项目投资较高，动画、电影、文艺表演等演艺影视产业投资较低。可见，投资过度偏向大型项目，忽视中小型企业和创新项目的发展。此外，重点文化项目投资多集中于工业园区、昆山市等热点地区，导致苏州市地区间发展差距进一步加大。

三 新阶段苏州文化产业高质量发展的战略思考

根据国家文化战略和新的政策导向，基于苏州市2023年文化产业发展的实际情况，可从人文经济高水平推进、数字文化产业集约发展和多元场景深度融合和江南文化品牌深化打造几个方面，把握2024年苏州市文化产业发展的新特征和新趋势。

（一）人文经济实践创新化

2023年全国两会期间，习近平总书记在参加江苏代表团审议时指出：

"上有天堂下有苏杭,苏杭都是在经济发展上走在前列的城市。文化很发达的地方,经济照样走在前面。可以研究一下这里面的人文经济学。"2023年7月,习近平总书记在江苏省苏州市考察时指出:"苏州在传统与现代的结合上做得很好,不仅有历史文化传承,而且有高科技创新和高质量发展,代表未来的发展方向。"可见,苏州市人文经济学的创新实践走在了全国各大城市发展的前列。深厚的历史文化积淀,是苏州过去能在众多城市中脱颖而出,并在未来保持可持续发展态势的重要因素。

回顾过去,苏州肥沃的人文经济学实践的土壤,离不开这些年苏州市文化产业的创新实践。例如,苏州工业园区在产业发展的同时,也不忘发展苏州文化,让苏州真正绣好了现代与传统这一体两面的双面绣。再如,在全面保护古城风貌的准则之下,协调好文化保护与产业发展之间的关系,姑苏区大力推进旧城修缮、城市更新和古建老宅的活化利用,文化遗产保护助推旅游产业发展迈上新台阶。这也是2023年苏州市文旅产业能够实现恢复并迅速增长的核心原因。展望未来,苏州市必将根植于人文经济学的土壤,从中汲取营养,持续助力文化产业的高质量发展。随着苏州市2023年被明确作为人文经济学创新实践的样本城市,2024年势必要以文化产业为抓手,在更多的产业要素和产业载体中融入文化要素,并通过文化的聚合效应,吸引聚集更多的高端创新要素。同时发挥文化的联结效应,培育派生出新型产业业态。因此,2024年苏州市文化产业业态将更具有创新性和多元性,文化产业体系将更加完善,文化产业发展水平也将迈向新高度。

(二)文化产业深度数字化

随着新一代信息技术、元宇宙、5G、XR等科技产业取得新的突破,文化产业要加强利用基础科技,文化产业与科技产业的发展要形成合力,基本形成覆盖重点领域和关键环节的文化与科技融合创新体系,使文化和科技融合成为文化高质量发展的重要引擎。其中数字文化产业将成为引领新供给、促进新消费、加快产业转型和经济高质量发展的新动能,代表了文化产业的主流方向。① 数字文化产业还呈现新的发展趋势，演艺业、会展业、电影业向云端发展，"云演艺""云会展""云观影"给文化产业带来新的活力，云旅游突破时空限制，给旅客带来独特的旅游体验，也为文化产业的发展提供了新的可能性。

苏州市将落实国家文化数字化战略，前瞻布局数字文化产业，深化"文化+数字"融合发展，加快推进新型文化基础设施建设，扎实推进文化遗产数字化工程，不断壮大数字创意、网络视听、数字出版等重点产业，开发更多体验式、沉浸式文旅融合应用场景。同时，进一步落实重大文化产业项目带动战略，重点引进一批数字内容服务领域生产型、平台类项目，培育壮大一批影视娱乐、创意设计领域创新型、示范类项目，巩固提升一批文化旅游、文化制造和特色文化领域智能化改造与数字化转型类项目。最后，以"元宇宙"为代表的虚拟数字技术在苏州文化产业领域将更进一步落地。借力苏州市发达的制造业，"数实融合"将落地生根。以深厚的历史文化为叙事材料，苏州市数字文化产业将更加茁壮成长。

（三）文化产业深度场景化

苏州如今已经拥有大量具有丰富文化价值和多重审美意蕴的文化场景，创意性、系统性的场景打造已经成为苏州市文化产业提质升级的重要着力点。其中在文旅场景的深度融合方面效果比较突出。苏州市聚焦文旅新业态发展，优化文旅服务和产品供给，以积极部署文旅元宇宙产业链为抓手，现已建成一大批数字化文旅景区和应用场景。此外，苏州运河十景的建设也是文旅场景打造的先行实践。展望2024年，苏州市将利用场景赋能与场景提质的思路，实现多元场景的深度融合，以多元场景业态进一步丰富和完善文化产业体系。

未来，苏州市在文化产业的多元场景营造方面将呈现如下三个重要趋势。一是以场景价值为核心的场景品牌建设和输出将更进一步。利用现已积

---

① 范周：《中国文化产业和旅游业发展报告：2022年总结及2023年趋势》，《深圳大学学报》（人文社会科学版）2023年第2期。

累的各类场景文化价值，开展品牌输出和跨界营销，引导围绕不同场景的价值共创，推动文化产业对文化资源的创造性转化，通过场景品牌联动形成更高的经济效益与社会效益。二是文化产业的场景建设将更加系统化与体系化。之前苏州在场景建设方面已初具规模，但整体较为零散，未来将围绕"姑苏雅韵场景""潮流商圈场景""数字文旅场景""苏作天工场景"四大场景体系重点打造，注重连点成线、以线带面，通过场景体系实现文化产业的规模效应。三是将逐步形成一套文化产业的全周期场景孵化机制，包括场景机会识别、场景创新研发、未来场景实验和场景应用示范的全流程文化产业场景运营体系，促进文化产业的可持续发展。

（四）文化产业品牌体系化

江南文化是中国传统文化的重要组成部分，也是中华文明中具有独特地域色彩的一种文化形态。苏州市在文化产业的品牌营销时，充分运用江南文化形成了独具特色的江南文化品牌，目前其已经成为苏州文化产业具有标识性的品牌。但总的来看，苏州江南文化品牌对文化产业的贡献度有待进一步挖掘。江南文化品牌建设对苏州建设现代化经济体系的重大价值，在于有效发挥文化软实力的作用，推动江南文化与现代产业的深度融合，促进经济结构调整和产业转型升级，提高江南文化在科技创新中的渗透力和可持续性。[1]

在前期品牌建设的基础上，苏州市江南文化品牌建设将出现以下两个重要趋势。一是江南文化品牌的内涵将进一步扩充。江南文化是活的流动的文化，会随着现代化的发展丰富其文化内涵。苏州江南文化品牌符号中最具有标识性的仍然是传统古典的一面，而随着苏州制造业的强势崛起、数字科技文化的融入，以及苏式青年文化的内涵不断被挖掘，江南文化品牌的内涵必定会更加多元，2024年苏州文化产业品牌将逐渐在江南文化品牌传统性的基础上彰显其现代化的一面。二是江南文化品牌的体系将更加健全。这一趋势和数字化、场景化和人文经济深入实践的三大趋势是密不可分的。随着这

---

[1] 罗志勇：《推进苏州江南文化品牌建设的价值、优势与路径》，《江南论坛》2022年第3期。

三方力量的持续注入，苏州市在文化产业品牌体系建设方面将真正建立起一系列文化产业子品牌，江南文化品牌矩阵将逐渐形成。

四 新阶段苏州推进文化产业高质量发展的对策建议

（一）培育数字文化产业，促进文化产业创新发展

苏州市文化领域正经历多方面的变革，其中数字文化产业，包括数字艺术、数字文旅等逐渐成为文化产业发展的重要方向。面对苏州文化产业发展中存在的有效需求不足问题，可以借助数字经济的力量，将苏州市丰富的文化资源转化为产业和市场优势，不断培育新型数字文化产业业态，推进数字经济融入文化市场，激发数字产业的内生动力。首先，要注重供给端产业结构的转型。顺应数字产业化和产业数字化的发展趋势，不断培育数字文化产业，建设数字文化产业基地，从消费市场反馈中不断调整数字文化供给，形成可以自我更正的文化产业结构。其次，要加强对数字文化产业的需求引导。目前的数字文旅市场呈现可视化、交互性、沉浸式的新趋势，要推动数字产业渗透到传统文化产业中，促进平台经济和共享经济等新业态的发展，建设包含数字产品的消费平台，促进个性化品质消费和柔性定制消费的发展。最后，要培育数字文化的创新机制。通过建立创新的政策和法规框架，鼓励数字文化企业进行研发和创新，加强文化产业与科研机构、高校的合作，促进新技术的应用，不断推动数字文化产业的创新和进步。

（二）引进文化产业人才，建设更高质量人才队伍

文化产业是一个高度依赖创意和人才的领域，人才的贡献直接决定了文化产业的创新力、竞争力和可持续发展，在当今数字化时代，全球范围内的文化市场竞争日益激烈，只有具备高素质的人才队伍，才能在这个竞争激烈的环境中脱颖而出，引进文化产业人才，建设更高质量人才队伍，对于苏州市文化产业的高质量发展至关重要。首先，要建立人才引进政策，制定有吸

引力的政策，包括提供奖学金、住房补贴、税收优惠等激励措施，以吸引国内外优秀的文化产业人才前来工作和创业，针对不同层次和领域的文化人才，如艺术家、文化经理、数字媒体专家等，提供不同的支持。其次，要建立文化产业人才数据库，建立一个综合性的文化产业人才数据库，记录和管理各类文化从业者的信息，包括教育背景、工作经验、专业技能等。再次，要加强与高校和研究机构的合作，与当地高校和智库建立合作关系，开展文化产业相关的培训和研究项目，同时鼓励文化企业提供实习岗位，实现文化产业人才的双向培养。最后，要推动国际文化交流，通过举办国际性的文化活动、文化交流项目和合作研讨会，吸引国际文化产业人才前来合作和交流，这将为苏州市文化产业提供更广阔的发展空间，开阔市场视野，同时也为国际文化产业人才提供一个发展和合作的平台。

（三）加强产业顶层设计，壮大文化产业发展规模

文化产业的高质量发展离不开政府的顶层设计，苏州市要建立更加完善的政策体系、创新产业发展模式，以及提供全方位的支持和保障措施。首先，要制定具有前瞻性和战略性的文化产业发展规划，包括长期和中期发展目标，也可以是规模扩大、创新水平提高、国际影响力增强等方面的具体目标。此外，规划还应该确定战略重点领域，如税收优惠政策、创新基金、资金支持等，以吸引更多投资和资源流入文化领域，引领产业的发展方向和步伐。其次，要建设创新的文化产业园区，进一步为壮大文化产业规模提供空间基础。这些园区可以提供良好的办公、生产和创作环境，吸引文化企业入驻并促进创新，政府可以提供资金支持和税收优惠，以鼓励更多文化企业选择在这些园区内发展。再次，要通过扶植、规划龙头企业带动整体规模，在支持中小微文化企业的同时，必须打造更多的龙头企业，进一步夯实文化产业发展根基，推动业务相近、资源相通的文化企业组建集团公司，开展跨地区、跨行业、跨所有制兼并重组，培育一批产业联盟。最后，要发挥财政资金在文化产业建设中的引导作用，采取信贷贴息、以奖代投等方式优化文化项目资金使用，积极推进文化资产证券化，

拓展社会资本参与文化资源开发的深度，盘活现有低效文化资产，为文化产业的大规模发展提供资金支持。

（四）推动产业融合发展，提高文化产业综合竞争力

产业融合是产业可持续发展的重要路径之一，通过与科技、旅游、体育等产业的融合发展，进一步推动文化产业链的延伸和扩展，通过协同效应激发产业内生动力，提高整体产业的竞争力。首先，要鼓励文化产业与科技产业的融合发展。文化和科技的结合可以促进数字化创新，例如虚拟现实（VR）和增强现实（AR）技术在文化领域的应用，以及数字艺术的发展，政府可以提供资金支持、知识产权保护和市场准入便利等措施，鼓励文化和科技企业之间的合作。其次，要推动文化和旅游产业的深度融合。通过不断创新文化旅游项目，如文化主题旅游线路、文化节庆活动等，进一步创造更多的就业机会，促进地方经济发展，加快文化旅游企业的数字化转型，从线上和线下两个层面实现文旅深度融合，赋能苏州文化产业可持续发展。再次，要探索文化产业与教育产业的融合路径。鼓励文化企业与学校、培训机构合作，推动文化教育和培训项目的发展，文化教育可以培养更多的文化从业者和艺术家，为产业注入新鲜血液，进一步扩大苏州文化产业人才储备，提升苏州文化产业的影响力。最后，要鼓励文化产业与金融产业的合作。加强文化产业融资担保等瓶颈领域的建设，引导保险、证券、基金、信托等金融机构进入文化产业创投基金领域投资，鼓励金融机构综合运用统贷平台、集合授信、联保联贷等方式，积极破解文化企业特别是小微文化企业"轻资产"、融资难的困境，逐步建立以市场化融资方式为主，政府产业基金、政府引导基金等财政资金发挥撬动作用的多元化融合机制。

（五）加快文化品牌建设，扩大文化产业市场占有率

文化品牌是城市形象的象征，是文化产品销售出口的门面，打造城市文化产业品牌，有助于提升文化产业市场占有率，通过品牌建设与品牌维护，培育文化产业消费人群，提升苏州文化产业知名度与美誉度。首先，

要大力塑造地方文化名片。深入挖掘苏州各区域文化资源，提炼城市核心价值，确定具有苏州特色、国际影响的文化形象标识和宣传口号，大力推广文化 IP、吉祥物等文化识别系统。其次，要鼓励文化产业集群发展。通过文化产业园建设城市文化中心，以产业发展带动文化消费，挖掘市场潜力，通过加大政府购买服务力度，结合苏州非遗文化，引导企业开发非遗文化产品，形成城市文化品牌。再次，要提升企业文化品牌创建能力。支持企业设立品牌管理机构，开展市场调查明确品牌定位，鼓励企业积极开展营销推广，运用数字经济创新文化产业商业模式，鼓励企业积极对接国内外品牌商业活动，提高品牌影响力。最后，要优化企业营商环境，加强品牌保护工作。通过制定品牌保护机制，深入开展打击侵犯知识产权和制售假冒伪劣商品的违法活动，依法打击价格恶性竞争、虚假宣传、恶意诋毁、傍名牌等各类不正当竞争行为，建立企业自我保护、行政保护和司法保护"三位一体"的品牌保护体系。

B.15
苏州"江南文化"传承分析与展望

朱光磊 吕晨 魏雅宁 曹春华*

摘 要： "江南文化"作为中华文化的重要组成部分，是江南地区的共有文化基因和精神纽带。苏州是吴文化的发源地、"江南文化"的重要承载地，传承具有苏州特色的"江南文化"可以为现实中国式现代化苏州新实践提供新动能。苏州"江南文化"的传承在注重加强顶层设计、重视传统文脉整理、整体保护成效显著、文化事业与文化产业双向繁荣、搭建对外宣传的窗口等方面已经取得了显著成绩，但依旧存在"江南文化"的挖掘研究仍需深化、文旅融合发展路径有待拓展、文化基础设施建设有待跟进、文化产业优势不够明显的问题。为了更好地传承苏州"江南文化"，需要认真挖掘苏州"江南文化"的品牌特质；生动有趣讲好苏州"江南文化"的精彩故事；打造"苏州最江南"世界一流旅游目的地城市；使用数字技术构建"江南文化"研究的美好未来。

关键词： "江南文化" 文旅融合 科技赋能 苏州

党的二十大报告提出：要增强中华文明传播力影响力。习近平同志多次指出"文化兴国运兴，文化强民族强"。"十四五"时期经济社会发展要努力实现的六大主要目标之一就是"人民精神文化生活日益丰富，中华文化影响力进一步提升，中华民族凝聚力进一步增强"，并专门设立

---

* 朱光磊，苏州大学哲学系教师，教授，博士研究生导师，主要研究方向为中国哲学、吴文化；吕晨，苏州大学哲学系，主要研究方向为中国管理哲学、吴文化；魏雅宁，苏州大学哲学系，主要研究方向为吴文化；曹春华，苏州市沧浪中学。

一个部分阐释"繁荣发展文化事业和文化产业，提高国家文化软实力"，为全面建设社会主义现代化国家新征程中推进文化强国建设提供了行动指南，为新时期文化发展指明了方向。江苏省第十四次党代会报告指出：文化事业文化产业更加繁荣，吴文化等中华文脉守护传承形成更多江苏标志性成果。苏州市第十三次党代会报告提出了深化"江南文化"品牌建设，扩大城市文化影响力的具体要求。2023年7月5~7日，习近平总书记深入江苏考察时赋予江苏"在推进中国式现代化中走在前、做示范"的重大定位。强调"奋力推进中国式现代化江苏新实践，谱写'强富美高'新江苏现代化建设新篇章"，[①] 在建设中华民族现代文明方面探索新经验。考察首站，习近平总书记就来到了苏州，考察时指出"苏州在传统与现代的结合上做得很好，不仅有历史文化传承，而且有高科技创新和高质量发展，代表未来的发展方向"。推进中国式现代化江苏新实践，不仅要立足现代科学技术，还要从传统"江南文化"中汲取养料。深入挖掘并传承苏州"江南文化"便可以为谱写好中国式现代化苏州新答卷提供内生动力，助力文化强国建设。

一 苏州"最"江南的历史渊源与文化内涵

"江南"既是自然地理概念，又是历史概念，还是行政区划概念。但无论是从地理概念，还是历史概念，抑或是行政区划概念上看，苏州自明清以来就一直处于江南的核心区域，苏州文化就是"江南文化"的杰出代表。苏州"最"江南具有其历史渊源和文化内涵。

（一）苏州"江南文化"的历史渊源

"江南"最初指长江以南，长江是中华大地上最为重要的地貌。她是中

---

① 《奋力谱写中国式现代化苏州新答卷》，中国江苏网，https://jsnews.jschina.com.cn/sz/a/202307/t20230711_3246583.shtml，2023年7月11日。

华民族的母亲河之一,早在公元前5000年长江流域就有了人类文明的出现。南方的长江文明与北方的黄河文明长期相互影响、相互融合,最终形成伟大瑰丽的中华文明。从南北方向上看,长江是天堑,划分了中国的南方与北方。江南和江北并不仅仅具有地理标识作用,而且还具有文化、经济、政治的意义。从东西方向上看,长江是通途。长江这条水系沟通了中国的蜀、湘、楚、吴、越等地区,并一直通往东海,又由东海沿着海岸线北上可至京津,南下可至闽粤。历史传统意义上的"江南"是指"八府一州",即明清时期的苏州、松江、常州、镇江、应天(江宁)、杭州、嘉兴、湖州八府及从苏州府辖区划出来的太仓州。还有外加绍兴、明州(宁波)的"十府一洲"之说。因此,历史上的"江南"便是通常所说"三吴两浙徽州府"。现代意义上的"江南"与"长三角"城市群核心区的概念基本吻合,覆盖上海、江苏、浙江、安徽三省一市的大部分地区,经济发达。

"江南文化"就是在长江这一天堑与通途的双重影响下得以塑造而形成,逐渐由蛮荒变为开化,由贫瘠变为富庶。从时间进程来看,"江南文化"可以分为两个时期。从先秦至宋元,为"江南文化"的塑形期;从明清至今,为"江南文化"的成形期。"江南文化"肇始于明代,开始进入成熟期。随着南方文化进入成熟期,江南文化在中国文化中的地位愈发彰显,南方的经济与文化也开始反哺北方,开启了南北互补、南北交流的情景。"江南文化"在北方中原文化南传、继而南北文化互补的动态发展过程中日渐形成。明清之际,随着"江南文化"的成熟,江南地区产生了人文主义的启蒙思想。在现代化的浪潮下,江南地区的经济得到了迅速的发展,富庶江南地区的"江南文化"进入繁荣期。

苏州之所以成为"江南文化"之"最"是与其独特的地理位置分不开的。古语有云:"繁而不华汉川口,华而不繁广陵阜,人间都会最繁华,除是京师吴下有。"明清之际的江南地区,是全国最为富庶的地域。而苏州作为江南运河航运的中心,交通便利,经济繁荣,成为江南地区最重要的城市,是"上海未开埠前中国经济文化的中心,是超越地域的中心城市",苏意、苏样一度领全国风尚。苏州经济繁荣的同时,文化名人辈出。所以苏州便成了"江南文化"的代表,引领了东方的文艺复兴。思想方面有以顾炎武、陆世仪为代表的理性精神与科学精神;书法方面出现了文征明、祝允明、唐寅等;绘画方面有沈周、仇英、唐寅、李士达、张宏等;戏曲方面有魏良辅、梁辰鱼、沈璟等;工艺方面有香山工匠、陆慕金砖、苏州园林等。苏州凭借诗意江南的意向、人文风景的美学、经济繁荣的兴盛成为"江南文化"的核心区域。

(二)苏州"江南文化"的文化内涵

"江南文化"是在水文化的浸润下发展起来的,所以具有包容性、内倾性和自省性。[①] 三吴之地,有水有园,有源远流长的文脉传承,水是"江南文化"的灵魂,是万物之源。"江南文化"的包容性体现在其发展过程中的开放包容、兼容并蓄之中;内倾性体现在"江南文化"中所特有的崇尚自然、尊重自然的人与自然和谐共处的生存智慧之中;自省性体现在江南地区的人民善于总结反思与开拓创新的智者文化之中。苏州所具有的"江南文化"特质中的包容性表现在吸引大量的外来人口在苏州扎根;内倾性表现在城市规划中体现的"天人合一"的哲学思想以及经济生产过程中的顺应自然、因地制宜;自省性表现在明清之际苏州涌现大批思想家,其思想用于经济建设,推动了近代工业的发展,并在社会变革中把握机遇、发展创新。

综上,苏州作为"最"江南所具有的主要特质体现在以下两个方面:其一,苏州具有独特的文化特质和深厚的人文底蕴。苏州是中国近代的工业化和城市化在长三角地区萌芽最早、发育最好的地区,并为当今的发展奠定了坚实的基础。苏州姑苏区在古代创造的"水陆并行双棋盘"的江南特色空间格局一直延续至今,作为全国唯一的"国家历史文化名城保护区"实现了传统空间的有机更新和良好传承,代表了苏州本土化的"文化区位"和全球化时代的"中国意象"。苏州是"中古时期最富裕、城市化程度最高和最先进的经济文化中心"。建立在雄厚经济基础之上的苏州"江南文化"

---

① 曹毓民:《理解江南文化禀性,谋求新时代更大发展》,《新华日报》2021年8月20日。

所体现的苏式文化及生活方式体现了"江南文化"的丰富内涵和最高本质，更反映出中华文化强大的感召力和吸引力，至今依旧具有巨大影响和无穷魅力。其二，苏州作为"江南文化"的代表，苏式生活具有六大典范特质，即以人与自然和谐共处构建"江南文化"的天人合一，以千年古城彰显"江南文化"的宜居理念，以商业贸易演绎"江南文化"的城市文明，以家居美食展示"江南文化"的精致生活，以实干传承"江南文化"的创业精神，以国际合作助推"江南文化"的创新引领。

二 苏州"江南文化"品牌建设的现状

打响"江南文化"品牌，在新时代新背景下实现苏州"江南文化"的传承与弘扬是近几年文化领域的工作重点。2023年，苏州更是将"江南文化"赋能"产城人"融合作为"江南文化"品牌建设的亮点与特色重点推进。产业、城市和人口深度融合、均衡稳步发展，是实现资源优化配置，最大限度激发动力潜能、实现创新发展的关键。当前，苏州把"产城人"融合作为服务全局的一项基础性工程重点推进，积极构建产业发展、城市发展、人口结构优化相互影响、相互支撑、良性互动的多维度综合型发展模式，不断完善"江南文化"品牌建设内涵，现如今已取得以下几方面的成效。

（一）注重加强顶层设计

2021年初，苏州市出台了《"江南文化"品牌塑造三年行动计划》，将三年行动计划涉及的十大工程66个项目全部责任到相关部门单位、责任到人，形成一体化推进的整体格局。从市一级建立"江南文化"品牌建设小组办公室，到各区建立各类具体规章制度，为"最江南"文化品牌的打造提供有力的规章制度保障。

一方面，完善文物保护法律法规与相关文化管理制度。着力推进考古基本建设制度，推动考古前置政策落地；修订政府规章《苏州市地下文物保护办法》；制定出台《苏州市江南小书场"三进"工程项目奖励补贴办法（试行）》《苏州市非物质文化遗产项目代表性传承人认定与管理办法》《苏州市文化和旅游消费项目管理办法》等部门规范性文件。与此同时，加大对与"放管服"改革、优化营商环境、生态环境保护、统一市场和公平竞争等改革要求不协调、不一致的规章、规范性文件清理力度。

另一方面，结合当前工作实际，逐步完善文化建设管理条例，深化创建国家文物保护利用示范区。苏州市文物丰富，截至 2023 年底，全市已拥有苏州园林、大运河（苏州段）共 2 项世界文化遗产。在此基础上，由相关部门牵头，进一步推进江苏苏州文物建筑国家文物保护利用示范区建设工作。修订《苏州市古建筑保护条例》，制定《苏州市传统建筑和古建筑保护更新与修缮利用工程实施意见》，开展"文物建筑保护利用案例研究""苏州市不可移动文物预防性保护导则"等课题研究，加强文物保护利用顶层设计，探索新模式、新办法。推动民宿文旅等重点项目，盘活存量发展空间，为文物建筑开发利用注入社会能量。

（二）重视传统文脉整理

所谓"江南文化"品牌，不仅仅是地理上的，更是社会的、文化的、心理的。"江南文化"品牌建设不仅在于物质文化层面的管理与建设，还在于精神文化层面的传承、保护与弘扬。

1. 注重古籍馆打造

自 2021 年起，在相关文化部门的牵头下，苏州市开始着重打造苏州古籍馆，对现存于苏州的古籍进行收集、整理、归纳、展示；同时注重推进古籍文献数字化工程，以古籍修复、古籍数字化、古籍整理与研究等为重点，推动苏州古籍馆打造成为全市古籍典藏和研究的核心基地。截至 2022 年，已完成数字化古籍 1496 部、82.9 万页，数据容量达 16.1T。推进公共文化服务数字化。全面提升基层公共数字文化服务覆盖率，省公共文化云的平台（地区）覆盖率达 94.68%。

2. 启动编纂《苏州全书》

2022年7月，《苏州全书》编纂工程正式启动。该项工程将邀请国内顶级专家学者作为专家顾问团队，博采众长，自主创新，系统梳理苏州文脉资源，保存苏州集体记忆，彰显苏州文化的历史贡献和时代责任。本次工程在古籍保护与文化传承过程中都将起到承前启后之重大效用。

3. 挖掘保护红色革命遗产

注重梳理红色精神文化脉络，组织召开全市革命文物工作电视电话会议，制定《苏州市革命文物保护利用工程实施办法》，完成《苏州市革命文物保护利用规划》，压实责任、全面提升新时代革命文物保护利用质量和水平。

（三）整体保护成效显著

1. 探索园林文化保护与创新发展新模式

园林文化作为苏州地域文化中的"金字招牌"，其在文化建设中始终占据着重要位置。截至2022年，苏州市范围内现有108座园林列入苏州园林名录。拙政园、留园、网师园、环秀山庄、沧浪亭、狮子林、艺圃、耦园、退思园等9个古典园林被联合国列入《世界文化遗产名录》。在大力倡导新技术运行的时代背景下，对园林文化的保护与弘扬亦开始与数字媒体技术结合并取得卓越成效。2022年，拙政园古典园林空间的跨媒体展示、沧浪亭昆曲《浮生六记》园林版展示等2个项目入选首批江苏省无限定空间非遗进景区项目。将新技术新媒体融入园林文化建设，推动其实现"数字园林"转型发展。

2. 文化遗产保护成效显著

制定《关于推动苏州"博物馆之城"建设的意见》，科学规划博物馆建设体系，推行《关于鼓励和促进苏州非国有博物馆发展的实施办法》，将全市非国有博物馆、类博物馆纳入"一城百馆"名录，统一落实政府扶持政策；加强"一城百馆、博物苏州"品牌建设，有序推进苏州市考古博物馆、苏州桃花坞木版年画博物馆建设；打造"非一般"活动品牌，举办"非一般的节日"系列活动；城建博物馆、江南农耕文化博物馆等一批具有本土鲜明文化特色的博物馆相继开放。

3. 推进文化保护数字化

2022年，制定《苏州市非物质文化遗产数字化工程实施方案》，以市级非遗项目和代表性传承人等为核心，建设表演艺术类、传统工艺与医药类和民俗类非遗数据库。制定《苏州市丝绸纹样数字化工程实施方案》，对丝绸博物馆、丝绸档案馆等收藏的丝绸纹样资源进行数字化采集，在全国范围内先行先试建立全面系统、专业权威的丝绸纹样数据库。

（四）事业产业双向繁荣

文化事业与文化产业均是文化建设的重要组成部分。打造"江南文化"品牌需放眼全局，统筹协调文化事业与文化产业关系，以双向繁荣共促文化建设发展。近年来，苏州在文化事业与文化产业方面显著发展。

一是文化事业稳中求进。一方面，文化事业成果丰硕。2023年10月30日，在"2023紫金文化艺术节"闭幕式上，苏州捧回包括优秀组织奖在内的7项大奖，取得历年来最好成绩。闭幕式上还公布了第三批群众文化"百千万工程"入选名单，苏州市3个品牌、31个团队、27个骨干榜上有名。此外，戏曲电影《国鼎魂》获金鸡奖最佳戏曲奖提名；苏剧《太湖人家》获江苏省文华大奖；中篇弹词《红色摇篮》获第十二届中国曲艺牡丹奖文学奖；大型民族管弦乐《江河湖海颂》获文旅部2022~2023年度"时代交响"创作扶持计划扶持作品；舞剧《运·河》入围第十三届中国舞蹈"荷花奖"终评；滑稽戏《又见炊烟》、苏剧《绣娘》入选省紫金文化艺术节，中篇弹词《军嫂》、昆剧青春版《牡丹亭》获省优秀文艺成果奖励。戏剧类作品《打折》获第十九届群星奖，为江苏省唯一获奖作品，连续三届问鼎群星奖；音乐类作品《沙海遗珠》、舞蹈类作品《那年你们也十八岁》、戏剧类作品《村口有一尊雕像》、曲艺类作品《张桂梅看病》、美术类作品国画《声声悦耳》、行书《庚子销夏记四则》等16个作品获评第十五届省"五星工程奖"，获奖总数创历史新高，连续四届位列

全省第一；18个团队入选江苏省优秀群众文化团队第二批培育对象，数量位居全省前列。

另一方面，文化基础设施建设日益增强。如：场馆建设、群众文化产品增多，优化昆山博物馆、美术馆、图书馆二馆等重大场馆规划设计；戏曲博物馆预计2024年10月开馆；新建文体副中心1个、图书馆分馆3家、图书流通点8家、智能书柜5台、24小时自助图书馆1个；启动苏州市文旅指挥中心平台建设，以技术创新为驱动，构建文化旅游领域数据开发利用场景，为日常监管、假日旅游提供专属的数字化服务，集智慧服务、行业管理、数据分析于一体，有效整合服务资源、文旅资源、政府信息资源；建立市域文旅数据资源中心，实现行业数据归集共享，通过对微信、微博、苏州旅游资讯网、文化旅游宣传品"四位一体"的内容运营和服务串联，进一步优化苏州文旅宣传矩阵建设；规划文旅"137"数字建设体系，明确"一个总平台、三大着力点、七个数据库"架构。以"君到苏州"文旅总入口平台为载体，推动文旅服务数字化发展、文旅产业数字化转型、文旅治理数字化改革三大着力点，加快建设公共文化、文物资源、文化遗产、戏曲艺术、景区景点、文博场馆、娱乐场所七个数据库，建成苏州文旅指挥中心。推进博物馆数字化，推进戏曲资源数字化，推进非遗数字化，推进古籍数字化，推进公共文化服务数字化。

二是文化产业开拓创新，发展创新门类，丰富产品内容。如：苏州姑苏区紧紧依托古城特色禀赋，聚焦文化产业倍增目标，推进"文化+"工程，以文化赋能优势产业升级，推动古城高质量发展；通过举办工艺美术精品博览会或依托非遗馆等载体，举办桃花坞木版年画、刺绣、缂丝等工艺美术项目，促进传统工艺普及、传播和交流；持续引入现代化的质量管理方式提升苏作品质，成立多家工艺美术大师示范工作室、苏工苏作品牌企业，以政府与企业合力的方式，共同促进苏州传统工艺的传承与振兴；实施重大文化产业项目带动战略，以重大文化产业项目为龙头，重点引进一批数字内容服务领域的生产性平台性项目，培育壮大一批影视娱乐、创意设计领域的创新型示范类项目，巩固提升一批文化旅游、文化制造和特色文化领域的"智改数转"类项目；完善文化企业投融资体系，推动文化金融创新发展，提升文化产业投资基金、大运河文化旅游发展基金运作水平，撬动更多社会资本投入文化产业；推动文化创意产业集群式发展，聚焦设计、电竞、动漫、非遗等优势细分领域，有效利用古城历史建筑、风貌街区、工业遗迹等资源，着力打造具有"江南文化"特质的文化创意产业创新集群；打造创意文化产业园区，按照"一园一特色"的发展思路，打造元和塘文化产业园、木渎影视文化产业园等一批特色鲜明、主业突出、集聚度高、带动力强的文化产业园区；推进文旅深度融合发展，深入落实《关于推动文旅融合发展打造世界旅游目的地城市三年行动计划（2023—2025年）》，积极推动全域旅游发展，打造具有"江南文化"底蕴的世界级景区和度假区，以片区协同推进乡村振兴。把"江南文化"融入夜经济品牌建设，持续创建国家级夜间文旅消费集聚区，以文化之光点亮最美夜江南。

（五）搭建对外宣传窗口

2021年，苏州市以春夏秋冬四季为横轴，苏州十大区县为纵轴，在全国打造"四季苏州最是江南"文旅品牌形象。媒体宣传是打响"江南文化"品牌的第一个窗口。近年来，在"江南文化"建设过程中，更加注重运用多样化的文旅内容、数字媒体技术宣传、海外交流推广等方式，进一步推动提升"最江南"文化品牌的知名度。

1.生产多元文旅内容

依托大型活动品牌，如大运河博览会、寒山寺听钟声活动、"江南文化"艺术·国际旅游节中的"乐游苏州"板块，以文化品牌效应带动文旅事业发展与文化建设；设计推出苏州文化旅游主题线路，丰富"文旅主题线路"品类；推出四季苏州"十大比体验榜"，适应文化市场需求；完善线上线下文旅服务内容，推出"四季旅游手册"，上架全市200多个实体旅游咨询服务点，电子书同步上线"君到苏州"平台；继续发展建设有声项目，以喜马拉雅等有声平台内容生态为核心，涵盖地标建筑、名桥名巷、红色记忆等七个方面，让世界听见苏州；探索音画宣传新模式,拍摄制作四季苏州宣传片及系列短视频,在抖音等平台开设官方账号展现苏州四时之美。

2. 强化数字媒体技术宣传

新媒体平台实现全面覆盖,苏州文旅品牌宣传覆盖地区以江浙沪为重点,以全国无盲区为辐射范围;开设苏州文旅直播间,打破单一线下的固定模式,通过"云发布、云旅游、云体验"三大功能规划,为苏州文旅市场的多栖推广注入新的灵感;定向邀约网红博主、UP主踩线打卡点位,探寻打卡新地标,叠加官方投流以保证内容营销推广的精准度和覆盖面,就苏州城市旅游开展线上线下的全方位宣传。

3. 积极筹划海外交流推广

紧扣"高、融、大、上"工作总要求,以线上营销为主要手段,着眼国际新媒体平台,打响"到中国,游苏州"入境旅游品牌,以旅居中国的外国人市场为重点,积极筹划"江南文化"对外宣传推广的城市新形象,稳步推进"江南文化"品牌塑造三年行动计划。充分发挥文化资源优势,采用线上线下相结合的方式,精心策划苏州文旅"走出去"项目,积极加强与国外及港澳台地区交流合作,在国际上展示苏州文旅的美好形象。如稳步推进布达佩斯中国文化中心建设;参加"澳门江苏周"经贸人文交流活动;昆曲亮相英国伦敦花园博物馆等活动项目,均为苏州"江南文化"走出国门、走向世界拓展了新的路径。

三 苏州"江南文化"传承工作的实践短板

"江南文化"涵盖历史、地理、人文等多方面的文化内容,品种繁多,包罗万象。苏州"江南文化"的传承工作总体上已经获得了优异的成绩,但仍有可以提升完善的空间,具体表现在如下方面。

(一)文化内涵挖掘有待深化

针对苏州古籍的研究,由于古籍资料分散,多散布于苏州民间各地方,且古籍内容的完整性难以保证,因此收集难度大且项目周期长。在古籍点校过程中,也可以强化对于专家团队的考量评估,确保高效高质完成点校任务。

在古城文化与非遗文化的保护与传承方面,需结合当今新媒体新技术蓬勃发展的时代背景,重新定位、解读文化传承的内涵,在非遗文化传承等过程中充分发挥数字媒体的积极作用;此外,对吴语文化与江南地区乡村优秀传统文化与习俗的研究也可以继续深入挖掘。

(二)文旅融合路径有待拓展

在针对"江南文化"的研究进展中,仍存在主体单一、协同度不足等问题。研究主体彼此间沟通不够顺畅,无法及时交流研究进展中遇到的各类问题,从而影响研究进度。传统工艺是文旅融合路径的一个聚焦点。在有关江南地区传统工艺的传承发展方面,目前传统手艺人队伍的延续是主要问题。对传统手艺人的服务保障力度尚显不足,对于传统工艺的推广力度仍有待提升。

(三)人才保障机制有待完善

应加强人才保障机制,吸收真正具有文化水平、文化修养的人员到各级文化部门任职。尤其需要注重乡村文化站这一基层岗位,很多颇具特色的乡土文化、非遗项目都扎口在文化站。文化人才队伍是文化传承发展过程中必不可少的中坚力量,应更加重视并持续关注乡村文化站文化人才的培养扶持。

(四)城乡文化传承有待协同

在整体发展进程中仍有部分区域存在基础设施不完善的问题,且乡村文化传承与旅游开发缺乏系统性,城乡文化协同发展步伐不一,致使文化传承仍有一定差距。另外,"江南文化"与旅游业的融合发展中也应关注商业化程度,避免旅游商业化发展破坏苏州特有的江南古城风韵。

四 苏州"江南文化"传承的总体思路与具体对策

苏州是一座拥有悠久绵长辉煌历史的优秀历史文化名城。在新时代背景下，苏州更需主动把握机遇，及时转变文化建设思路，积极打响"江南文化"品牌，奋力开拓苏州文化产业发展的"新蓝海"。在实践中以新思路、新方法、新对策解决当前"江南文化"发展过程中遇到的各类困境，主动适应新时代发展要求，力求转型创新发展。为了有效解决存在的问题，更好地传承苏州"江南文化"，就要立足打造苏州"江南文化"特色品牌的目标，讲好"江南文化"故事、打造"最江南"旅游目的地，做到传统与现代有机融合、科技赋能文化传承。

苏州的"江南文化"传承需要继续深入挖掘"江南文化"的动力内核，文化视野应更加长远，文化建设思路应更加开阔，把胸怀天下、守正创新、精益求精、崇文重商、时尚雅致、开放包容的苏州人文精神传承落到实处。

"江南文化"的形成以及内在精神的转变，孕育了苏州独特的人文精神。随之而来的是江南地区的经济得到了迅速的发展，富庶的江南地区出现了东方的文艺复兴。苏州作为江南运河航运的中心，交通便利，经济繁荣，文人辈出。苏州文化作为"江南文化"的代表，引领了东方的文艺繁荣。所以，传承"江南文化"不仅仅在于保护文化遗产，复兴文艺作品，传承非遗技艺，更重要的是弘扬"江南文化"背后的人文精神与内涵。

这种人文精神不仅是当前时代最需要的，而且对于"江南文化"的传承具有重要意义。弘扬这种人文精神可以扭转当前社会的不良风气，扎实推进文化传承工作的有效展开。人文精神的传承，于文化艺术作品创作者而言，可以潜心创作一些经得住时代考验的文化瑰宝，而非潮流时尚产品；于文化研究工作者而言，可以专心进行文化研究，还原古典文化最初始的形态，立足本源以便更好地返本开新；于文化传承政策制定及政策执行人员而言，可以更好地提升文化传承与保护政策的科学性以及可行性，为文化传承工作保驾护航。此外，这种精神对于促进文化产业化与文旅融合发展意义重大。

将胸怀天下、守正创新、精益求精、崇文重商、时尚雅致、开放包容的苏州人文精神传承落到实处，投入文化产业与文旅产业的发展之中，以文化助力经济建设，能动把握苏州"江南文化"建设主线。

（一）认真挖掘苏州"江南文化"的品牌特质

在"江南文化"传承中弘扬人文精神要重视人文精神的传承，不仅要注重文化的表现形式，最重要的是重视文化的核心精神，要以实学精神指导文化传承的全过程，主张实干，反对空谈。"江南文化"的传承就是要立足实际，不断推陈出新，这是一个办实事的过程而非喊口号。

"江南文化"涵盖江南地区精神文化生活的方方面面，其物质文明与精神文明均是构成其独特江南韵味的重要组成。进一步加大对吴语文化与江南地区乡村优秀传统文化与习俗的研究力度，深入乡村与地方文化实践之中，如苏式婚姻嫁娶、生育祝寿等乡村传统习俗，这些"摸不着"的传统习俗文化亦是"江南文化"不可或缺的组成。此外，还有苏州地区船歌、山歌、民歌、宣卷文化等相对小众的江南地方文化特色，均应予以关注和宣传。

当今社会新技术新媒体蓬勃发展，文化传播的路径与方式亦不断发生新变化。面对新形势和新变化，应保持中立客观态度，以积极开放心态，汲取其中有利因素用于"江南文化"建设发展。如在非遗文化传承过程中，充分发挥数字媒体的积极作用，扩大文化传播影响力。同时应时刻保持警醒，充分考量现代技术的加入是否会对"江南文化"本身的塑造造成负面影响，如 AI 及 VR 技术在旅游业中的广泛应用，能否有效做到实时的文化宣传推广。

（二）生动有趣讲好苏州"江南文化"的精彩故事

"江南文化"传承中包含传统美德的传承，而讲好这样的故事，则需要

艺术化、文学化的表达。艺术化地讲好苏州故事，需要秉持"游于艺"的方式。"游于艺"见于《论语·述而》中"子曰：志于道，据于德，依于仁，游于艺"，是道德精神扩充而成的艺术化的情感表达。这种艺术化的情感表达既是个体使用知识或技能的活动和过程，也是个体的情意建构、情感升华与价值改善的活动和过程。"游于艺"迁移于文化发展方面便指"以艺修德"，即人们通过文学、绘画、音乐、建筑、刺绣等各类技艺而进行自我探索和个性表达，将艺术与生命相融合，以涵养德性生命之境界，促进自身全面发展。艺要服务于德。文学、艺术、手工技艺是文化的表现形式，服务于个人德性成长，是人们修德的一种手段。人们通过文学与艺术作品以及手工技艺来促进个人对于文化的感知、精神境界的追求、生命价值的表达以及自我的实现。传承"江南文化"不是为艺而艺，而是通过艺来弘扬德，通过德来发展艺。

"游于艺"赋予"江南文化"的传承兼具德性与文艺两个方面。"江南文化"的传承不仅是文化的传承更是中华传统美德的传承。在"游于艺"的内在发展要求下，"江南文化"的"艺"得以传承的同时，"德"也被传承下来。在坚持"游于艺"的文化发展要求下，一方面极大地促进了创作者将艺术作品与自身生命的融会贯通，在艺的创造与传承过程中提升了个人的境界，促进了个体的全面综合发展；另一方面作品被赋予了生命力，文艺作品具有了不朽的灵魂。"江南文化"传承中坚守"游于艺"的文化发展要求需要正确处理"艺"与"德"的辩证关系。不能将"艺"与"德"割裂开来。传承"艺"的同时也要传承"德"。在传承"江南文化"中古城文化、丝绸文化、园林文化、水文化、非遗文化以及书香文化的过程中要深入探索各类文化技艺背后隐含的创作者想要表达的生命意义以及所追求的价值真谛。"德"的传承也要促使"艺"的精进。随着德性与生命境界的提升，技艺与作品也需不断打磨，成为精品中的精品。

"江南文化"的传承始终是通过艺来弘扬德。因此在"江南文化"研究进程中，应充分把握主体的多元价值，充分领悟"江南文化"存续的精神内核，将"游于艺"的文化发展要求内化到社会精神生活的方方面面。"江南文化"的研究进展并不是个人就可实现的,而在于社会各界的共同努力促成。因此需巩固加强文化队伍建设。在"江南文化"建设过程中注重社会共建机制,"产、学、研"联动,多方配合协作,共同促进发展。由政府及相关部门牵头,积极打造"政府+专家学者+传统手艺人+主流媒体+自媒体+文旅产业"一体的综合立体研究基地、传播平台和载体,有效推动多方联动作业,及时汇报、沟通"江南文化"工作开展进程中遇到的各类问题。

"江南文化"的传承从来就不单是器物层面的有效延续,而更重要的是对中华传统美德的继承与弘扬。因此在"江南文化"建设过程中更需注重主体对文化价值的理解与把握,在传承"江南文化"中古城文化、丝绸文化、园林文化、水文化、非遗文化以及书香文化的过程中深入探析各类文化技艺背后隐含的价值真谛,在学习与弘扬技艺技法的同时,把握文化精神内核的存续与发展。

(三)打造苏州"最江南"世界一流旅游目的地城市

"江南文化"需要融入中国式现代化的历史洪流之中。现代化并不仅仅是西方的一条路径,不同的文化可以产生不同的现代化路径。中国的现代化需要走中国人自己的道路。从"江南文化"的历史演变过程来看,从形而下的经验感官世界转到形而上的超验价值世界,最终达到形而上的积极价值对形而下世界的投入创造,这个过程就是辩证开显的历史逻辑。在当下的文化传承中,以人文精神指导经济生活,就是用实际行动来促进中国式现代化。同时,建设具有中国特色的现代化就要从中国传统文化中汲取养分。"江南文化"是中国优秀传统文化的重要组成部分。弘扬中国优秀传统文化就必然要传承"江南文化"。因此,传承"江南文化"与建设中国式现代化两者彼此契合。

在中国式现代化的过程中,"江南文化"的传承与发展意义重大。其一,有助于建设中华民族现代文明。推进中国式现代化的必然要求便是建设中华民族现代文明。"江南文化"作为中华文明的重要组成部分,促使其与现代化的有机融合有利于实现建设中华民族现代文明的目标。其二,有助于

形成中国式现代化苏州新实践。在新时代，江南传统文化中的实学精神还在不断发展与深化之中，"江南文化"仍然具有极大的积极价值。赓续苏州"江南文化"，吸收时代精神，不断创新，打造文化品牌，促进文化与旅游产业相结合。积极传承"江南文化"，以文化为现代化赋能，从而形成具有苏州特色的现代化发展新模式。在过去的实践中，已经形成了具有苏州特色的"江南文化"品牌，文旅融合发展取得了重大的突破。在今后"江南文化"的传承中，需要进一步挖掘"江南文化"的内在价值，促进文化与产业的融合，助力现代化经济发展；还要不断发展实学精神，赋予实学精神以现代化的意涵，为中国式现代化建设注入动力。

（四）科技赋能构建"江南文化"研究的美好未来

科技赋能"江南文化"传承是数字化时代发展的必然要求。随着科学技术的快速发展，数字化时代的到来，"江南文化"的传承也要紧紧跟随时代的潮流。数字化传承与传统化传承相比，科学技术极大地拓宽了文化传承的途径与方式，提升了文化传播的效率，扩大了"江南文化"的影响力，有效地避免了传统文化传承过程中出现的误解与断层的弊端。科技赋能文化传承激发了"江南文化"的创新活力。

科技赋能"江南文化"传承对于文化自身、文化产业、文化交流的作用颇丰。首先，对于"江南文化"自身而言，科技赋能"江南文化"促进了传统"江南文化"的数字化，丰富了"江南文化"的表现方式，扩大了"江南文化"的影响力。科学技术应用于"江南文化"的传承，推进了戏曲数字化、博物馆数字化、非遗数字化、古籍数字化、园林数字化，赋予了文化艺术作品、文化建筑、手工艺产品新的生命，可以让全国、全世界人民了解苏州文化。其次，对于文化产业而言，科技赋能"江南文化"推动了文化产业创新的纵深发展。将科技引入文化产业的核心领域，推进文化创意产业和相关产业多元融合发展，构建现代文化产业体系。最后，对于文化交流而言，促进了跨文化之间的强强联合。互联网技术促使苏州的"江南文化"走出国门，与境外新媒体相整合，提供了精彩纷呈的线上活动。在这一文化之间的交流互动过程中，极大地促进了中外文化的交流与融合。

"数字化"是当今时代发展绕不开的话题。伴随数字媒体技术在各领域的广泛运用，"江南文化"品牌的"数字化"建设势在必行，这是时代所趋、民心所向。如目前正在发展建设中的戏曲数字化、博物馆数字化、非遗数字化、古籍数字化、园林数字化等新模式，极大范围内迅速扩大了文化号召力与影响力，甚至开始让"江南文化"走出国门、走向世界，为世界人民所了解和喜爱。数字化快而精的特点有效助力了"江南文化"的推广宣传，为"江南文化"品牌的建设注入了强劲活力。未来，在"江南文化"品牌建设方面，也应继续坚持数字化发展道路，探索文化与技术融合协同发展的创新路径。

数字化作为时代发展的产物，其发展所产生的实际效用仍有待实践考量。因此，在"江南文化"发展的数字化建设过程中仍应继续强化其整体性、多元性、完善性。始终强调"江南文化"建设这一主线，以点带面，逐渐形成立体网络的整体性数字化布局；不断拓展"江南文化"数字化传承的内容，将更多优秀传统文化吸纳进来，推动数字化创新发展；推动"江南文化"建设相关的整体网络平台组建，不断完善数字文化产业新业态。

新技术的运用极大加速便捷了"江南文化"建设进程，但也应时刻谨记，技术只是手段，传承文化才是核心。应坚持鼓励、支持、引导将文化与新技术相融合，为"江南文化"传承拓展新路径；同时应始终坚持"江南文化"传承的总目标与"最江南"文化品牌建设总方向，让中华优秀传统文化在以数字化发展为主流的今天焕发出新的光彩。

B.16
大运河苏州段文化带建设状况分析与展望

陈 璇*

摘 要： 2023年，大运河苏州段在组织领导、规划引领、立法保障、区域创新协同、加大资金投入、推进重点项目、改善运河风貌、挖掘文脉等方面都取得了长足的进展。当然，在建设过程中依然存在很多问题，即文化遗产保护压力仍然很大、文化内涵挖掘仍需深化、大运河国家文化公园建设成效不够显著、文旅融合不够充分、文化产业优势不够显著。未来，苏州要在五个方面继续深化，即实施大运河苏州段世遗品牌战略；研究确立大运河苏州段文化传承模式；文化复兴大运河苏州段人文故事地标；规划建设大运河苏州段生态景观长廊；积极打造大运河苏州段国家文化公园示范样板。

关键词： 大运河苏州段 文化带建设 国家文化公园 文旅融合

一条大运河，半部华夏史。2014年6月，第38届世界遗产大会宣布，中国大运河项目成功入选世界文化遗产名录，成为中国第46个世界遗产项目，从而实现了从"中国的"大运河向"世界的"大运河飞跃。中国大运河是京杭运河、隋唐运河、浙东运河的总称。其中京杭大运河全长1794公里，流经浙江、江苏、山东、河北以及天津和北京四省二市，贯穿钱塘江、长江、淮河、黄河、海河五大水系。应该说，中国大运河是世界上开凿最早、规模最大、线路最长的人工运河，是世界上唯一为确保国家粮食运输安全而建设的人工水道，见证和保留了我国古老辉煌的历史文化。千年运河贯

---

* 陈璇，苏州市职业大学石湖智库副秘书长、教授，大运河文化带建设研究院副院长，主要研究方向为文学与文化、大运河文化带建设、江南文化、文化产业。

南北，清波一脉通古今。作为中国古代创造的一项伟大工程，大运河充分展现出我国劳动人民的伟大智慧和勇气，传承着中华民族的悠久历史和文明，是一部书写在华夏大地上的宏伟诗篇。

习近平总书记指出，大运河是祖先留给我们的宝贵遗产，是流动的文化，要统筹保护好、传承好、利用好。2019年5月，中共中央办公厅、国务院办公厅印发《大运河文化保护传承利用规划纲要》（以下简称《纲要》）。同年7月，中央全面深化改革委员会第九次会议审议通过《长城、大运河、长征国家文化公园建设方案》，提出建设三大国家文化公园，将大运河与长城和长征并列，提升到"中华民族的重要象征"和"中华民族精神的重要标志"的重要地位；2020年，《中共中央关于制定国民经济和社会发展第十四个五年规划和二〇三五年远景目标的建议》中增加了黄河；2022年，国家文化公园建设工作领导小组印发通知部署启动长江国家文化公园建设工作，至此，在全国最终形成了五大国家文化公园建设的全面布局。

党的二十大报告指出："加大文物和文化遗产保护力度，加强城乡建设中历史文化保护传承，建好用好国家文化公园。"2023年7月，习近平总书记在江苏考察调研时强调："建设中华民族现代文明，是推进中国式现代化的必然要求，是社会主义精神文明建设的重要内容。江苏要加强优秀传统文化的保护传承和创新发展，积极参与建设长江和大运河两大国家文化公园。"

近年来，苏州市深入贯彻习近平总书记关于大运河文化保护传承利用的重要讲话和重要指示批示精神，全面落实中央、省委决策部署，坚持把运河遗产保护放在首要位置，遵循以人为本理念推动文化传承，合理利用文化资源赋能产业转型升级，在保护中发展，在发展中保护，努力谱写好传统与现代相融、文化和经济互促的大运河文化带建设精彩篇章。

一 大运河苏州段文化带建设现状

（一）大运河苏州段概况

大运河苏州段穿城而过。北起相城区望亭五七桥，南至吴江区桃源油车

墩，纵贯南北96公里（其中苏州境内81公里，江浙两省交界段约15公里），纵跨5个区，串联望虞河、吴淞江、太浦河等河道，沟通黄金水道长江，串联太湖、阳澄湖、独墅湖等众多湖泊。大运河苏州段遗产由4条河道（含山塘河、上塘河、胥江、环古城河等）和山塘街区、云岩寺塔、平江街区、全晋会馆、盘门、宝带桥和吴江古纤道等7个遗产点段组成。沿线有全国重点文物保护单位41处，9个古典园林被列入世界文化遗产名录，6个项目被列入世界非物质文化遗产名录。此外，还有与运河密切相关的桥梁、水闸、驿亭、码头等水利工程遗产，水乡古镇、古村、古街等聚落遗产，还有昆曲、评弹、苏绣、吴歌、香山帮古建营造技艺等非物质文化遗产以及饮食文化、商事文化、民间文艺、民风民俗等多种文化形态。

如果说南京是石城、重庆是山城，苏州就是当之无愧的水城。水城苏州是大运河独特的城市文化景观。大运河苏州段通过山塘河、上塘河、胥江、护城河以及盘门、阊门等与苏州内城水系连为一体，起到了勾连过去、体味现在、通达未来的联结纽带作用，展示了运河城市水道体系的原貌。大运河、护城河等人工水道与长江、太湖等自然水系共同维系着水城苏州的发展与繁荣。作为京杭大运河最早的开凿河段，大运河苏州段在中外经济交往过程中发挥着重要的作用，见证了我国古代先进水利工程的杰出成就，沿线历史文化遗存数量众多、类型丰富、价值重要。大运河水更滋养着一代代的苏州人，孕育着钟灵毓秀的苏州文化与城市品格。"夜市卖菱藕，春船载绮罗"，是古代苏州极具美感的鲜活的生活场景；"清芬拟入芝兰室，博雅如游书画船"，运河岸旁星星点点的书画船是江南文人诗兴人生的一部分。在苏州城的历史变迁中，运河水始终滋润着苏州的风物与人情，"枕"河而居的苏州人，在时光中也孕育了苏州独特的文化风尚和生活范式，这些都是当下人文经济学最好的注脚。

（二）大运河苏州段文化带建设现状

1. 加强组织领导，着力强化统筹推进

苏州高度重视大运河文化带建设，主要领导同志多次研究、调度大运河文化保护传承利用工作。市委建立"一组一办一院"工作机制。市大运河文化带建设工作领导小组由市委书记任组长、市长任第一副组长，常务副市长、宣传部部长、分管副市长任副组长，宣传部部长兼任办公室主任。市运河领导小组及办公室定期召开专题会议研究推进相关工作。运河沿线相关板块也都由区委、区政府主要领导任组长，领导小组定期组织召开专题会议，具体负责贯彻落实国家和省、市关于大运河文化带的建设和保护要求，研究决策运河沿线整治更新规划、建设、发展等重大事项，加强工作调度，分析问题难点，谋划对策举措，形成上下联动、协同推进的良好局面，指导大运河保护、开发工作有序开展。其中有些板块由区委、区政府主要领导任双组长。强有力的组织领导，是强化统筹推进保护传承利用工作的有效机制保障。

2. 以规划引领科学保护，以立法保障规划落实

围绕大运河文化保护传承利用、国家文化公园建设等内容，苏州市相继出台《苏州国家历史文化名城保护条例》《苏州市古城墙保护条例》《苏州市大运河文化保护传承利用条例》等地方性法规；编制《苏州市大运河文化保护传承利用实施规划》《苏州市大运河国家文化公园建设保护实施方案》《大运河"最靓丽"三公里（觅渡桥—宝带桥）实施方案》《大运河（觅渡桥—瓜泾口段）沿线城市设计》等30余项专项规划，开展运河保护、历史文化名城保护相关领域立法，以刚性的法治守护柔性的遗产保护。其中，2023年5月1日起，《苏州市大运河文化保护传承利用条例》（以下简称《条例》）正式施行。[①]《条例》的一大创举是把保护传承利用的对象定为"大运河文化"而不是"大运河文化遗产"。苏州以"大运河文化"为立法对象，一方面在名称上与国家、省关于大运河文化保护传承利用的规划保持一致，便于以立法保障规划落实；另一方面以大运河文化遗产保护为重点的同时，还明确大运河国家文化公园、生态保护、航运管理、文化产业、

---

① 《〈苏州市大运河文化保护传承利用条例〉5月1日起施行》，http://js.people.com.cn/n2/2023/0502/c360300-40400167.html。

大运河代表性景点景区建设等内容，使立法内容更加完整和丰富。《条例》明确将大运河文化保护传承利用工作纳入国民经济和社会发展规划。《条例》还明确，苏州将编制大运河文化保护传承利用实施规划、大运河文化遗产保护规划、大运河文化带空间发展规划和大运河国家文化公园建设保护实施规划等4部规划，这在全国运河主题的立法中处于领先地位。

3. 坚持活态保护理念，呵护城河共生风貌

"君到姑苏见，人家尽枕河。"苏州是大运河沿线唯一以古城概念整体申遗的城市，2500多年的苏州古城是最具代表性的运河文化遗产之一。"城河共生"，是大运河苏州段最为突出的特性与气质。实践中，苏州市委、市政府一直坚持活态保护的理念，呵护城河共生的城市风貌。首先，实施"古城细胞解剖工程"，延续古城河街相邻、小桥流水、粉墙黛瓦的历史风貌，南宋《平江图》呈现的城市格局千年未变。其次，坚持挖掘好城河共生历史文化底蕴。依托城河共生空间肌理，引入昆曲、评弹、苏绣、桃花坞木版年画等文化业态，并利用现代数字技术，打造更多"外面看上去历史2500年、里面走进去体验2035年"实景，让千年古城成为一座开放式博物馆。利用数字技术创新保护模式，实施"数字孪生古城"建设工程，对文物建筑、名人故居、古典园林等不同类型的要素进行数字化建模，构建数字孪生城市信息模型（CIM）驾驶舱系统。最后，坚持运用好运河文化遗产保护成果。树立"使用就是最好的保护"理念，实施古城保护更新伙伴计划、"平江九巷"城市更新项目等，努力把运河文化遗产保护成果转化为城市生活品质，真正让生活在苏州城、运河边成为一种"福气"。

4. 创新区域协同，"运河十景"构筑璀璨文旅新地标

大运河不仅仅是活态的文化遗产，更是流动的文化遗产。苏州境内运河纵跨5个区，以水为纽带，串联苏州古城、12个江南水乡古镇和61处全国重点文物保护单位等遗产资源。苏州一直以来坚持高品质建设国家文化公园核心展示园、集中展示带，创新实施苏州"运河十景"建设工程，塑造运河文化区域协同创新发展的响亮品牌。早在2019年9月9日，苏州市人民政府、苏州大学共同主办江南运河文化论坛，提出运河品牌建设要"区域

协同发展",会上发布了《江南运河文化保护传承利用苏州倡议》,提出"江南运河文化带建设应当加强区域协作。"① 2021 年,苏州市提出推进"苏州运河十景"建设,以吴门望亭、浒墅关、枫桥夜泊、平江古巷、虎丘塔、水陆盘门、横塘驿站、石湖五堤、宝带桥、平望·四河汇集为重点,以点带面,串珠成链,做强江南文化品牌。目前平望·四河汇集一期、浒墅关古镇一期、虎丘夜游等一批文旅项目,"吴门望亭"大运河文体馆、"枫桥夜泊"特色船舫等一批文化空间已建成开放,宝带桥·澹台湖公园基本完成改造,"五一"假期已经对公众开放。2023 年还将开工建设浒墅关古镇核心区老街改造、横塘驿站(胥江小岛)等项目,进一步提升平望、石湖、平江路、望亭等功能片区。2023 年 9 月,首届苏州"运河十景"建设论坛在相城区望亭镇举行。会上,成立了苏州运河十景研究联盟,发布了《"苏州运河十景研究联盟"倡议书》。苏州"运河十景"的打造,是大运河文化带建设区域协同的典范,"运河十景"各板块主要建设单位通过联盟,搭建成员单位合作沟通与研究交流的纽带和桥梁,通过有效的联盟机制,充分发挥各自优势,共同推动形成苏州大运河文化保护、传承与发展的整体合力,为共同打造好苏州"运河十景"提供理论支撑和思路对策,真正使得"运河十景"成为苏州大运河文化最具代表性的景观与名片。

5. 加大资金投入,重点项目重点推进

各板块结合本区域的发展特点和优势,加大资金投入,对相关重点项目做重点推进。如以姑苏区为建设主体的"平江古巷"项目、相城区的望亭历史文化街区项目、高新区的浒墅关历史文化街区项目、吴中区大运河与苏申外港沿线城市更新项目以及吴江"运河八景"建设等。据不完全统计,目前大运河苏州段相关重点项目近 30 个②,涉及运河遗产保护、运河展示体系构建、市政工程、文旅开发、产业发展等各个方面,且资金投入力度大,资金保障充分。如姑苏区桃花坞历史文化片区综合整治保护利用二期工

---

① 《江南运河文化保护传承利用苏州倡议》,https://www.sohu.com/a/339986359_120207115。
② 据苏州市沿运河五区大运河文化带建设工作报告统计。

程已累计完成投资7.65亿元,桃花坞旅游集散中心项目完成验收。一期唐寅故居文化区加大招商力度,充分挖掘唐寅人物IP,结合桃花坞及姑苏区的地域文脉特色,将打造形成办公、餐饮、住宿、沉浸式文化体验的"微度假"目的地。渔家村文化旅游二期渔家水乡项目目前各单体建筑主体结构施工阶段完成约95%,计划2023年实现整体竣工,考古博物馆完成地下室结构,年底前完成主体钢结构。高新区浒墅关历史文化街区项目,作为江苏省重大项目,核心区项目横跨京杭大运河两岸,定位为"一张能代表运河苏州段文化特色的名片、一扇能打开高新区文化生态旅游的大门、一个能服务浒墅关经济生活的时尚中心"。项目遵循"文·旅·商·养·产"五位一体的新型产业古镇开发理念,将运河文化和产业价值最大化,打造产业动力内核。致力打造京杭大运河江苏段"最美一景",全力争创国家级全域旅游示范区。其东岸片区共计87亩,其中一期(蚕里街区)占地面积15亩,建筑面积8500平方米,总投资1.5亿元,目前已完成100%招商工作。二期占地面积72亩,预计投资8亿元,目前正在规划建设中,包含电影院、童宅、吴县中学旧址等项目。其中,老电影院加固项目已完成基础部分施工,并通过验收;吴县中学已完成招商工作。吴江区根据市级相关工作要求,梳理形成大运河整治更新实施项目计划,共计24个项目,计划总投资约149.14亿元,其中2023年度计划投资约22亿元。如吴中区"大运河和苏申外港两侧城市更新(吴中段)"项目,位于苏州中心城区东南部,北自姑苏区、园区行政边界,西起迎春路,东至墅浦塘,南部调整至南湖路,涵盖大运河、苏申外港两侧临河腹地,呈"T"字形布局,按照规划设想范围共16平方公里,涉及吴中区郭巷、长桥、城南3个街道。经过梳理统计,16平方公里拆迁资金总计417亿元。新增拆迁民房575户、店铺226户、企业面积3385亩,共需拆迁资金144亿元。已完成拆迁民房3613户,企业面积1708亩,已支付拆迁资金273亿元。2023年优先保障"最靓丽"三公里项目建设推进。再如相城区运河服务区占地14.4亩,总投资约3100万元,主要用途为水上船舶服务区,拟打造成为大运河最美水上驿站,目前土建部分已完成,正在进行市政管道及围墙施工,完成总工程的93%以上。

6. 统筹推进水资源保护和管理，改善运河风貌

苏州在全国首创跨区域"联合河长制"，将大运河水环境治理纳入多方共赢的区域联合治水工作中。通过制定并实施《苏州市京杭运河水质提升总体方案》，大运河苏州段国家、省地表水考核断面全部达到Ⅲ类水质。同时，苏州积极推进运河生态绿廊建设，合理保护利用岸线资源，实施"两违""散乱污"专项整治。完成运河堤防加固工程，中心城区防洪标准达200年一遇，工程同步建成了高标准的休闲健身、文化旅游、绿化景观等基础设施，为群众近距离感受运河、体验高品质滨水空间创造了便利。促进交通航运转型升级。实施绿色现代航运综合整治工程，完成苏申外港线航道整治工程、苏南运河苏州市区段三级航道整治工程建设，研究推进运河航道"三改二"工程，不断提升大运河苏州段的通达度和辐射力。2023年，各板块在加强源头控制监管、抓好水环境治理、提升运河建设品质、严格落实大运河国土空间管控要求、腾退沿线低效企业、释放空间用地、推动运河沿线地区用地性质和功能优化等方面都取得了很好的成绩。如姑苏区实施建筑工地排水专项整治行动，补齐区建筑工地排水管理工作存在的短板；全面排查整治入河非法排口，对京杭运河姑苏段11个水上排口实施封堵，为全市范围内首例。吴中区2023年完成京杭大运河堤防加固工程、南城区防洪除涝及调水引流工程。目前，正在推进京杭运河绿色航运综合整治工程和尹山大桥改建工程。同时，每月对辖区内京杭运河的12条支流河口开展水质监测，从友新大桥至瓜泾口北共设置12个预警断面，加大对运河沿线工业企业的环境监管力度。

7. 聚焦文脉梳理和文化挖掘，擦亮"最"江南运河品牌

广泛开展运河主题学术研讨、群文活动、体育赛事、文创大赛和志愿服务活动。2023年9月21~24日，第五届大运河文化旅游博览会在苏州举行。据不完全统计，累计近12万人次走进运博会六大主题展，线上受众突破4亿人次。本届运博会延续"融合 创新 共享"主题，立足大运河全域，聚焦保护传承弘扬大运河文化，推动文旅高水平融合、高质量发展，努力建设文化强省和世界重要旅游目的地，采取线下线上互动结合、馆内馆外联动方式举办，共安排夜行宝带桥、开幕仪式、夜游金鸡湖、展览展示、主题论坛、互动联动六大板块17项活动。六大主题展览展示，吸引国内近90个城市、30个国家和地区，超千家单位4000余人参展参会。其中，运河城市文旅精品展，共吸引大运河沿线8省（市）和友好、对口支援以及长三角高铁旅游小城等61个城市，364家文旅企事业单位应邀参展参会，省外参展单位与往年相比进一步增加，占比达到70%。与往届运河文化旅游博览会相比，本届运博会对场外互动联动项目进行优化升级。"线上运博会"新增实时配对功能，采用线上线下相结合的方式，帮助展商、买家在展前精准对接，展中高效洽谈，展后促成交易合作。据不完全统计，线上运博会累计为720多家参展商、160家买家提供线上咨询、交流、预约、配对、交易等服务，小程序迭代上线以来，买家卖家洽谈预约发起数超31000条，成功匹配洽谈数超17800条，配对成功率在57%以上。线上运博会页面累计访问数超6000万次，促进意向交易额达5100万元，实现线上线下无缝对接，助推双方合作共赢。至此，苏州已经连续三届主办大运河文化旅游博览会。同时，各板块通过深挖大运河文化内涵，打造文旅发展新地标。如相城区望亭镇举办2023年江苏省乡村旅游节联动活动暨北太湖文化旅游节，开展望运集、露营集市、稻香集市适合百姓且具有烟火气息的文化旅游活动；高新区浒墅关镇结合自身特色，连续三届成功举办"浒墅关运河文化艺术节"，打造苏州市首个运河艺术空间、"手工艺与民间艺术之都"非遗体验街区，成立苏州大运河艺术创作实践基地；姑苏区举办大运河姑苏民俗文化旅游节、"大运河健步走"、"虎丘三花"文化推广、胥江河龙舟竞技等主题活动；吴中区连续多年承办"新年走大运"，开展"吴中·保利运河戏剧节"，"诗意大运河"系列主题画展，"运启江南""吴中百匠"等系列活动；吴江区通过平望打造以"大运河畔的平行旅程"为核心理念的京杭大集，致力于打造运河沿岸富有烟火气的江南古镇，再现繁华市集，进一步推动平望运河文化品牌的提升。

除此以外，全市涌现出一大批优秀的文艺创作精品。开展运河舞台艺术创作，推出民族交响组曲《江河湖海颂》。原创主题舞剧《运·河》在全国巡演50余场，已入围第十三届中国舞蹈"荷花奖"舞剧终评。文学创作《城市责任》《家在古城》，影视剧《山塘茶馆》从各个方面展示姑苏运河文化风采。《戤壁听书》首次入围国家"群星奖"决赛，舞蹈《泊》、评弹剧《人桥》获省五星工程奖等。总之，大运河苏州段文化带建设紧扣文化主题，深入挖掘弘扬运河文化伴生的江南文化、古城文化、丝绸文化等，注重以文化人、以文兴产、以文塑城，带动城市文化品质整体提升。

二 大运河苏州段文化带建设存在的问题

2023年，苏州市深入贯彻落实《纲要》和习近平总书记关于大运河文化保护传承利用的重要讲话和重要指示批示精神，全面落实中央、省委决策部署，在守护遗产根脉、注重活态传承、合理利用推动"产城人"融合发展等方面取得了很好的成效，但仍然存在一些问题。

（一）文化遗产保护压力仍然很大

一方面是时空概念上的保护压力仍然存在。大运河时间跨度大，文化遗产种类繁多。不同时期、不同形态的遗产资源交叠在一起，使得大运河苏州段在文化遗产保护上仍面临较大压力。大运河苏州段沿线现有国家登记保护的物质文化遗产共690处，其中全国重点文物保护单位34处，江苏省文物保护单位138处，另有第三次文物普查新发现1919处。与大运河密切相关的遗产点60项。有国家登记保护的非物质文化遗产122项，其中国家级33项，省级79项，与大运河密切相关的10项。大运河苏州段遗产构成中，物质文化遗产有桥梁、河道、水闸、驿亭，也有衙署、寺庙、古塔、民居、祠堂、会馆等。非物质文化遗产有昆曲、评弹、吴歌、桃花坞木版年画、苏绣、香山帮古建筑营造技艺、御窑金砖烧制技艺、船菜技艺等。大运河苏州段遗产具有突出的普遍价值。同时，在中外文化交流中发挥了重要作用，如已被列入世界文化遗产的北京故宫就是由苏州"香山帮"工匠设计营造的，苏州的丝绸和刺绣则远销海内外。面对如此庞大的文化遗产资源，一部分运

河历史遗迹和文化资源仍以自然状态散存，相关规划、建设、管理仍处于松散和各自为政的状态。如吴江区段运河古纤道分属两个镇区管辖，虎丘区段涉及通安镇、浒墅关镇、浒墅关经开区、枫桥街道、狮山横塘街道5个板块，土地权属复杂，保护协调难度大，甚至有部分散落在工地上的文物面临消亡的危险。另一方面是认同度压力。苏州是运河文化资源的宝库，在保存运河文化遗存的同时，要大力弘扬运河文化价值观念。虽然通过三届运河博览会和其他相关活动，部分群众已经开始认识到运河之于苏州的意义。但从整体看，大运河苏州段尚未形成一整套统一风格的运河文化阐述体系，在群众中的宣传力度还不够，甚至有相当一部分市民还不知道"大运河"已经被列入"世界文化遗产项目"，不清楚也并不认同作为"因运而兴"的城市，运河是苏州一张重要世界文化遗产名片的概念。以大运河流域非遗为例，笔者曾经做过一个调研，就"您对运河城市的非物质文化遗产有多少了解过"，问卷数据显示，仅3.02%的受访者表示非常了解，了解较少及不太了解的分别占48.87%和32.91%。在"请问当地政府是否制定了有利于非物质文化遗产传承的相关政策"的选项里，66.83%的人选择"不了解，没听说过"。这在一定程度上显现了大运河文化保护过程中"受众接受度"或者"认可度"存在一定压力。

（二）文化内涵挖掘仍需深化

近年来，苏州通过实施《苏州全书》编纂工程，出版了相关地方运河专史《苏州运河史》、社科读本《苏州运河十景》《江南文化概论》等图书，但对于大运河苏州段文化带、大运河苏州段国家文化公园的溯源及理论研究论文及专著仍然不多；尚缺乏将大运河苏州段放在中国大运河全域视角下以及人文经济学视域下，将大运河国家文化公园建设放在长城、黄河、大运河、长征、长江五大国家文化公园多元一体视域下开展研究的相关论文与专著。另外，《纲要》中将大运河文化带定义为"遗存承载的文化""流淌伴生的文化""历史凝练的文化"，作为关键词，"承载""伴生""凝练"的意蕴是活态的，因此，关于大运河文化内涵的挖掘，应该更多的是动态保护,需要创造性转化。目前,静态保护已经做得很好,但是动态的传承相对欠缺。还是以大运河流域非物质文化遗产的保护传承利用为例,长期以来,大多数非物质文化遗产项目传承人,一直处于边缘化和被遗忘的状态,没有得到应有的社会尊重和经济利益。一方面是因为目前项目传承人年龄普遍偏大,传承仍然处在口传心授、自觉自愿的状态。另一方面,作为传统工艺的非物质文化遗产工序复杂,学成周期长,就业面窄,未形成产业化,不能带来经济效益。年轻一代不愿入行,很多老艺人子女都不愿意继承祖业。这主要是因为目前的保护政策是静态的,保护的是已经被列入名录的传承人,而不是一个规划五年或者十年的动态过程。因而,文化引领的带动力明显不够突出,对项目文化内涵的阐释、展示不够,导致彰显地域特色、影响深远、引领性强的标志性项目缺乏。

(三)大运河国家文化公园建设成效不够显著

大运河国家文化公园建设,是一项国家战略,是中国式现代化建设的题中应有之义。苏州出台了《苏州市大运河国家文化公园建设保护实施方案》,也按照省委部署统一了国家文化公园的标识标牌。但是仍然有很多工作需要展开。《长城、长征、大运河国家文化公园建设方案》中指出,"要进一步坚定文化自信,充分彰显中华优秀传统文化持久影响力、社会主义先进文化强大生命力"。大运河国家文化公园建设是一项系统性工程,是中华文化的集成名片。而目前的研究中,对于大运河文化与优秀传统文化以及社会主义先进文化之间的关联性研究尚处于缺失状态。这将会直接影响大运河国家文化公园的准确定位和全域规划问题,亟须开展相关研究工作。另外,关于"国家公园"和"国家文化公园"的概念也亟待梳理。国家公园的概念来自西方。近年来,国家公园概念引入中国,并引起学界的普遍关注。但是,对于国家文化公园的概念,目前尚未引起普遍的重视及学术探讨的高潮。这就使得大运河国家文化公园的建设缺少学理的支撑和实践层面的尝试。在实际操作过程中,容易将"国家公园"和"国家文化公园"混为一谈。从《长城、长征、大运河国家文化公园建设方案》可知,除了具有国家公园最重要的生态

保护、科学研究、旅游功能外,大运河国家文化公园应该是以保护传承和弘扬具有国家或国际意义的大运河文化资源、文化精神或价值为主要目的,兼具弘扬与传承中华传统文化、爱国教育、科研实践、国际交流、旅游休闲、娱乐体验等文化服务功能,且经国家有关部门认定、建立、管理的特殊区域。这就决定了大运河国家文化公园建设的任务就是将大运河文化精神赋能于国家公园展示体系,让参观者在沉浸式体验和感悟中,理解认同大运河蕴含的文化价值。简言之,除了国家公园应有的功能外,其还包括遗产保护、文化传承利用、科普教育功能,更应突出文化的保护和引领作用。因此,大运河苏州段国家文化公园的建设,要更加彰显历史文化名城、产业名城、经济名城苏州的内涵与气质,能够用文化公园中"文化"要素赋能城市名片的打造。

(四)联动机制仍有待加强

大运河文化带建设是一项系统性工程,单靠某个领域、某个部门、某个地域不可能完成。江南文化是长三角城市群的成长基因,以江南文化、大运河文化为共同纽带,长三角区域结成紧密的共同体,既有历史文化的渊源,也有现实经济的基础,更有市民心理的引力。从国家层面看,站在"长三角一体化"上升为国家战略的历史机遇期,运河沿线诸城市应建立协同机制,包括省际、省内不同地区与部门之间、政府与企业或社会组织之间的协同等。从苏州市层面看,沿运河板块仍然需要强化协同创新机制。当然,在这一方面2023年已经有了长足的进展,就是"苏州运河十景研究联盟"的成立,这是很可喜的现象。但实际工作中,运河十景的打造还是以单个的建设主体为主,一方面建设过程中难以避免同质化现象;另一方面建设过程中的沟通协调困难。如区级层面因为在行政职能设置方面的特殊性,在推动大运河文化带建设工作时,与市级规划、水利、水务、环保、文化、园林等部门职能交叉较多,对接协调市级部门难度较大,资源配置没有实现优化,协同推进的合力没有全面形成。另外,大运河文化带建设与苏州古城保护、城市更新、环境治理等工作融合不够,仍然存在"两张皮"现象,这也是导致大运河文化带建设工作显示度不高、缺乏创新亮点的原因。

（五）文旅融合不够充分，文化产业优势不够显著

苏州素有"东方水城"的美誉，旅游资源十分丰富，有世界文化遗产古典园林、江南水乡古镇和各类名胜古迹、历史街区等。近年来，苏州推出了文旅融合类旅游产品百余个、旅游线路十余条，古城精华游、古镇文化游、主题乐园和城市微旅行等文旅线路深受游客欢迎。但运河文化旅游优势不够明显，以运河为主题的旅游产品开发不足，运河沿线的山塘、虎丘、寒山寺、盘门和山塘、平江街区的旅游热度高但均相对独立，尚未以运河文化为内涵串联起这些旅游资源，打造经典的"运河十景"苏州运河全域旅游线路。同时，古城区如枫桥景区、平江古巷、水陆盘门等热门景点受区域空间、交通条件等客观因素的制约，旅游管理还需科学规划。在旅游营销方面，大运河主题文化旅游的市场推介也未全面开展，外地游客对大运河苏州段的认知度不足。同时，大运河苏州段全域文化产业优势不够明显。总体而言，运河苏州段沿岸多种业态分布，较为杂乱，企业、厂房、仓库、景区景点、物流园与居民社区、农田、鱼塘、堆土、堤坝拆迁地块等相互交错，河段北部镇区、城区各类业态交织复杂，南部东西两岸差异明显，东岸农田、鱼塘与企业交错，西岸以省道交通及农田、鱼塘为主。其中文化制造业占比较高，以轻资产为特征的创意类项目数量和投资总额占比偏低，文化产业园区数量偏少，层级不够，目前尚未见以"运河文化"为主题的文化产业园区。

三　未来的发展与展望

进入新时代，文化在振奋民族精神、维系国家认同、促进经济社会发展和人的全面发展等方面作用充分凸显。2023年7月，习近平总书记在江苏考察时指出："建设中华民族现代文明，是推进中国式现代化的必然要求，是社会主义精神文明建设的重要内容。江苏要加强优秀传统文化的保护传承和创新发展，积极参与建设长江和大运河两大国家文化公园。"苏州作为一

座"因运而兴"的历史文化名城,要贯彻落实好习近平总书记提出的"让古运河重生"的指示精神和省委、省政府提出的"高标准、高水平、高品位建设大运河文化带"的目标要求,将人文经济贯穿大运河文化带建设始终,以打造世界级旅游目的地为目标,不断探索大运河文化带建设的实践路径。

(一)具有"苏式味道"的整体城市设计——实施大运河苏州段世遗品牌战略

德国历史学家斯宾格勒曾说过:"世界历史,即是城市的历史。"[①] 大运河发展的历史基本就是一部与运河相关的城市史。作为独特的河流文明谱系,运河文化的精髓集中在其两岸的城市及中心城区,同时又沿着运河水路网络在广阔空间上由城市扩散至乡村,在社会结构、生活习俗、道德信仰等方面影响该区域的人群。

古代苏州的城市规模,大致从两张图可以窥见一斑。宋《平江图》准确地表达了南宋苏州城的平面布局,由图可以看出苏州是一座典型的大运河水网城,同时苏州也是名副其实的"千桥之城",居民枕河而居,京杭大运河绕城而过,城内以河为道,唐诗中所咏唱的诗句"君到姑苏见,人家尽枕河。古宫闲地少,水巷小桥多",即为鲜活生动的水城生活写照。

而清人徐扬的《姑苏繁华图》则更写实地将古代苏州的繁华绘诸笔端。徐扬在他的长卷中绘录"自灵岩山起,由木渎镇东行,过横山,渡石湖,历上方山,从太湖北岸,介狮、和(何)两山间,入姑苏郡城。自封、盘、胥门出阊门外,转山塘桥,至虎丘山止"[②] 的姑苏古城盛况,涉及城区的部分主要反映的就是大运河水域社会生活场景。因此,清人李斗在《扬州画舫录》中比较运河南段三座名城的风貌时说:"杭州以湖山胜,苏州以市肆胜,扬州以园亭胜。三者鼎峙,不可轩轾。"[③] 大致是说古代苏州,尤其是

---

① 〔德〕奥·斯宾格勒:《西方的没落》,陈晓林译,黑龙江教育出版社,1988,第353页。
② 江洪等主编《苏州词典》,苏州大学出版社,1999,第903页。
③ (清)李斗:《扬州画舫录》,中华书局,1960,第151页。

在清代时，为全国知名的商贸中心，市肆繁盛。

从以上两张图可知，大运河苏州段作为中国大运河重要的组成部分，也是中国大运河文明历程的重要参与者。在文化空间上，大运河苏州段的相关水系和点段是江南地形地貌、地域文化的构建者之一，同时其遗产点也见证了苏州城几千年来的变化与发展。

大运河苏州段，谱写了中国大运河的开篇；同时将这种"城—河—人"和谐共处的生态环境保持、传承了2500多年。在绵延的历史长河中，苏州大运河由城外流入苏州城，给水城苏州注入新的水源，并将城区水系沟通、盘活，形成了完整、有机的水系网络。城内、城外之水通过环古城河水融为一体，使得苏州，作为水城构建出一幅风貌完整的水乡泽国图。由运河构建的这样一种城市有机整体，至今仍在城市发展的各个领域，如交通运输、文化传承等方面发挥举足轻重的作用。苏州古城区"水陆并行、河街相邻"的双棋盘格局，在宋代《平江图》中得到印证，这也充分显示了城市规划的超前性与典型水网城市独具的特色。

因此，大运河苏州段文化带建设，应充分挖掘运河文化的"世遗效应"，建立具有"苏式味道"的大运河苏州段世遗品牌。这就需要从全局角度出发，以大运河为纽带，开展具有"苏式味道"的城市设计，打造"运河·苏州"的城市名片，使大运河文化带建设真正做到"不负运河不负城"。作为"因水而生，得水而美，缘水而盛"的典型城市，临河枕水是苏式生活的典范。随着社会发展速度的加快、城市建设规模的扩大，苏州低山平湖、鱼米之乡和"海绵型"的整体环境格局被改变。大运河苏州段的7个遗产点段代表了水城苏州的文化气质，是古城苏州的代表，但却不再是现代苏州"苏式生活"的样本。而且在城市设计方面，大运河文化带的规划和建设尚处于相对独立的状态，未完全体现出一以贯之的符合苏州整体运河水城气质的建设方案，缺乏全局性与统筹性。有鉴于此，世界各地运河相关维护、开发和建设的优秀经验都值得借鉴。如法国巴黎的塞纳河，设计者充分考虑了其悠久的历史文化，以"历史文化资源的保护和再生"为开发理念，设计滨水地域，至今，塞纳河畔形成了一处教育、文体、商务、居住、休闲等多功能融合的综合片区。再如日本东京湾的建设，也十分值得借鉴。其设计者创造性地提出了历史文化、经济开发、城市设计三者紧密结合的开发模式，将博览、展示、休闲等综合功能集中在一起，强化该区域文化、科技、商业、安居、教育等功能，充分展示了现代城市设计对于复合人居环境的要求。对已有水域利用和开发的人类文明成果的审视和借鉴，有可能转化为推动大运河文化带建设后来居上的后发优势。

当今的苏州，除了文化之外，经济发展成果在全国也是有目共睹的，作为非物质文化遗产的苏作手工技艺更是让世人折服。因此，在大运河苏州段文化带建设中，既要回头看，也要左右看，但最根本的还是向前看。重视时空维度横向和纵向的借鉴，以经济开发为中心，以历史文化遗产保护为内核，以具有"苏式味道"的城市整体设计为愿景，重新绘制新时代的"姑苏繁华图"。

（二）加快"文旅结合"的融合发展——研究确立大运河苏州段文化传承模式

大运河申遗成功，给原本具有悠久文化历史、旅游城市地位的苏州增添了更多的优质旅游资源。苏州作为历史文化名城，物质与非物质文化遗产双璧并存、交相辉映。运河沿岸的文化空间显示出作为历史文化名城的苏州独特的地域性和多样的地理风貌。据统计，除北京和西安外，苏州各级文物保护单位数量位居全国第三。市区现有全国文物重点保护单位41处，省级文物保护单位77处，市级文物保护单位348处，控制保护古建筑320处，另有790处古桥梁、古牌坊、古井、砖雕门楼等古构筑物和一大批古建筑群落。这些文化遗产中有很大一部分位于古城区域，是适应苏州地理环境的建筑遗产。例如，虎丘云岩寺塔既是苏州古城的地标性建筑，也是中国大运河进入苏州段的航标性建筑；位于平江历史文化街区的全晋会馆是迄今保存最为完整、融晋苏建筑风格于一体的会馆建筑群，也是清代以来运河经济的重要历史见证；盘门是苏州古代军事、水运的重要通道，为苏州古城仅存的水陆结合的城门。从盘门登舟，可溯运河北上抵达京城，往南则可直下杭州，自古以来,"盘门三景"就是运河沿线独特的文化景观。

柔性的"水"文化丰富了苏州的城市文化内涵,智者乐水,先民们因势利导,治水、用水,苏州是全国最早出现水管机构的城市,这种自觉治水的理念使得苏州的居民可以与"水"和谐相处,并与之相匹配,形成了丰富多彩的民俗时令和温润敦厚的民风传统。同时,在每一次治水的过程中,苏州人都创造性地发明了一些重要的器具、手艺,日积月累,这也是现代苏州独具艺术特质的重要原因。纵观苏州的文化艺术,无论是以吴侬软语为介质的昆曲、评弹、吴歌,还是品类繁多的苏州手工技艺,都充分展示了水文化的特质,钟灵毓秀、灵动精致。苏州拥有的联合国教科文组织"人类非物质文化遗产代表作"数量居全国同类城市前茅和江苏省之首。

因此,如何把这些丰富的世界文化遗产资源利用起来,将其开发成产品,让文化遗产"活起来",是苏州大运河文化传承模式很重要的方面。只有对文化遗产进行"活态保护",文化才不会变成故纸堆中的历史,才能代代相传。

一方面,要重点保护苏州运河的生态环境,时时监控,做好河道的清理与养护,同时加强河堤两岸的绿化工作。充分开展运河两岸遗址现状的调查与保护工作,展示考古现场并构建相应的博物馆陈列展示,运用现代数字手段与技术展示模拟运河生活场景,在运河遗址综合利用的过程中,注重全局观念,从而形成运河旅游的全域场景以及激发全民参与热情,这些措施都能给游客带来强烈的带入感,使得游客的现场体验更为丰富。

另一方面,对于大运河文化带的遗产遗址和非遗技艺,要加强开发利用,并适度将苏州区域旅游发展与产业结构调整结合起来。各职能部门要有全局思维和总体意识,在规划设计时各部门应互通信息,使得大运河文化带建设有鲜明的特色和整体的把控,做到点、线、面"三位一体",开发、管理系统一致。同时,要做好苏州运河文化旅游项目的高起点规划与编制工作,认清运河作为活态、线性文化遗产的特征,重点打造一大批具有亮点、主题突出、特色鲜明的大运河文化旅游产品,如可以利用目前通航的吴江段"活运河"以及吴江古纤道,以运河文化带动吴江丝绸经济的复兴与旅游的繁荣发展,进而使与吴江相关的历史文化遗产有效传承下去。

(三)用"吴侬软语"讲好"运河·苏州"故事——文化复兴大运河苏州段人文故事地标

中国文化地理学对文化景观的研究著述丰厚,其观点认为文化景观研究包含三个方面的内容,即文化景观理论研究、物质文化景观(建筑、居住、聚落等)研究及非物质文化景观(语言、地名、各种艺术等)研究。京杭大运河的物质文化遗产和非物质文化遗产,蕴含着中华民族特有的物质价值、精神价值、思维方式和艺术品质,充分体现了中华民族生生不息的强大生命力和天马行空的创造力,是勤劳、勇敢的华夏子民智慧的结晶。

在漫长的历史岁月里,运河的血脉不仅滋养了中华民族的肌体和力量,也培植了中华民族的精神、智慧和气质。流淌千年的大运河,对于中华民族的文化传播、文化扩散起着至关重要的作用。与运河相关的文学、戏曲、绘画风格、匠作技艺等均会随着运河的流淌而传播、演变。京杭大运河的开凿也使得运河沿岸的生态环境发生改变,它对于运河沿线的居民来说,是承载了家族传统和先辈故事的重要载体,这些记忆和故事对于念旧、感恩的华夏子民而言,是弥足珍贵的。

因此,"运河记忆"也是大运河文化带建设的一个重要方面。在大运河苏州段文化带建设的过程中,人文故事地标的建设是一大亮点。

首先,苏州大运河人文故事地标的建设,一定要全局把控,又要个性鲜明。如7个点段,山塘历史文化街区体现的是古代苏州人家临水而居的生活,"水阁楼"是这一点段重要的建筑样式,虎丘塔则是该区域内的重要地标建筑,而山塘街区农历四月十四"轧神仙"的民间习俗则可与之相呼应。平江历史文化街区和全晋会馆,是大运河南北经济文化交流的实物见证,全晋会馆"吴风晋韵"的建筑形式,体现的是山西商贾在苏的重要商业经营活动，1986年，全晋会馆作为苏州戏曲博物馆馆舍正式开放，此处人文故事地标的设立即可与晋商、戏曲相结合。平江路上有大量的名人故居，是古代文人墨客、达官贵人居住的地方，周边有拙政园、狮子林、苏州博物馆、忠王府等园林建筑，而苏州古典园林作为中国文化的后花园，城市山林多与宁静、内敛的城市气质相吻合，人文故事地标的设立可着重宣扬"精致、淡雅"的苏州精神。盘门由水陆城门及两侧城墙构成，是古代重要的城防设施，是现存同类建筑遗存唯一的个案，是古代军事城防技术的一大创举。另外，盘门路则保留了苏州近现代以来的工业遗产，这条路是苏州民族工业的发源地，苏州一丝厂、苏纶纺织厂、太和面粉厂都创始于此。因而此段人文故事的开发主题定位在"实业兴国""实业救国"方面是十分适合的。总之，在人文故事地标设立时，要"保护为先"，不过度开发。同时，要在符合苏州运河之城总体气质的前提下，显现各个地段的个性特征。

其次，大运河苏州段文化带人文故事地标的建设要与运河遗产阐释体系同步。建议在确立的人文故事地标建筑旁附带与之相关的说明文字，告诉游览者这里曾经发生的事情、有何历史典故。文物遗迹是过去的，但如果想让它们与现代人的生活建立起联系，就需要有故事的讲述与文化的传承，而往往这种关联在遗产保护过程中是最容易被忽视的。因此，突出恢复苏州大运河人文故事地标，一定要深入挖掘运河遗产中的文学作品、纪实口述等资源，定期举办相关节庆仪式，在一些十分重要的文物节点，还可以开展公共艺术或者场景的设计，与苏州传统戏曲如评弹、昆曲、吴歌等相结合，让"吴侬软语"委婉动听地讲好苏州运河故事。

（四）让现代与自然无缝衔接——规划建设大运河苏州段生态景观长廊

大运河文化带是承载了千年文脉的"活态"文化遗产，大运河生态景观长廊的建设是确保江苏可持续发展的重要选择。苏州是具有2500多年历史的文化名城，灵秀、温润、精致、融合。因此，苏州大运河的生态景观长廊建设，要牢固树立"绿水青山就是金山银山"的发展理念，以经济发展高质量、城乡建设高质量、文化建设高质量、生态环境高质量、人民生活高质量为导向，以大运河沿线生态修复、培育、维护与增进为使命，以水为魂重塑运河沿岸的宁静、洁净与美丽。创造优美的沿河人居环境，培育先进生态文化。最终实现运河两岸生态文明与生产发展、生活富裕、文化繁荣之间协调多赢、互相支撑、互相促进的可持续发展局面，开启沿河人与自然和谐共生的现代化建设道路。

作为古代经济通道、世界文化遗产，苏州大运河是苏州的文化长廊、南北发展的纵轴。苏州市政府为了塑造苏州软实力，2012年开始将京杭大运河作为苏州"两河一江"工程重要组成部分，开始环境和形象整治。并在2014年、2015年、2017年分别开展了成效显著的运河文化建设工程。要进一步加强苏州大运河生态景观长廊建设，首先，将生态治水和绿色航运相结合，努力改善运河水环境、清净运河水。这就要求严格控制运河沿线的排污总量，尽快核定运河流域纳污容量。同时，要加强运河沿岸水域的科学管理与动态监测，建议增加运河生态监测点。完善运河管理与保护制度，建立苏州市范围内运河管理与保护工作联席会议等运行机制，严厉打击非法侵占运河水域、采砂取土取水等破坏运河生态健康的行为，分段实现并强化一直以来的"联合河长制度"，将运河水域管理纳入相关职能部门的人才评估和考核体系中。要加快推进绿色航运发展。淘汰高耗能、高污染的运河运输船舶，加快绿色生态港口建设，同时确保运河污染物得到有效的控制与管理。其次，建立多元化的生态驳岸。通过生态驳岸建设，与片区主题匹配、吻合，使得运河两岸的驳岸更为生动、有趣。其材质可以多种多样。最后，打造符合苏州气质的运河两岸建筑与艺术景观。可结合建筑阳台、观景台、亲水平台等多种方式，创造立体化的观景方式，同时营造多样化的活动场所，如临水游览步道、伸入水面的平台、码头、栈道、台阶等，打造立体化的亲水平台。打造与苏州水系、河道运输相关的运河主题景观艺术。打造一批与主题相匹配的与苏州历史文化相关的景观艺术。烘托片区主题，打造养老休闲、儿童娱乐、健身三大功能相结合的趣味性场景。

(五)将人间天堂的美誉根植于文化繁荣的沃土——积极打造大运河苏州段国家文化公园示范样板

大运河国家文化公园建设是一项复杂的系统工程，苏州段的建设应充分解放思想，以文化为导向塑造品牌形象，创新管理机制，优化服务标准，使文化真正具有"可游性""可感性""可知性"，增强文化自信与文化表达。首先，要借鉴国际经验，建立主体明确、责权明晰的管理体制。这一点，可以充分借鉴国外经验。如二战后，日本在厚生省设立国立公园部，1964年升格为国立公园局，1971年权限移至环境省，实现了兼管到专职、分散管理到综合管理的转变。大运河苏州段国家文化公园建设可借鉴国际经验，建立统一、规范、高效的大运河国家文化公园管理体制，从各区政府职能部门、高校、科研机构抽调运河研究规划方面的精干人员，组成专职管理团队，在整合组建国家文化公园管理机构、配合建立国家文化公园体制和法制体系的基础上，制定管理体制、管理办法，以及监测、监督和考核机制。其次，要夯实研究基础，准确定义大运河苏州段国家文化公园的文化内涵。大运河苏州段，作为江南运河中不可或缺的一段，见证了古城苏州的沧桑巨变，承载了丰厚璀璨的文化印记，有其重要的文化特色与亮点。大运河国家文化公园建设过程中，文化的挖掘必不可少。再次，要突出文化引领，打造"江南文化"的国际名片。苏州历来就是江南文化的中心城市，又是一个"与河共生、融合创新、精致典雅"的运河名城，完全具备打造国际化大都市的"文化优势"。大运河国家文化公园的建造要基于这一目标，通过规划合理的"园带点"主题展示区和文旅融合区，充分利用VR、AR、AI技术向世界全面展示大运河苏州段在不同历史阶段的江南文化风采以及沿线城镇繁盛景象。同时，借助苏州打造"百馆之城"的契机，在现有的公共文化设施基础上，提高公共文化产品的供给规模与质量。统筹规划与布局各类文化展示场馆，如运河图书馆、运河书房、运河文化资料档案馆、博物馆、文化演出场所、文化产业园区、历史文化街区、遗址公园、特色风情小镇等，从而有效利用大运河文化展示平台，培育大运河文化精品创作生产高地，助

推苏州运河文化产业加快发展。同时，借助大运河国家文化公园的数字化展示工程，通过大运河国家文化公园数字云平台的建设以及大运河文化场馆的数字化改造，创新公共文化服务的供给内容和形式，激发文化企业加大技术革新、产品创新的投入，为苏州城市发展增加创新活力。

另外，建设文化公园既要具备文化景观要素的灵魂，也要塑造文化给予大众生活的美感。因此，抓住契机，打造一批重量级的国际文化论坛，如大运河文物精品展、大运河非遗展、大运河文化旅游博览会、大运河文旅产业投资论坛等，通过具有影响力的论坛积极梳理苏州运河城市气质，同时聘请品牌设计专业团队，打造大运河苏州段的IP和对外宣传口号，从而向世界发声，强力推介苏州的江南文化中心地位，从而借助大运河国家文化公园建设擦亮苏州作为江南文化标志性城市的国际名片。

最后，要发挥名城优势，构建文旅融合发展新格局。大运河国家文化公园本身就是一项文旅融合的新实践，要通过旅游与文化的完美结合向民众展示大运河的精神内涵。研究、探索建立"政府主导、社会投资补充"的多层次国家文化公园财政制度。目前，江苏已设立首期规模为200亿元的大运河文化旅游发展基金，这是江苏省政府牵头设立的首只省级文旅融合产业发展母基金。同时，苏州市级财政预算持续安排专项资金直接用于大运河保护相关重点项目。在大运河国家文化公园建设过程中，一定要用好这些资金，大力推进"文化+"项目落地，加快发展数字内容、影视、动漫游戏、创意设计、现代演艺等现代文化产业，使资源优势尽快转化为资本优势、经济优势、品牌优势，在文旅资源"统起来、用起来、火起来"上下功夫，从而，依托金融资本的力量让苏州运河之"水"流动起来，让运河文化鲜活起来。

2023年7月初，习近平总书记亲临苏州考察，指出"苏州在传统与现代的结合上做得很好，不仅有历史文化传承，而且有高科技创新和高质量发展，代表未来的发展方向"。在平江历史文化街区调研时，总书记称赞这里"到处是古迹、到处是名胜、到处都是文化，百步之内必有芳草，生活在这里很有福气"。"水脉连文脉，水运连国运"，大运河沿岸是文化繁衍传播的交融之地。目前，苏州正在以大运河觅渡桥至夹浦桥段为重点，系统优化沿线地块规划，做好产业用地布局调整，建设更多科技创新与现代服务业载体。其中觅渡桥至澹台湖之间被因地制宜分为古城南延段、民国风情段、工业遗产段和宝带公园段，打造苏州大运河"最靓丽"三公里，使之成为生态人文的"老运河新空间"和科技创新的"老城区新引擎"。未来，大运河苏州段的建设，终将朝着发掘阐释好运河文化内涵和时代价值、数字科技赋能文旅融合发展、区域协同共建促进文化事业高品位发展和文化产业高质量繁荣的方向踔厉奋进。

Abstract

The compilation and publication of the Blue Book of Suzhou Development 2024 is a major institutionalized effort by the Suzhou Academy of Social Sciences to strengthen its decision-making consulting services. The book is divided into six parts. The general report analyzes and discusses the overall situation of Suzhou's economic and social development in 2023 and the future situation; the chapter of economy analyzes, in a more comprehensive manner, the situation and problems in the fields of industry, agriculture, service industry, open economy and digital economy in Suzhou in 2023; the chapter of science and technology examines the development effectiveness and upgrading path in terms of scientific and technological innovation and industrial clusters at the present stage in Suzhou; the chapter of agriculture elaborates on the current situation and prospects of Suzhou in promoting the rapid development of new industries and new forms of business in rural areas based on its own resource advantages and industrial foundation; the chapter of society analyzes with detailed and solid data the developmental situation and evolutionary trend in ecological governance, grassroots-level governance, legal institution construction and Party construction in Suzhou; the chapter of culture, with a focus on the inheritance of Jiangnan culture, the development of cultural industries and the construction of the Grand Canal Cultural Belt, carries out the analysis by centering on the deep cultural heritage and construction of the city's cultural brand in Suzhou. The book, through an integration of theoretical research and data analysis, presents a high-level overview of the current developmental situation of Suzhou in various fields, analyzes the deficiencies in development and the challenges that may be encountered in the future, and proposes corresponding ideas for solutions. The book features comprehensive contents, diversified

Abstract

perspectives, and detailed and solid data, which will provide important references for relevant departments to make scientific decisions.

Overall, in the year of 2023, in the face of complex international and domestic situations, Suzhou adhered to the general principle of seeking progress while maintaining stability, actively responded to internal and external challenges, and comprehensively implemented various policies to stabilize growth, promoted the overall improvement of economic operation, and demonstrated an overall trend of stabilization and restoration in various fields. In the upcoming 2024, it is proposed to enhance the effectiveness of the innovation system, accelerate the construction of a modernized industrial system, build a two-way open hub city, strengthen the cultural heritage and innovative development, integrate into the construction of the Yangtze River Delta city cluster, and strengthen the people's livelihood security services, with a view to promoting the "quantitative and qualitative upgrading" of Suzhou's economic and social development in an orderly manner in all aspects and constructing a high-quality developmental path with "Suzhou characteristics".

Keywords: Suzhou; Economic Operation; Social Governance; Cultural Industries; High-quality Development

Contents

I General Report

B.1 Analysis and Prospect of Suzhou Economic Society
Research group of Suzhou Development Planning Institute / 001

Abstract: In 2023, in the face of complex international and domestic situations, Suzhou effectively implemented stable economic policies and measures, the economic operation showed a sustained recovery trend. In 2024, it is recommended to focus on the following key tasks, which are improving the efficiency of the innovation system and fully serving high-level self-reliance and self-strengthening in science and technology, accelerating the construction of a modern industrial system and reinforce and upgrade weak links in the industrial chains, building the hub city for two-way opening-up and serve the construction of the new development paradigm, strengthening the protection, inheritance, and innovative development of excellent traditional culture, and establish the brand of "Jiangnan Culture", integrating into the construction of the Yangtze River Delta urban agglomeration and serving regional coordinated development, as well as strengthening the guarantee of people's livelihood and further enhance the ability of urban modernization governance.

Keywords: Economic Operation; Innovation Ecology; Cultural Development; People's Livelihood Construction; Suzhou

Contents

II Economy

B.2 Analysis and Prospect of Suzhou Industrial Operation

Suzhou Think Tank Union Research Group / 019

Abstract: Under the context of macroeconomic changes, industrial technological breakthrough as well as accelerating industrial revolution entering a new era, Suzhou, gives full play to its advantages of sound industry foundation, comprehensive categories and solid toughness, and strengthens the promotion of innovation, reinforcement of weaknesses, forging of long boards, strengthening of foundation and excellent ecology in the industrial field. Since 2023, Suzhou has maintained a leading position in Jiangsu province and even nationwide in quite a few fields in industrial development. Specifically, the overall trend of Suzhou industrial operation has been stable, industrial investment has accumulated momentum, industrial innovation has lead transformation, and industrial green intensification has gone obviously. However, under the influence of multiple factors such as the continued downturn in the global economics, Suzhou also faces many challenges in industrial transformation and upgrading, as well as in overcoming great difficulties. In the face of the major adjustment of the development pattern of the global manufacturing, Suzhou should grasp the strategic opportunities of industrial development scientifically, respond to various risks and challenges with a positive attitude and accelerate the transformation of the industry into digital, coordinated, integrated, service-oriented and green. Suzhou ought to seize the opportunities of the digital age to accelerate industrial transformation and upgrading, promote the organic integration of production and consumption according to the new development paradigm with domestic circulation being the mainstay and the two circulations reinforcing each other, attract more high-quality industrial projects and optimize the construction of industrial parks, as well as plan for future industrial development to actively cultivate new growth poles. Through these efforts, Suzhou is supposed to explore a new industrialization road with Suzhou characteristics, strive to establish an internationally competitive advanced manufacturing foundation and promote high-quality development of the industrial economy.

Keywords: Industry Operation; Industry Structure; Industrial Investment; Suzhou

B.3 Suzhou Agricultural Development Situation and Prospects

He Bing, Qiu Feng and Yan Yajie / 034

Abstract: Suzhou grain and important agricultural products' production is stable, agricultural production trend is good; science and technology innovation and application continues to strengthen, the level of material and equipment steadily improved, agricultural science and technology support is strong; agricultural parks to speed up the transformation and upgrading of new agricultural business subject innovation and development, agricultural socialized service system is gradually improved, the agricultural business system is perfect. In the face of increasingly complex and changing domestic and foreign environments, Suzhou should focus on grasping the implementation of the strategy of agricultural power, industrial and consumer double upgrade, rural revitalization of the area such as synergistic development opportunities, and actively respond to the food and important agricultural products to ensure stable supply pressure, planning and layout of the "local specialties" more bottlenecks in the development of science and technology, humanities, reforms empowering agricultural power is weak, etc. Many challenges. Looking ahead, Suzhou should vigorously carry out the construction of high-standard farmland, coordinate the city outside the food "production, storage and marketing" layout, accelerate the development of modern seed industry innovation and excellence, and solidify the foundation of food security; focus on the cultivation of specialty agricultural products, to do enough, to do, to do wonderful "local specialties" Focus on the cultivation of specialty agricultural products, do enough, do alive, do wonderful "local specialties" article, according to local conditions to develop urban agriculture; relying on the mega-market demand, to science and technology to development, to the humanities to value, to the reform of the power to crack the spatial constraints on the development of agriculture; vigorously promote the agricultural field of the "wisdom to change the number of turn", and make every effort to explore the digital empowered, wisdom-led construction of a new path of strong agricultural city; cultivate diversified new agricultural management body We will also cultivate diversified new agricultural management bodies to effectively solve the new challenges of the new era of agricultural management and better release the vitality of modern agricultural development.

Keywords: Agricultural Modernization; Strong Agricultural City; Urban Agriculture; Suzhou

B.4 The Development Situation and Prospects of Suzhou's Tertiary Industry *Sun Junfang, Wang Yaoyao / 054*

Abstract: In the year 2023, Suzhou has made steady progress across all facets of high-quality development in the tertiary industry. The city's tertiary industry is demonstrating a continuous recovery trend, with the primary indicators steadily rising again. The total scale of Suzhou's tertiary industry continues to expand, with the added value of the tertiary industry as a percentage of GDP reaching a new high. The structure of the tertiary industry has continued to optimize, with significant development achieved in productive service industries such as information technology services, modern logistics, and financial services, and a strong resurgence in consumer-oriented service sectors, resulting in significantly increased market activity. The pace of integration between advanced manufacturing and modern service sectors is accelerating, and four forms of integration have been explored and formed: extension, strong chain, cluster, and platform. Each sector's tertiary industry shows distinct spatial layout characteristics, and regional integration has become a powerful driver for Suzhou's high-quality development. However, further efforts are needed to promote the internal structure of the tertiary industry, deepen the integration of the two industries, and cultivate market players and brands. In the future, macro-environmental changes and the convergence of multiple national strategies will bring opportunities for the development of Suzhou's tertiary industry. As policies around emerging service industries, headquarters economies, building economies, and the integration of the two industries become increasingly perfect, along with widespread applications of artificial intelligence, big data, cloud computing, and blockchain, digital economy will become an important driving force for the development of Suzhou's tertiary industry. Suzhou can further promote the high-quality development of the tertiary industry by optimizing the internal structure of the tertiary industry, continuing to promote efficient and deep integration of the two industries, and coordinating the optimization of the tertiary industry layout.

Keywords: Tertiary Industry; Integration of Manufacturing and Tertiary Industry; New Service Industry; Suzhou

B.5 The Development Situation and Prospects of Suzhou's Open Economy *Zhu Lin, Tu Juan* / 074

Abstract: In 2023, facing a more complex and severe external environment, Suzhou is steadfastly promoting a higher level of opening-up and has achieved significant results. Foreign trade has achieved stability and improved quality, with a narrower decline in imports and exports. We have successfully completed the pilot project for deepening service trade, and new forms and models of foreign trade have flourished. The quality of attracting and utilizing foreign investment has been effectively improved, the actual scale of foreign investment utilization has steadily increased, overseas investment promotion has been accelerated, and investment promotion policies have been continuously and deeply implemented. The improvement of quality and efficiency through foreign economic cooperation, the comprehensive and balanced development of overseas investment, and the diversification of overseas investment motivations for enterprises. The development zone is accelerating innovative development, with a more prominent role as the main battlefield, and the reform of the system and mechanism of the development zone is deepening. The construction of open platforms continues to deepen, China Singapore cooperation deepens and expands, cross-strait exchanges and diversified cooperation, cooperation with Germany improves and upgrades, and new space for cooperation with Japan accelerates expansion. The institutional innovation of the free trade zone has been comprehensively deepened, innovative policies have been introduced, and regional coordinated development has continued to deepen. Currently, the development of Suzhou's open economy is facing four transformations, namely the transformation from manufacturing to intelligent manufacturing, the transformation from processing production to technological innovation, the transformation from factor openness to institutional openness, and the transformation from focusing on the international market to synchronously exploring the international and domestic markets. Entering a new stage of development, Suzhou needs to consolidate the basic foundation of foreign trade and promote the transformation and upgrading of foreign trade; Improve the quality of foreign investment and demonstrate new achievements in strengthening, supplementing, and extending the chain; Actively and steadily "going global", expanding the space for foreign economic development; Enhance the level of open platforms and create high-level open demonstration zones; Seize the opportunity of multiple policy combinations, continuously optimize the business environment, do not create new advantages in the open economy, and strive to build a bi-directional open hub city.

Keywords: Open Economy; Foreign Trade; Institutional Opening-up; Suzhou

B.6 Situation and Prospects of Digital Economy Development in Suzhou *Huang Qinghua, Lou Jiali and Zhang Jing* / 089

Abstract: General Secretary Xi Jinping pointed out that it is necessary to promote the in-depth integration of digital technology and the real economy, empower the transformation and upgrading of traditional industries, give rise to new industries and new business models, and continuously strengthen, optimise and expand China's digital economy. 2023, in the face of the complex international situation, Suzhou has efficiently implemented the stable economic policies and initiatives, and vigorously promoted the in-depth integration of the digital economy and the real economy, and has made good progress. On the one hand, thanks to Suzhou's strong foundation of manufacturing development; on the other hand, with the continuous improvement of digital infrastructure construction and top-level design, the degree of integration of the digital economy and the real economy in Suzhou is constantly expanding and improving, and constructed a good environment for the development of the digital economy. 2024, it is recommended to focus on the following key tasks: first, enhance the "soft" strength of the industry, and continue to consolidate the "soft" strength of the industry, so as to enhance the "soft" strength of the industry. In 2024, it is recommended to focus on the following key tasks: first, focus on the core industries of the digital economy, continuously solidify and consolidate the foundation of digital economy development; second, drive the agglomeration of resources and elements, and accelerate the ability to promote the source of innovation; third, accelerate the construction of a new type of infrastructure, and vigorously support the high-quality development of the economy and society; fourth, strengthen the digital governance, and effectively promote the construction of a modern digital government; and fifth, aim at the new pattern of development, and efficiently promote the regional coordinated and characteristic development. Fifth, aiming at the new development pattern, efficiently promote the regional coordinated characteristic development. To promote the "quantity and quality improvement" of Suzhou's digital economy in an orderly manner, and to build a development path and demonstration leading effect with "Suzhou characteristics".

Keywords: Digital Economy; Digital Industrialization; Industry Digitalization; Suzhou

Contents

Ⅲ Science and Techonology

B.7 Analysis and Prospect of Suzhou's Technological Innovation

Wang Shiwen, Liu Junfeng / 104

Abstract: Since the 20th National Congress of the Communist Party of China, Suzhou has implemented the requirements of the Central Committee on accelerating the realization of high-level science and technology for self-reliance and self-improvement, deeply implemented the innovation driven development strategy, continued to promote independent innovation and open innovation, built a high-level innovative city, promoted the realization of Chinese path to modernization with science and technology modernization as the carrier, and took the lead in achieving socialist modernization. In 2023, solid promotion of technological innovation empowering industrial clusters. The position of enterprise innovation as the main body is increasingly prominent, the gathering of scientific and technological talent teams is accelerating, the innovation and entrepreneurship ecology is continuously optimized, and the strength of scientific and technological innovation is significantly enhanced. Focusing on technological innovation, Suzhou has formed a series of experience and practices in various fields such as technology innovation empowering industrial clusters, technology platform carriers, enterprise technological innovation, technological innovation talents, and technological innovation ecology. In 2024, it is recommended to focus on the following key tasks: accelerate the promotion of technological innovation and empower industrial clusters. Accelerate the construction of high level platform carriers to support industrial technological innovation. Accelerate the cultivation of innovative enterprise echelons and strengthen the main body of industrial development. Accelerate the recruitment and cultivation of first-class scientific and technological talent teams, and empower the high-quality development of industries. Accelerate the improvement of innovation ecology and create a favorable environment for industrial development. Accelerate the construction of a full process innovation chain and enhance the overall efficiency of industrial technology innovation.

Keywords: Technological Innovation; Industrial Technology Innovation; Industrial Clusters; Suzhou

B.8 Analysis and Prospect of High-quality Development of Suzhou Industrial Cluster

Zheng Zuolong, Wang Shiwen / 125

Abstract: With the high-quality development and the proposal of building an important national industrial science and technology innovation highland, leading development with scientific and technological innovation has become an important path for the construction of Suzhou's industrial clusters. At present, Suzhou vigorously promotes scientific and technological innovation to lead the construction of industrial clusters. From the perspective of development status and achievements, the top strategic design and policy system for the integrated development of industrial innovation clusters in Suzhou have been significantly improved, the driving force of high-energy innovative carriers has been consolidated, the key engine of subdivided industrial clusters has been accelerated, the first resource of high-level innovative talents has entered a period of acceleration, and the overall atmosphere of high-quality innovative ecological environment is good. Adhere to scientific and technological innovation as the guide, facing the major strategic opportunities in the integration of the digital economy and the real economy, creating the main bearing area of industrial science and technology innovation, and the emerging Shanghai-Suzhou cluster, we propose the following strategies and recommendations: continue strategic planning and policy guidance and empowerment; promote the integrated development of industrial innovation clusters and the "Shanghai-Suzhou Cluster" in-depth coordination; accelerate the strategic emerging industries and future industry breakthrough; with the idea of "digital integration" and innovation emerging, the leading edge of the integration and development of industrial innovation clusters is forged in depth; strengthen the demonstration of "integration of two industries" and stimulate the internal driving force for the integrated development of industrial innovation clusters; promote the deep integration of industry, education, research and funding, and strive to strengthen the coordinated factor support for the integrated development of industrial innovation clusters.

Keywords: Industrial Clusters; Shanghai-Suzhou Cluster; Digital Integration; Industrial Policy

Ⅳ Rural Area

B.9 Analysis and Prospect of New Industries and New Business Forms in Suzhou Rural Area

Liu Xiaomeng, Shen Mingxing, Huang Juxin,
Zeng Wenjie and Su Chengfei / 141

Abstract: Industrial revitalization is the top priority of rural revitalization. In recent years, the rapid development of new industries and new forms of business in Suzhou rural areas has injected unprecedented new momentum for increasing agricultural efficiency, rural development and farmers' income. This report summarizes the representative industries of Suzhou rural new industries and new forms of business as functional expansion, industrial convergence and high-tech innovation, and mainly analyzes the characteristics and current situation of the new industry. Suzhou rural new industries and new forms of business have broad development prospects under the multiple benefits of national strategy and policy dividends, increased domestic demand and diversified demand, scientific and technological innovation and deepening reform. The development situation of rural leisure tourism, producer service industry, prefabricated food, fresh food industry and modern circular agriculture is good. The integrated development economy of modern seed industry, smart agriculture, characteristic town and garden complex is developing stably under the current conditions. There are certain bottlenecks in the development of agricultural e-commerce industry. Agricultural and rural carbon emission reduction and carbon fixation, rural photovoltaic energy storage, rural environmental protection, biological industry, etc., may become the new growth point of Suzhou rural industry in the future. At the same time, the industrial development also faces problems such as insufficient renewal momentum, inadequate allocation of key factors, low conversion rate of scientific and technological achievements, and week market competitiveness. The report puts forward countermeasures and suggestions from four aspects: policy and system, industrial transformation and upgrading, scientific and technological innovation empowerment, and resource factor agglomeration, so as to help take the lead in basically realizing the modernization of agriculture and rural areas, and promote the accelerated growth of new industries and new business forms in rural areas of Suzhou.

Keywords: Rural Industry; New Industry; New Business Form; Suzhou

V　Society

B.10 Analysis and Prospect of Ecological Governance in Suzhou

Wang Baoqiang, Zhang Yixuan and Chen Qi / 163

Abstract: Suzhou promotes comprehensive green transformation in economic and social development and improves ecological governance. In terms of the effectiveness of ecological governance, the achievements of ecological and environmental governance in 2023 have been remarkable, and the quality of the ecological environment such as air, water, rural areas and soil has been significantly improved. Solid progress has been made in ecological protection and restoration projects, including the construction of an ecological garden city cluster, a new round of comprehensive management of Taihu Lake, an ecological island of Taihu Lake, wetland protection and restoration, and biodiversity conservation. Suzhou made steady progress in green and low-carbon development, and deepened green transformation and upgrading. The ecological and environmental protection mechanism has been continuously improved, and supervision has been strengthened. In view of the challenges facing Suzhou's ecological governance in 2024, it is necessary to strengthen the collaborative control of pollution and improve the quality of atmospheric environment in the future; adhere to systematic governance and improve water environment governance; strengthen soil pollution prevention and control, and improve soil and rural environment; promote carbon peaking action to promote green and circular development; strengthen ecological protection and restoration, and build an ecological security pattern; improve the ecological governance system and improve the ecological environment.

Keywords: Ecological Governance; Ecological Protection and Restoration; Green and Low-carbon; Green and Circular Development

B.11 Analysis and Prospect of Grass-roots Governance in Suzhou

Wu Xinxing / 186

Abstract: Suzhou has actively built the brand of "The City of Good Governance" in 2023, and carried out a series of mechanism innovations in grass-roots party building, grass-roots democratic, grass-roots construction of rule by law, civilization construction in the new era, and digitization of grass-roots governance, effectively improving the level of people's livelihood security and the effectiveness of grassroots good governance. In contrast to the requirement of "taking the lead in ensuring and improving people's livelihood and promoting the modernization of social governance" in the new historical stage, the grass-roots governance of Suzhou still has many areas for improvement in terms of value, organization, mechanism, action, and technology. As a megacity with a population of more than 10 million, Suzhou needs to deeply analyze the basis of Public sentiments on its more than 16 million people, and continue to carry out pioneering innovative explorations in guidance of party building, governance mechanisms, contradiction resolution, service sharing, etc. In gesture to provide the sample experience of Suzhou for promoting the new practice of modernization of grass-roots governance, this paper proposes comprehensive policies from five dimensions: the improvement leadership of grass-roots party building, the strengthening of village (community) construction, the precise supply of community services, the socialization of grass-roots governance and the digitalization of social governance.

Keywords: The Modernization of Grass-roots Governance; The Leadership of Party Building; Governance Mechanism; The Basis of Public Sentiment

B.12 Analysis and Prospect of the Construction of the Rule of the Law in Suzhou   *Liu Ming, Xin Jun* / 205

Abstract: 2023 marks the beginning of fully implementing the spirit of Twentieth Congress of the Communist Party of China and is key for implementing the "14th Five-Year Plan". All county-level cities (districts) and government departments of Suzhou have formulated their own key tasks and detailed arrangements in accordance with "one blueprint, two plans". Suzhou has worked proactively in the aspects of the Party's leadership over law-based governance, scientific approach to lawmaking, strict law enforcement, impartial administration of justice, and common compliance with the law. By this, Suzhou has made great achievements of not only laying the foundation for long-term work but also exploring many new mechanisms and new models which provided a strong legal guarantee for comprehensively promoting the practice of socialist modernization in Suzhou. It is mainly reflected in the work around the center of Suzhou Municipal PartyCommittee and serving the overallsituation of Suzhou's social andeconomic development. The work of Suzhou's rule of law construction has frequent highlights, including six aspects: vigorously promote scientificand technological innovation, actively optimize the law-based business environment, accelerate the distributionof foreign-related rule of law workpromote the healthy and orderly development of new business forms promote the quality and efficiency of rule of law construction with the rule of law supervision, and empower traditional culture with the rule of law. Although the "one blueprint and two plans" does not specify the task requirements for 2024, as the planning and plan by 2025, 2024 is bound to be an importantkey node, and we should try our best to promote the implementation of the work tasks in the "one blueprint and two plans" as soon as possible. We will pay more attention to legislating in keyareas, improving the rule of law at thecommunity level, making social governance more law-based standardizing and facilitating government services, and deepening reform of the administrative law enforcement system.

Keywords: Build the Rule of Law; Build the Rule of Law in Suzhou; Law-Based Government; Law-Based Society

B.13 Analysis and Prospect of Party Building in Suzhou

Wang Haipeng / 225

Abstract: The key to comprehensively building a modern socialist country and comprehensively promoting the great rejuvenation of the Chinese nation lies in the Party, which must deeply promote comprehensive and strict Party governance in the spirit of self-revolution and further strengthen the new great project of Party building in the new era. The city's party organizations and party members and cadres at all levels understand the decisive significance of the "two establishment" more deeply, the construction of various types of party organizations is strong and powerful, the city's party members' ideals and beliefs are more firm, the spirit of struggle is more active, the quality and ability of party members and cadres are further improved, the level of talent development is optimized and improved, and the political and organizational functions of grass-roots party organizations are effectively released. Further promote the construction of clean Suzhou in the fight against corruption, and steadily improve the quality of Party construction. In 2024, Suzhou should continuously improve the quality of party building, take the lead and demonstrate in implementing the general requirements of Party building in the new era, deeply promote the new great project of Party building in the new era, lead the social revolution with the Party's self-revolution, and better unite and lead the

Party organizations at all levels and the majority of Party members and cadres in the city to forge ahead with a new journey and make contributions to the new era.

Keywords: Comprehensively Governing the Party Strictly; Party Building Practice; Party Building Quality; Party Building Deployment

Ⅵ Culture

B.14 Analysis and Prospects for the Development of Suzhou's Cultural Industry *Zhou Yongbo, Zhou Jin, Wang Yuhuan, Wu Xuan and Wang Yuxuan* / 243

Abstract: The cultural industry is a new industrial form that takes spiritual consumption as its production purpose and symbol production as its main production content. In 2023, Suzhou City will always adhere to the basic direction of high-quality development of the cultural industry. In 2023, Suzhou's cultural industry will generally develop well and make progress while maintaining stability. Specifically, the scale of the cultural industry continues to grow, trade imports and exports grow rapidly, and the scale of cultural products continues to rise. At the same time, the development of the cultural industry in each area under the jurisdiction of Suzhou City also has its own characteristics. However, in terms of the scale of the cultural industry, the current gradient distribution in each area is obvious. Generally speaking, Suzhou City has achieved good results in the specific implementation of major cultural industry projects. However, at the same time, Suzhou City still needs to be improved in many aspects such as cultural industry innovation, supporting facility construction, cultural product supply and demand structure, and multi-industry integration. improvements. Based on this, in the context of the new humanistic economy era, the report provides strategic thinking directions from various aspects such as humanistic economic innovation practice, cultural industry digitization, scene systemization and cultural industry brand building. In addition, combined with the development situation of Suzhou's cultural industry and the new development background, specific suggestions are put forward for the further development of Suzhou's cultural industry in 2024 from five aspects: talent training, innovative industry cultivation, brand building, industrial integration and top-level design.

Keywords: Cultural Industry; Supply and Demand of Cultural Products; Humanistic Economy; Industrial Integration; Suzhou

B.15 Analysis and Prospect of Inheritance of "Jiangnan Culture" in Suzhou

Zhu Guanglei, Lv Chen, Wei Yaning and Cao Chunhua / 262

Abstract: As an important component of Chinese culture, Jiangnan culture is a shared cultural gene and spiritual bond in the Jiangnan region. Suzhou is the birthplace of Wu culture and an important carrier of "Jiangnan culture". Inheriting the "Jiangnan culture" with Suzhou characteristics can provide new impetus for the new practice of Chinese path to modernization in Suzhou. The inheritance status of Suzhou's "Jiangnan Culture" has achieved significant results in strengthening top-level design, emphasizing the sorting of traditional cultural context, achieving significant overall protection results, promoting mutual prosperity between cultural undertakings and cultural industries, and building windows for external promotion. However, there are still areas where the excavation and research of "Jiangnan Culture" still need to be deepened, the path of cultural and tourism integration development needs to be expanded, and the construction of cultural infrastructure needs to be followed up The problem of insufficient advantages in the cultural industry. In order to better inherit Suzhou's "Jiangnan culture", it is necessary to carefully explore the brand characteristics of Suzhou's "Jiangnan culture"; Tell the wonderful stories of Suzhou's "Jiangnan Culture" vividly and interestingly; To build a world-class tourist destination city known as the "most Jiangnan in Suzhou"; Using digital technology to build a better future for the study of "Jiangnan culture".

Keywords: Jiangnan Culture; Fusion of Culture and Tourism; Technological Empowerment; Suzhou

B.16 The Present Situation and Prospect of the Construction Strategy of Suzhou Grand Canal Culture Zone *Chen Xuan / 280*

Abstract: The Suzhou section of the Grand Canal River has made great progress in the areas of organization, planning, legislative protection, regional innovation and coordination, increasing funding, advancing key projects, improving the canal's character and context. Of course, during the construction process, there are still many problems. Such as the pressure to protect cultural heritage is still great. The excavation of cultural connotation needs to be deepened. The construction of Grand Canal National Culture Park is not effective enough. The integration of culture and tourism is not sufficient, and the advantages of cultural industry are not significant enough. In the future, the construction will continue to be deepened in three aspects, namely, the implementation of the brand strategy of the Suzhou Grand Canal, the establishment of the cultural inheritance model of the Suzhou Grand Canal, the cultural revival of the Suzhou Grand Canal, and the development of a cultural landmark Planning and construction of the Suzhou Grand Canal.

Keywords: Suzhou Grand Canal; The Construction Strategy of Culture Zone; National Culture Park; The Integration of Culture and Tourism

皮书网

（网址：www.pishu.cn）

发布皮书研创资讯，传播皮书精彩内容
引领皮书出版潮流，打造皮书服务平台

栏目设置

◆ 关于皮书
何谓皮书、皮书分类、皮书大事记、
皮书荣誉、皮书出版第一人、皮书编辑部

◆ 最新资讯
通知公告、新闻动态、媒体聚焦、
网站专题、视频直播、下载专区

◆ 皮书研创
皮书规范、皮书出版、
皮书研究、研创团队

◆ 皮书评奖评价
指标体系、皮书评价、皮书评奖

所获荣誉

◆ 2008年、2011年、2014年，皮书网均在全国新闻出版业网站荣誉评选中获得"最具商业价值网站"称号；

◆ 2012年，获得"出版业网站百强"称号。

网库合一

2014年，皮书网与皮书数据库端口合一，实现资源共享，搭建智库成果融合创新平台。

皮书网

"皮书说"
微信公众号

权威报告·连续出版·独家资源

皮书数据库
ANNUAL REPORT(YEARBOOK) DATABASE

分析解读当下中国发展变迁的高端智库平台

所获荣誉

- 2022年，入选技术赋能"新闻+"推荐案例
- 2020年，入选全国新闻出版深度融合发展创新案例
- 2019年，入选国家新闻出版署数字出版精品遴选推荐计划
- 2016年，入选"十三五"国家重点电子出版物出版规划骨干工程
- 2013年，荣获"中国出版政府奖·网络出版物奖"提名奖

皮书数据库　　"社科数托邦"微信公众号

成为用户

登录网址www.pishu.com.cn访问皮书数据库网站或下载皮书数据库APP，通过手机号码验证或邮箱验证即可成为皮书数据库用户。

用户福利

- 已注册用户购书后可免费获赠100元皮书数据库充值卡。刮开充值卡涂层获取充值密码，登录并进入"会员中心"—"在线充值"—"充值卡充值"，充值成功即可购买和查看数据库内容。
- 用户福利最终解释权归社会科学文献出版社所有。

卡号：981929151769
密码：

数据库服务热线：010-59367265
数据库服务QQ：2475522410
数据库服务邮箱：database@ssap.cn
图书销售热线：010-59367070/7028
图书服务QQ：1265056568
图书服务邮箱：duzhe@ssap.cn

法律声明

"皮书系列"(含蓝皮书、绿皮书、黄皮书)之品牌由社会科学文献出版社最早使用并持续至今,现已被中国图书行业所熟知。"皮书系列"的相关商标已在国家商标管理部门商标局注册,包括但不限于LOGO( )、皮书、Pishu、经济蓝皮书、社会蓝皮书等。"皮书系列"图书的注册商标专用权及封面设计、版式设计的著作权均为社会科学文献出版社所有。未经社会科学文献出版社书面授权许可,任何使用与"皮书系列"图书注册商标、封面设计、版式设计相同或者近似的文字、图形或其组合的行为均系侵权行为。

经作者授权,本书的专有出版权及信息网络传播权等为社会科学文献出版社享有。未经社会科学文献出版社书面授权许可,任何就本书内容的复制、发行或以数字形式进行网络传播的行为均系侵权行为。

社会科学文献出版社将通过法律途径追究上述侵权行为的法律责任,维护自身合法权益。

欢迎社会各界人士对侵犯社会科学文献出版社上述权利的侵权行为进行举报。电话:010-59367121,电子邮箱:fawubu@ssap.cn。

社会科学文献出版社